U0568224

殷周金文選臨集

吴明哲 书

癸卯杏月　鈍三

文物出版社

吴明哲

字钝山，1945年4月出生。副研究员，1994年加入中国书法家协会，现为浙江省温州市书法家协会顾问。为温州市瓯海区、龙湾区文物事业奠基人。出版有《瓯海区革命文化史料汇编》《温州历代碑刻二集》《温州访碑录》。

凡 例

一、全书采用简体字排印，释文部分涉及异体字。

二、正文包括铭文拓片、年代、释文、临本。卷首收录书者书法作品。

三、释文格式，假借字用括号标出；重文符号、合文符号直接写出；如果铭文照片模糊不清，为了方便读者，尽可能采用各家的考证成果补上释文，并用括号标出，无法考证的则用方框标明。

四、为了方便读者阅读，本书历代金文分期如下：殷商时期、西周早期、西周中期、西周晚期、春秋战国时期、秦汉时期。

五、本书将大盂鼎铭、墙盘铭、曶鼎铭、散氏盘铭、毛公鼎铭等长铭通临刊出。由于版面所限，字形较小，影响观摩。书者将通临的铭文拆解成若干分页，但通临铭文的气势、传承关系会受到很大的影响，故请读者谅解。长铭临写偶有脱字，用括号标出。

六、学习金文书法，重在临摹，重在笔法，重在领悟其传承关系，要求含蓄、朴实和篆籀气。金文临摹其实是一种再创作，所以提高文字学等多维修养极为重要。临写过程中，为了适应版面，将原铭章法进行了调整。

七、春秋、战国时期的金文，用笔活泼，章法新颖。由于人类文明的进步和发展，各个领域发生许多重大变化，这在金文中也有所体现。

八、本书引用的金文拓片和有关图籍，请叁阅书中“必备典籍”部分。本书采用铭文与临摹相对照的方法，查到所要铭文的页码即可找到临摹作品。

目录

西周中期

西周晚期

春秋·战国·秦·汉时期

青铜器铭文与金文书法

——《殷周金文选临集》代序

曹锦炎

中国的青铜时代和青铜文化，颇具特色，早在殷商中后期（殷墟时期）已进入繁荣昌盛阶段，臻于两周，更达到历史的高峰。

青铜器上铸有铭文，自殷商晚期，开始出现族氏铭文和祭祀对象之名。随着记事的需要，铭文内容日趋丰富，后期已见长达四五十字的铭文。西周以降，大凡会见、赏赐、册命、战争等国家和王室、贵族的大事、重事，除了简册外，还以铸铭的方式记录在青铜器上。铭文少则数十字，多达数百字，篇幅二三百字以上不在少数，如小盂鼎约400字，散氏盘有350字，毛公鼎有498字等。1976年于陕西省周原遗址内的扶风县白家村南，发现一处窖藏青铜器，共103件，其中有铭文者多达74件。据铭文内容，是西周微氏家族几代人的藏品，史墙盘即是其中最为著名的一件国宝级青铜器。器主“史墙”是西周中期周王朝的史官，祖先于武王灭商时投奔周王并供职朝廷，其后人遂世袭为史官。史墙盘铭文共284字，内容分上下两篇。上篇所述自周文王始，至时王（周恭王）止，称颂七代周王的功绩；下篇所述自微氏高祖始，记载五代祖先事迹，最后至史墙本人，以自赞模范表率和求福之辞结束。内容翔实，评述得体，词汇丰富，不亚于《尚书》一篇。再如大禹治水传说，记录的是中国上古史中的一件伟大事件，青铜器铭文中有关禹的记载，旧见于两件春秋时期青铜器：秦公簋记“鼏宅禹责（迹）”，齐侯镈记“处禹之堵”，仅此而已。2002年春，保利艺术博物馆从香港征集回归一件西周青铜器——公盨，铭文长达98字，开篇就说：“天令禹尃（敷）土、隓（堕）山、叡（浚）川。”铭文大意是说上天命令禹用敷土、削平一些山岗的方法来堙填堵塞洪水，同时结合疏导河流的手段，治理水患。铭文所记，可以和传世文献对读，证明《尚书·禹贡》《洪范》篇及《史记·夏本纪》中记载大禹治水事迹之可信，绝非臆造。尤其是公盨铭文全篇突出强调的是以“德”为中心的观念，这是西周伦理思想的骨干，至今仍被人们视作修身养性、完善自我乃至治国安邦的根基。此仅举其荦荦要者。《墨子·非命》所谓：“书之竹帛，琢之盘盂，传遗后世子孙。”青铜器上铸铭文的功用，已说得非常清楚。

古代称铜为“金”，所以后人将铜器上的文字称作“金文”。由于出土的古代铜器以钟、鼎为常见，故金文旧称“钟鼎文”。商代的金文，尤其是族氏铭文用字古朴自然，象形程度显著高于用作记事的一般金文，字形甚至比甲骨文还要象形。商晚期至西周早期，书体凝重，雄健有力，分别以戍嗣子鼎、戍甬鼎、般甗、小臣俞尊、四祀邲其卣、利簋、天亡簋、何尊、保卣、令彝、荣簋、大盂鼎为其代表。西周金文形体演变的主要趋势是线条化、平直化，最初几乎完全沿袭商代晚期金文的作风，象形程度较高，弯曲的线条很多，笔道有粗有细，并含有呈方、圆形的团块。到中期（康、昭、穆诸王）字形逐渐趋于整齐方正，但其他方面变化不大。恭、懿诸王以后，书体变化才剧烈起来。西周中期，书体雄伟苍劲，字字规整，可以静簋、庚嬴卣、鼎、卫簋为代表；

而中规中矩，又不失灵秀之姿，则以史墙盘、免簋、虢季子白盘为其典范。西周后期，书体趋向精到，或严谨，或宏放，或恣肆，或随意，个性鲜明，㝬簋、不期簋、毛公鼎、散氏盘乃是其榜样。而春秋时期各国的金文，在开始时大体上都沿袭西周晚期金文的写法，后来逐渐形成了自己的特色，主要体现在书写风格上，字形构造大体上还是相似的。在部分地区春秋中晚期金文里，出现了明显的美术化倾向，例如字形特别狭长，笔画往往故作宛曲之态（这与笔画因象形而显曲折是两回事），如无壬鼎、蔡侯申盘、者钟之类。此种书风反而会降低文字的象形程度。春秋晚期和战国早期，还流行过一些特殊的美术字体，即加鸟、虫形或其他纹饰，称为鸟篆或鸟虫书，如王子午鼎、越王勾践剑等，则是今天美术字体之滥觞。

以青铜器铭文为代表的金文书法，自清代乾嘉以来，始受学者关注，出现一些实践者，但专门用为艺术创作，则自近代发轫。早在 20 世纪 80 年代中期，因遵西泠印社社长沙孟海先生之命，我在中国美术学院（原浙江美术学院）书法专业讲授古文字学课程，鉴于当时书法界的金文创作，往往只停留在毛公鼎、大盂鼎、大克鼎、散氏盘等有限的金文拓本的临写，缺乏对商晚期到两周金文书法的构成和多样性变化的了解。为了扩展学生们的眼界，同时也为了推动书法创作的发展，我从书法艺术的角度选编了一本金文书法史图录性质的工具书——《商周金文选》，并邀请陈振濂兄撰写序言《论金文书法的风格构成与历史发展》。此举得到沙孟海先生的赞赏并赐书名题签。颇感欣慰的是，三十多年过去了，《商周金文选》仍被众多艺术院校选作书法专业的常用教材，此书一版再版，至今印刷发行已逾两万册，仍然发挥着很好的金文字帖作用。

客观的说，当今书坛篆书创作其实并不太理想，千篇一律，以学习清人邓石如、赵之谦的篆书去进行艺术创作者大有人在，就连学元人赵孟頫的篆书也甚鲜有，更遑论学习商周金文书法的艺术创作者。本书作者吴明哲兄，长期沉浸商周金文的学习，将拙编《商周金文选》视作名帖临习，几十年如一日，孜孜不倦，从金文书法爱好者上升为金文书法创作者，成为温州地区颇有影响的书家之一。他的金文书法作品给人以静穆雍容之气象，已经形成明显的个人风格，难能可贵，可喜可贺。我与吴明哲兄虽然都长期供职于浙江省的文博机构，但却一直缺少联系，今因商周金文书法之缘，得以先睹《殷周金文选临集》书稿。相信此书的出版，必将大有益于金文书法艺术的普及和推广，是以为序。

曹锦炎

2022 年大暑时节于杭州西郊寓所

曹锦炎

长期从事古文字研究，曾任浙江省博物馆副馆长、浙江省文物考古研究所所长、浙江大学文化遗产研究院院长，现为中国美术学院教授、博士生导师。
编著有《古玺通论》《披沙拣金》《甲骨文字形表》《商周金文选》《鸟虫书字汇》《甲骨文校释总集》等

金文书法临池随札

吴明哲

2017年，在贵州铜仁市举办“中国当代篆书优秀作品展”。《中国书法》同年第10期推出《当代篆书创作的进新与省思》专题。刊发了多位名家对当代篆书创作的述评文章。他们认为：“篆书创作在‘艺术性’的表现方面乏善可陈，始终落后于其他书体。”“要想找出一件纯用古文字形创作的作品尤难。”“展览看过后发现，总感觉缺点什么，更缺少静穆雍容之气象，不得不让人发篆书的堂皇正大书风尚未形成之叹。”“千篇一律的取法，夸张无度的形式，破败不堪的线条，胡编乱造的结体，当代书法（指篆书）创作正趋于同质化、肤浅化、工艺化。”而金文书法在展览中更是难觅精品且风格雷同。丛文俊先生更是发出“传统对于当代来说，已经颇为遥远和陌生”的浩叹。

早在1990年浙江省博物馆曹锦炎先生就编成金文书法史图录——《商周金文选》，旨在推动金文书法的发展。陈振濂先生在序言中说：“金文书法的鼎盛时期，最能体现出周人的理性与强大的精神力量，笔画轻重，风格伟岸，气息也十分自然，最具书法韵味。”“它那难以控制的线形，它的苍茫的境界，以及它不求流媚但求质朴的客观效果，这不是晋唐以下人所能达到的。这是一种客观的气度恢宏的精神之美——唯其不自觉、非理性，其美也就更令人赞叹。”

本人是金文书法的爱好者，平时很关注全国性的篆书展览，特别是属于金文书法部分。现就事论事，谈些关于金文书法的前世今生。

一、金文书法概说

金文是指铸刻在青铜器上的铭文。它形成于商，盛于两周、春秋、战国，延至秦汉。中国青铜器制造历史悠久，距今5000—4000年的甘肃马家窑、齐家文化等遗址，发现红铜和青铜制造的刀、斧、锥等农具。郑州二里岗商代前期遗址中，发现鼎、甗、簋等礼器。商代中后期，青铜器上已出现铭文。当时铭文简短，或只记器主的族徽或名号，并大多象形，最长铭文在50字以内。这些青铜器大多为钟、鼎，上面文字也称钟鼎文。凹进去称为款，凸出来称为识，故亦称款识。针对小篆而言也称大篆。李学勤先生说“金文”这名称，直到20世纪初才被学者确定下来。制作青铜器时将纹饰、文字先制成陶范，并反复修饰，以利铜液流淌，浇铸后还要修去毛刺，再经数千年大自然的金石化过程，现在看到的是十分综合的效果。进入西周时期，铭文逐渐加长，笔画多有显著的“波磔”。武王时《利簋铭》、康王时《大盂鼎铭》是典型例子，书法风格雄强浑厚，凝重朴拙。西周中期是金文的鼎盛期，如穆王时的《墙盘铭》《曶鼎铭》《大克鼎铭》《九年卫鼎铭》等，金文系统风格已经形成，线质圆韵，文字行列有序，气息雍和，秀逸静穆。西周晚期，如厉王时的《散氏盘铭》，宣王时的《虢季子白盘铭》《毛公鼎铭》，用笔圆润匀净，结体工稳秀美，行列井然。它们既是西周金文的殿军，又开秦人书法的先河。春秋中期，青铜器开始盛行嵌错红铜或金银的技艺。文字形体逐渐拉长并开始异化，或形似蝌蚪或似鸟虫，风气的形成也许同当时追求富丽靡饰的风尚有关。战国时期装饰再趋简朴，甚至崇尚素面，文字却更多维化。金文、古玺文字、货币文字、陶文、泥封、砖文、简帛文字等同期存在。战国时期思想开放，六国文字却很难辨认。金文渐趋衰落，流行“物勒工名”或短铭，唯有中山王詟鼎等长铭，尚有雍容典雅的形姿。秦代短暂，战争频仍，留下器物不多，常见是量、权上统一度量衡诏书。作于统一样板的秦诏，其写（刻）手有来自宫廷或民间的善书者，有的甚至是六国的书吏。文字大小错落，简素挺拔，呈古茂稚拙之风，隐含隶化元素。汉镜铭从圆宛的秦篆渐变成方折的今文字，是民间文字隶变过程的生动例证。

时代旷远，积累渐丰。历代对商周青铜器铭文的研究，可溯源至战国时期，如《墨子兼爱》：“以其所书于竹帛，镂之金石，琢之盘盂，传达后世子孙者知云。”西汉宣帝神爵四年，《汉书·郊祀志》记载：“是时，美阳得鼎，献之。下有司仪，多以为宜荐见宗庙，如元鼎时故事。”即指汉武帝元鼎改元之事。当时京兆尹张敞研究古文字，考释鼎上铭文。东汉时，文字学家许慎在《说文解字》中就引用古文。自序说：“郡县亦往往于山川得鼎彝，其铭即前代之古文。”其中223个与金文相合，是最先收录商周古文的字书。从魏晋到五代约760年内，金文研究比较沉寂。北宋时，上至帝王，下至王公贵族，鉴藏青铜器与金石学同时兴盛。嘉祐中（1056—1063）刘敞著《先秦古器录》，为宋代金石学的开山之祖。宋仁宗嘉祐八年（1063），欧阳修编《集古录》。元祐壬申（1092），吕大临著《考古图》，收铜器224件。大观初（1107），王黼奉宋徽宗之命，编《宣和博古图录》，收古器物839件。绍兴十四年（1144），薛尚功《历代钟鼎彝器款识法帖》刊行。稍后王厚之《钟鼎款识》、王俅《啸堂集古录》刊行。欧阳修《集古录跋尾》、赵明诚《金石录》刊行。元明两代，金石学研究渐趋衰落。至清初，历代积累下来的青铜器散佚殆尽，随着清代当权者重视汉化，推崇朴学，金文研究随之复兴。乾隆十四年（1749），梁诗正等奉敕编《西清古鉴》40 卷，收铜器 1529 件；乾隆五十八年（1793），王杰等又奉敕编《西清续鉴甲编》20 卷，收录铜器 975 件；《西清续鉴乙编》20 卷，收录青铜器 898 件。至 17 世纪中后期，以张廷济（1768—1848）为代表的浙江嘉兴籍学者群尝试金文的书写。同籍徐同柏（1781—1852）集金文为联，并注明文字来源。其后赵之琛（1781—1852）、何绍基（1799—1873）对金文书法均作深入实践。

至清中晚期，随着金石学、碑学的勃兴，金文逐渐进入中国书法系统之中。清代学术的中坚人物阮元（1764—1849），字伯元，号芸白，江苏仪征人。他 26 岁乾隆五十四年中进士，嗜金石成癖。乾隆五十八年（1793）六月，与翁方纲结成忘年交，互赠金石拓片。乾隆五十九年（1794），见识时任山东巡抚的毕沅。毕沅（1730—1797），字湘蘅，号秋帆，江苏镇洋（今太仓）人。著有《关中金石记》《中州金石记》《三楚金石记》等。阮元继承发扬毕沅对金石痴迷和著录经验，历年来编纂《山左金石志》《两浙金石志》。在金石书法家朱为弼（1771—1840）协助下，编撰《积古斋钟鼎彝器款识》10 卷。阮元见识通达，反对保守，他认为金石文字是特有的载体，使后人能够见到古人的文字状态，可更真切体会古人笔法。1811 年，阮元《北碑南帖论》成书，使金石学和碑学大盛。阮元《山左金石志》刊行以来，使山东成为金石学中心。并开启了金石学家主动到野外调查、访问、求证的新风。

陈介祺（1813—1884），字寿卿，号仁潜、簠斋，山东潍县人。其父陈官俊，嘉庆十三年进士。陈介祺道光十五年举人，33 岁中进士，授翰林院编修。他笃嗜金石古文字，富收藏，特别重视藏品的出土时间、地点、环境、流传经过、形状特点、尺寸等。他还征集、认识陶文的价值，从而推断中国文字是由陶文发展而来。还重视古玺印、泥封的收藏，最终辑成《十钟山房印举》，他的治学方法开了一代考古新风。他善于书法，强调高古，主张用笔“指不动”，他的主张甚至影响到黄宾虹的艺术行为。

杨沂孙（1813—1881），字咏春，号子舆，晚号濠叟，江苏常熟人。他推崇邓石如兼用隶法写小篆。深研《说文》和青铜器铭文。他主张折中金文、小篆笔法。所以马宗霍《书林藻鉴》评其篆法太过整齐而乏韵味，缺乏个性。

吴大澂（1835—1902），字止敬，又字清卿，别号窸斋，江苏吴县（今苏州）人。他是金文研究、金文书法真正成形兼实践的关键人物。著有《说文古籀补》，收字以金文为主，兼收石鼓、古玺、陶文、货币等文字，兼订《说文》之失，为较早的古文字工具书。他强调“开风气、不跟风”，但时风所限，仍以小篆笔法来书写金文，缺乏商周金文的生动韵味。他同邓石如、杨沂孙等人的篆书，突破唐宋以来学篆只取法“二李”的局限性，对书法史上超越玉箸篆起了推动作用。

吴昌硕（1844—1927），初名俊，后易名俊卿，字昌硕，号缶庐、苦铁，70 岁后以字行。浙江安吉人，西泠印社首任社长。受杨沂孙、吴大澂、赵之谦影响。用笔在中锋基础上，辅以提按、顿挫、疾涩、轻重的变化，充分发挥笔锋各个部位的作用，重整体气势而不在乎单元字的特征。他书学《石鼓》，提倡临气不临形。

孙诒让（1848—1908），浙江瑞安人，字仲容，号籀庼。清同治举人，曾任刑部主事。著有《古籀拾遗》5 卷、《古籀余论》2 卷、《籀庼述林》10 卷，奠定了金文研究方法。运用不同时期的文字，总结汉字发展规律，精于假借字考释和训诂研究。还以甲金文为主要资料撰《名原》，对中国古文字的选字方法与演变作了深入探讨，是古文字学史上一部经典著作。

黄宾虹（1865—1955），原名质，字朴存，号村岭，别署予向、虹庐，中年更号宾虹，以字行。祖籍安徽歙县，生于金华。擅长中国山水画、美术史论、书法篆刻、通金石考据古文字学等。深研金文，为世人推崇。其作品蕴含深刻的思想，弥漫着老庄的生命意识和“民学”观念。他以绘画的线条结合六国古文来书写金文，呈现出不经意的天真。他说：“金石之家，上窥商周彝器，兼工篆籀……深厚沉郁，神与古会，以拙胜巧，以老取妍，绝非描头画角之徒所能比拟。”他强调用笔时，腕中之力应藏于笔之中，却不可露于笔之外。锋要藏，不能露，更不能在画中露出气力。“平腕竖笔，带动臂力以至全身之力，在藏锋隐力中将真力注入书写，力透纸背。”清末民初，由于地下文物陆续出土，金石学研究范围不断扩大，古文字分类工具书陆续出版，使金文书法创作扩大了视野。

罗振玉（1866—1940），字叔蕴，号雪堂，晚年号贞松老人，原籍浙江上虞。他是近代考古学家、金石学家、古文字学家，是近代考古学的奠基人。一生著作达 189 种，校刊书籍 642 种，1933 年编成《三代秦汉金文著录表》，收集先秦有铭文青铜器 4279 件。1937 年以原拓影印出版《三代吉金文存》20 卷。他在学术研究之余，还从事甲骨金文书法研究。所书金文静穆高古，端庄儒雅，洋溢着书卷气。

李瑞清（1867—1920），字仲麟，号梅庵，晚号清道人。江西临川人。1894 年中进士，署江宁提学使，1905—1911 年任江宁布政使，学部侍郎。与曾熙、沈曾植、吴昌硕并称“民初四家”。他主张“求篆于金”的书学理论。以为金文是一种原始篆书，字形和造型处在发展变化阶段。他认为“鼎彝最贵分行布白，左右牝牡相得之致”，周代金文“无论数十百文，其整体皆联属如一字，故有同文异体，异位而更形，其长短大小损益，皆视其位置以变化”。实为卓见。但他以颤抖之笔来书写金文，虽有古茂、凝重、浑朴之感，却降低了用笔的自然性。

王国维（1877—1927），字静安，号观堂，浙江海宁人，是清末民初的博学大儒。著有《观堂集林》，内有多篇青铜器跋文，有很高的学术价值。特别对西土和东土两系文字的演进，更有凿破混沌的创见。

丁佛言（1878—1931），原名世峄，初字桐生，继字芙缘，谐音佛言，号迈钝。山东黄县宋家疃人。著有《说文古籀补补》，未刊有《金石题跋》《说文扶微》《三代秦汉金石钩本》《古玺初释》《说文部首启明》等手稿。在金文研究和书论上见识颇高，主张“钟鼎文字最讲配合、疏密、繁简、欹斜、纵横，皆有意存乎其中，有因器而配合者，有上下而配合者”。其识见非亲身长久体验者不能有此卓见。

郭沫若（1892—1978），字鼎堂，四川眉山人。他是一个通才，著有《两周金文辞大系》《两周金文辞大系图录考释》等，还将金文书风南北地域差异高度概括为“南文尚华藻，字多秀丽；北文重事实，字多浑厚，此其大较也”。

容庚（1894—1983），字希白，号颂斋，广东东莞人。1922 年经罗振玉介绍入北京大学研究所国学科，1926 年毕业后任教，次年转入燕京大学任教授，1942 年出版《商周彝器通考》两册，1946 年任岭南大学、中山大学教授等职。1985 年 7 月第四版《金文编》出版，正篇共引器目 3902 器，收 2420 字，附录 1352 字，重文 24260 字。《金文编》被公认为研究金文字形的重要专著，促使金文文字学成为一门独立学科。

唐兰（1901—1979），曾名景兰、佩兰，号立庵，浙江嘉兴人。著名古文字学家、金石家。先后在燕京大学、北京大学、清华大学任教。著有《古文字学导论》《中国文字学》，晚年著《西周青铜器铭文分代史徵》《中国青铜器的起源与发展》。

陈梦家（1911—1966），笔名漫哉。浙江上虞上官镇人，著名诗人，考古学家、古文字学家。他将西周青铜器从铭文、字体、器形和纹饰方面通盘考察，分为三个阶段：西周早期（武王—昭王，前 1027—前 948），西周中期（穆王—夷王，前 947—前 858），西周晚期（厉王—幽王，前 857—前 771），至今研究周金文字者，仍遵从三个阶段的分法。

在近现代研究古文字方面，群星璀灿，方兴未艾。如王献唐、张政烺、周法高、李孝定、徐中舒、罗福颐、于省吾、李学勤、裘锡圭、杨树达、唐复年、高明、李圃、何仪琳、董楚平、蒋维崧、孙稚雏、姜亮夫、王辉、曹锦炎、丛文俊、王恩田、吕金成、凡国栋、陈滞冬、成颖奢等，在古文字研究方面做出极为珍贵的贡献，使金文书法爱好者受益匪浅。近年来，刘佳女士（山东蓬莱人）著有《话说金文》，系统地叙述了有关金文的多维知识，宜初学者阅读。但是随着生活节奏加快，文化断层明显，名利效应迫切，鲜有人能心无旁骛，在金文书法中寻幽探胜。

金文书法是原生态书法，但也是最年轻、最具生机的艺术形式。有志者应该静下心来，脚踏实地，践履笃行，关注新出土的考古材料，关注学界的新动态。力争回归传统，回归经典，回归常识，回归自然。

二、金文书法入门

上古时期，自出现文字以来，存在着三种文字系统：契刻、墨（朱）书、浇铸。契刻附丽于甲骨；墨书在竹简、木牍、玉石、陶片上，因易朽易碎易腐，十分罕见；青铜铭文要经过书写清样、研制陶范、修整浇铸，对照竹简、木牍墨迹，推测修范时，会将一些圭角和不利于铜水流淌的细部修去，因而变得圆顺，渐渐形成所谓的“篆引”现象。其效果即如一些学者推崇的“蛇形美”。蛇形线灵活生动，可以随意旋绕，展示最大限度的多样性。再经过漫长的金石化过程，形成浇铸感、苍茫感、朦胧感、历史感等多维的艺术面目。金文会将我们的思维引向遥远的神秘时代，所以当人学习时，要展开天马行空式的想象，尽可能见仁见智，学养愈深，所思愈广，所见也愈奇。

初学金文都以为高深莫测，其实只要排除杂念，由浅入深，会知难不难。不急切功利，方法合理，循序渐进，会很快进入状态。青铜器铭文不是冰冷的，而是鲜活的，有血有肉的，特别是长铭，它简直是一个系统，大小参差，牝牡相衔，以全铭为整体，上下传承，左右关联，中轴线在灵活的移变中，有若隐若现而又有深刻的管领、传承和相互呼应的和谐。学习金文书法时，意识要到位，笔墨是随着意识而发挥的。在整齐中跌宕俊逸，自由而又严谨。

初学金文要注意以下三点：精选范本、讲究笔法、深研章法。

精选范本

学习金文应首先在长铭中选择范本。范本选定后，可选用清晰的版本放大，因铭文文字一般都很小，不利临摹，然后按原件构图粘贴在载体上，以利随时辨认、熟悉、阅读、对照、临摹。我还主张用硬笔钩摹，这种研习式钩摹随时可以进行，没有功利性，心态可以更放松。这种钩摹并不是依样画葫芦，而是追思古人是如何进行文字活动的，每个单体是如何组成的，笔顺的先后、左右、上下，哪些是残泐造成的，哪些是漏铸的部位。也要发现剖释周早、周中、周晚的风格差异，哪些是可以汲取的营养。这种方法简单而原始，但其利好却不可低估。只有经过长期惨淡经营的过程，到用笔墨临摹时，才可以将注意力倾注在用笔上。初学金文，会觉得铭文字形不清、笔顺混乱、字义不明，所以平时要有个铺垫过程，随时查阅背景资料和工具书，难题会随之消解。要反复再反复，时间久了自会水滴石穿。“只有投入才能深入，深入才能深刻，深刻了才知深浅。”一个字有如一座建筑，有间架结构，所以要拆开来分析，如先后、比例、层次、节奏，又如何在融合后，不露痕迹。临摹是纵深研究的必然过程。有一定的临摹能力后，提倡解构范本，甚至打碎范本，汲取其精华，再进行重组，为创作作准备。所以学习金文要像古人一样，抱敬畏之心，并有追根问底的治学精神。

下面举例，以供参考。

大盂鼎铭（西周·康王）

又名盂鼎，清道光初年于陕西岐山出土。铭 19 行 291 字。铭文笔意生涩拙朴，方圆并用，有商末遗风，雄强庄严，运用轻重、曲直、疏密、刚柔等手法，使整体和各字之间匀称、和谐。铭文行列分明、空间布白、错落有致，对中国书法产生多维的影响。有人认为是书法的方笔之祖。

静簋铭（西周·穆王）

铭 8 行 90 字。李山农旧藏。是成熟期的西周风格金文，字距行距疏朗，肥笔明显减少，没有了周早金文雄强遗韵。线条纯净，气氛含蓄，安静雍穆。

墙盘铭（西周·恭王）

铭 18 行 284 字。1976 年陕西扶风出土，现藏陕西宝鸡青铜博物院。铭文清晰，字形整饬，秩序井然，点画均匀，横平竖直，圆润工稳，端庄而活泼，文静而平和。正如陈滞冬所言：“既令人亲近又使人感觉距离，既简洁又丰富，既平实又多变，既气象宽博又精谨入微。”此铭光洁如新，线条清晰，上下传承，左右关系处理得恰到好处，应是初学金文书法的最佳范本。

曶鼎铭（西周·懿王）

铭 24 行，存 380 字，残泐厉害，下部有些字已不可认，但可参阅《新出金文与西周历史》一书中陈絜《周代农村基层聚落初探》曶鼎铭摹补本。此鼎为清乾隆间毕沅得之于西安，后毁于兵火。铭文内容涉及奴隶买卖、财产争讼等事，为西周金文中极少见。由于铭文下部残泐较多，一直无人问津，但从书法艺术角度而言，并不比大盂鼎、毛公鼎、散氏盘诸铭逊色。特别是它的朴厚自然，大气磅礴的体势，字形大小视笔画多寡而任其自然，而又一片天籁，浑然天成。在其他金文作品中甚为罕见。

小克鼎铭（西周·孝王）

又名膳夫克鼎。8 行 72 字。1890 年陕西扶风出土。文字属周金文的典型结体。字形修长，线条力感劲健，行气自由。略启周晚金文风格。

散氏盘铭（西周·厉王）

又名散盘、夨人盘。铭 19 行 357 字。陕西凤翔出土。此器发现至今，极受学界艺林推重，由于字形略扁，往往竖短横长，粗旷而富情致，与文字竖长横短和体形纵长的篆书大异其趣，字形大多向右方欹侧。对其文字造型的特异形态之谜，众说纷纭。从山西侯马、河南温县发现春秋时代朱、墨书遗迹后，人们才渐渐将其同侯马、温县盟书手写字迹联系起来。这些盟书同庙堂文字相比略显自由、放纵。也许正是这种简率的书法形态，渐渐引起文字隶变的发生。

虢季子白盘铭（西周·宣王）

又名虢季盘、虢季子盘。铭 8 行 111 字。清道光间陕西宝鸡出土。

此铭字形显得竖长，行距字距疏朗，有些横画排比略紧，竖划故意拉长，笔画聚散明显，略有图案化倾向。用笔娴熟洒脱，既入乎规范又出乎规范。似乎是春秋战国文字多姿多彩的前奏。其疏朗俊逸的章法甚至开启了杨凝式、董其昌的书风。

毛公鼎铭（西周·宣王）

又名曆鼎，毛公鼎。32 行 497 字。清道光末年陕西岐山出土。铭文章法系拓印所致。此器为周晚重器，铸造精美，文字之多为所有青铜器铭文之冠。拓本所见是典型的由锈蚀残泐拓本制作，纸张拉伸等多次事后创作而成。但丝毫不影响其艺术含量。我们应更好地认识它，鉴赏它，学习它。

文字如此之多，铭文如此精美的青铜文字，却出现在周王朝即将结束的时代，仿佛是西周金文的曲终雅奏。

秦诏版量铭

秦代短暂，尚有始皇帝二十六年（前 221）和二世元年（前 209）诏书两种。相同的文字内容在不同的量具载体中，章法形体各臻其妙。秦统一全国后，要统一度量衡。诏量铭的书写者来自各诸侯国。中枢要求文字结体相同，但并不要求书写风格的统一。按现存诏量铭上的书体，并不像《泰山刻石》《琅琊台刻石》之类美术化了的小篆。章法任意错落，结体疏密参差，有自由跳跃之姿，却无松散杂乱之嫌，另有一种平实生拙率真意趣。

汉寿成室鼎铭

汉元延二年（前 11）之物，盖铭 6 字，器铭 36 字。汉篆刻划金文与秦代权量刻铭属同一类型的作品形式。此刻铭笔画娟秀，起讫不露刀锋痕迹，走刀精熟又婉而通，娟秀之中尽显遒劲、纯净和简约。汉人运用朴素纯粹的技艺，创造了和谐、纯净之美。

汉谤言众兮有何伤重圈镜铭

镜直径 10.7 厘米。铭两圈 28 字。

铭文镜起源于西汉初年。其多姿多彩的铭文，蕴含丰富的历史信息，还是中国书体演变的史证。汉镜铭书体基本上横平竖直，偶有曲笔，整体质朴雄健，富有阳刚之气。

讲究用笔

提倡中锋用笔。羊毫、狼毫、兼毫均可。笔锋不宜过长或过短，过长不易控制，易倒锋扁锋散锋，过短则吸墨不多，易使气短，忌用笔根。市场上毛笔充斥，但好笔难求，只能根据经验来筛选，也可同笔工共同研制。

石涛说：“太古无法，始于一画”。临习金文书法，线条是生命线，它不是僵直扁平而是有韧性有浇铸感的活线条。法国一位雕刻家说：“一个规定的线通贯着大宇宙，赋予一切创造物。”所以临摹时要格外重视线的质量，要以手腕来指挥手指，运笔时手腕和肘、全臂、腰协调互动。经过长期练笔，手臂、肩上肌肉会得到加强，使腰、肩、肘、腕、指自然而然形成传递力感的联动作用。临写时坐着为宜，可悬腕也可枕腕，可按习惯或文字大小而定，不必拘泥。书写时，要平静地将对铭文的认识和理解表达出来。字形要丰满，线条要流动圆润，不能油滑，不能标准化模式化。线条之间要见缝插针，不能杂乱无章。要研究铭文中的空间处，笔画多的少的如何搭配，如何互补互让。既灵活又踏实，要求饱满有神而不能干瘪，忌油滑应付，注意细节，思考上下左右的关系和整体气氛，以及力感、浇铸感是如何表现的。学习过程既要相信古人又要相信自己。要随时收集有关资料，要密切关注文物出土动态和出版讯息。单凭聪明是解决不了问题的，俗语说“慧不如痴”。不要盲目听从一些名家的高谈阔论，要看他做了什么然后再听他说什么。社会上有以小篆笔法写的金文，有古文字学家写的金文，有一些狂野的所谓金文。也就是说，金文书法是被认识不久的学科，大家几乎都处在同一起跑线上。学习金文书法，不要瞻前顾后，沉下来做自己的事。

金文笔法不同于小篆笔法。金文是自由的、流动的、有变化的。小篆讲究整齐、圆顺、标准，以小篆笔法来临写金文会显得格格不入，甚至别扭。故建议在初临金文时，先将固有的观念进行解构，以利突破陈腐的观念。否则又会重蹈清人以小篆笔法来书写金文的覆辙。金文书法的笔顺没有固定方法，先上后下先左后右是后人约定俗成的楷书法则。金文是视需要而定，怎么顺手怎么来，有如拳击，平时苦练，到时八面出风见机行事灵活运用。金文是先人经过长期的锤炼磨合而成的，没有现成的法则。我认为是先定位后添加，先长后短，先主后次，先易后难，有些短笔、粗笔、饰笔是后添加的。王羲之《题卫夫人〈笔陈图〉》说：“平夆相似，状若算子，上下方整，前后齐平，此不是书，但得其点画耳！”若能领会此意，思过半焉。

至于用笔，黄宾虹强调：“落笔应无往不复、无垂不缩。往而不复，使用笔沉着不浮。”他在《与顾飞函》中云：“画笔要平、留、圆、重、变五字用功。”这些说法对于金文书写都是金玉良言，但对初学者来说，却是一头雾水。其实他是说不要按照某些讲义上的说法去描头画足，有意做态，那些所谓的“垂”“缩”只是一种意念。试想在宣纸上哪能停留（除熟纸外），运笔时点到为止，重在意会。只要用腕行笔，自然会在平动，因有磨擦力，在有把控的运行下，不会一滑而过，就是所谓的“留”“重”。当笔在运行时，同纸面会发生摩擦，通过提按的律动，疾徐的控制，会形成积点成线的痕迹，线的两侧会呈细微的波动痕迹，会形成苍茫的浇铸感。

说到用笔，就会想到“屋漏痕”，但是往往可望不可至。其实在日常生活中，可观察到当雨水充沛顺墙而下时，它不会直线而下的，而是缓慢地、曲折地像在克服阻力的情况下下垂。在粗糙的墙面上如此，在光滑的玻璃上亦如此。如高铁飞驰时遇上大雨，窗外的水滴同样向下曲折地流淌。这就是“屋漏痕”现象，它就是金文书法用笔的精髓。我们不得不佩服先人的慧眼，更不容易的是这种现象竟被移情到金文书法中来。金文书法的灵魂隐藏在细节里，先人将自然界的无序现象，经过消化后引入金文书法的世界，然后经过有机的组合、协调，直至和谐。所以，陈滞冬说：“书写大篆技法，传统的篆（小篆）、隶、楷、行的技法都用不上。”也就是金文书法区别于其他常用的书体，它是自然的、朴拙的，看似简单但又是难以企及的。

深研章法

青铜器铭文呈现的章法之美，是先人对客观世界里各种对象、形体、姿态的抽象模似或汲取。它是抽象化了的符号，是自由的、活泼的、流动的，富有生命暗示和表现力量的美。它们有个体之美又有综合氛围，它们相互关联呼应，互动互让，既分散又结集，每一行上下都含着呼应关系，行次之间也顾盼生情，全铭就是一个整体，其中疏密、粗细、长短、空间等都会协调、相互关联，相处和谐。对章法的理解、领会，只有通过阅读、临摹才会慢慢体会内含意涵。它没有程式，但暗含一些难以言说的规律，只有通过艰苦学习才能领悟。

金文书法其实是抽象化了的自然。不管临摹或创作，要追求古朴、纯实、平和、静穆、和谐的氛围，又要追求参差之美，是拒绝划一整齐的。只有在初步掌握金文书法的用笔后，才会有精力来关注、研究金文的章法。只有对铭文熟悉了，用笔顺畅了，才会体会到上下传承、左右关联之妙，其古朴氛围才会自然而然地出现。我们要相信古人又要相信自己，但不要盲目地相信一些江湖“名家”。初看金文书法几乎无章可循，但只要掌握基本知识、基本技法，提高古文字学修养，扩大艺术视野，书法造诣终会水到渠成。

现代科技发达，资讯流通神速。平时尽可能将北宋至今的金文书法图片搜集起来，如米芾、赵孟頫、吾丘衍、王铎、朱耷、钱松、朱为弼、张廷济等及吴大澂、丁佛言、李瑞清、邓石如、吴昌硕、罗振玉、沈兼士、谢玉岑、唐兰、章太炎、黄宾虹、王禔等人的作品按先后联袂成册，从这条红线上，你会发现金文书法发展的脉络及其误区。又可同现代的金文墨迹作比较，对我们应该如何学习、如何扬长避短会有莫大的好处。你也会发现古文字学研究和金文书法的发展虽可相辅相成，但又不能等量齐观。你还会发现古人或今人很少有人在青铜长铭里翻滚过，只是偶然为之或作为一种点缀而已。因此，金文书法有很大的拓展空间，学习金文书法也更有现实意义。

临摹久了，自然要创作，同时会遇上文字的障碍。这是一个复杂的问题，不是三言两语就可讲得清楚的。首先得查阅字书，如容庚的《金文编》、徐中舒的《汉语古文字字形表》、高明的《古文字类编》、何仪琳的《战国古文字字典》等等。再碰到疑难时，要查段注《说文解字》，了解文字形成的因子，查王辉的《古文字通假字典》，了解古今字的区别。再有困难，可依照孙诒让的“偏旁分析法”，唐兰的“对照法”“推勘法”“历史参证法”，一步一步掘进。正如唐兰所说的“中国古文字不归于形，必归于意，不归于意，必归于声”的文字学理论。

随着研究日深，见识日广，一些难题也会随之释然。碰上疑难问题可向专家请益，可与同仁进行讨论商榷，其过程充满互动、和谐的乐趣。

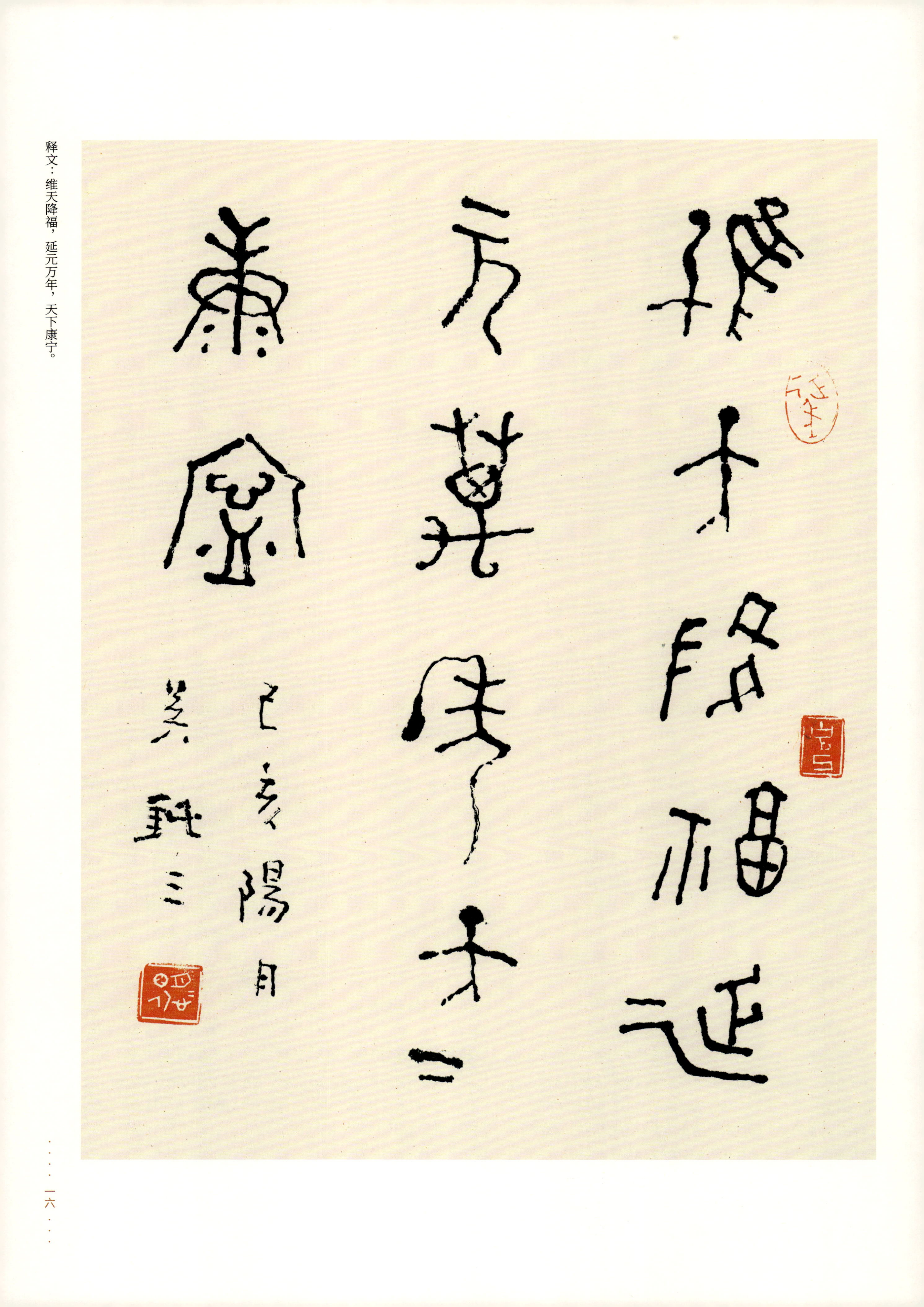

释文：维天降福，延元万年，天下康宁。

释文：雍容毛公鼎，野逸散氏盘。

释文：泠泠七弦琴，静听松风寒。古调虽自爱，今人多不弹。

録唐劉長卿句
庚子吳鈍三

释文：云无心以出岫，鸟倦飞而知还。景翳翳以将入，抚孤松而盘桓。

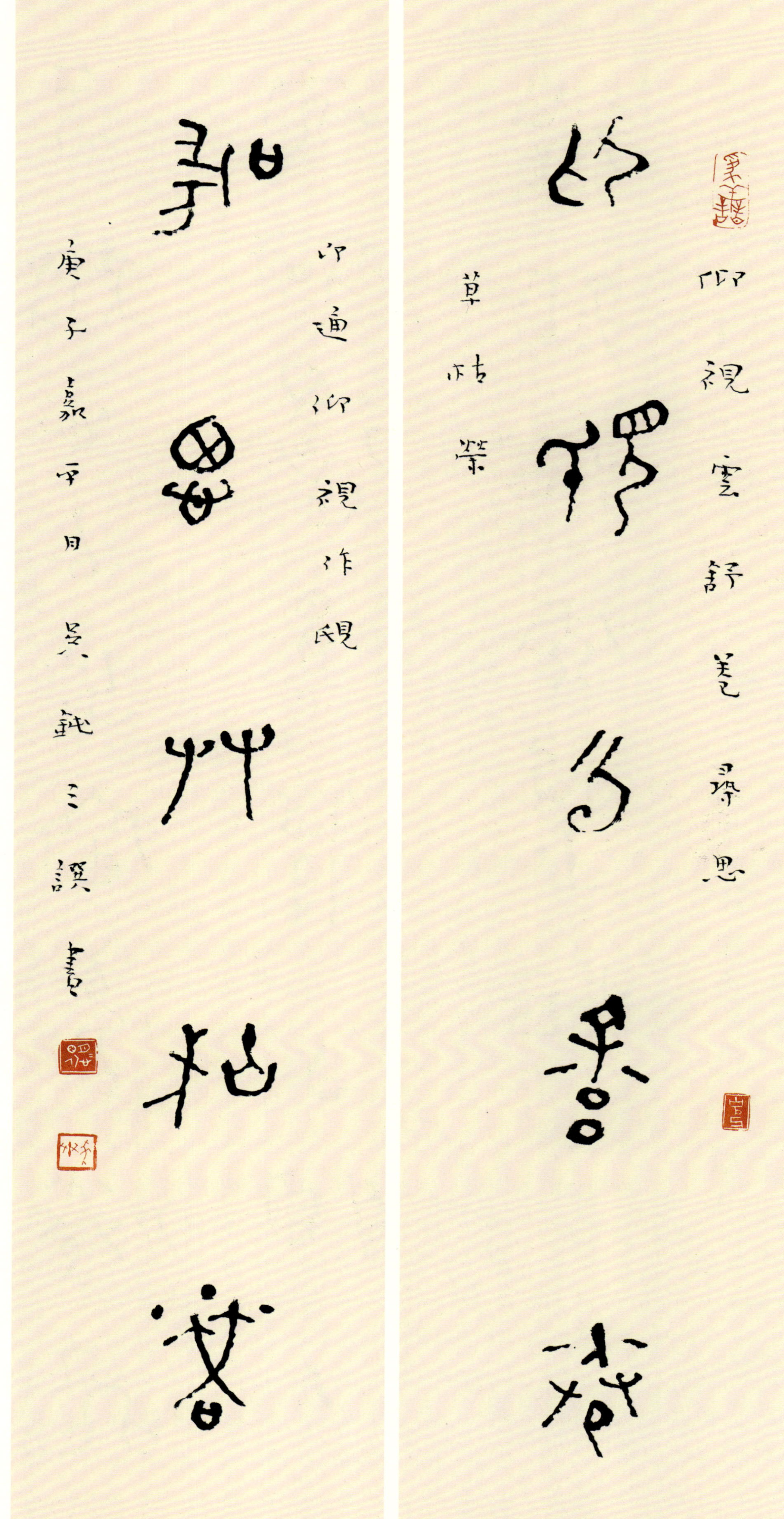

释文：仰视云舒卷，寻思草枯荣。

释文：清刚秦诏版，厚朴汉镜铭。

大 盂 鼎

····殷商时期···

释文

壬午，王田于麦菉（麓）获商戠兕，王易（锡）宰丰、帚小、知兄。在五月，隹（唯）王六祀彡日。

注：宰丰骨匕刻辞是晚商时期作品，其文字风貌与已见的甲骨刻辞完全不同，应是用双刀法照墨（或朱）书刻出。与二祀、四祀邲其卣铭、保卣铭相似。故将其纳入早期金文范畴，作为承前启后的范例。

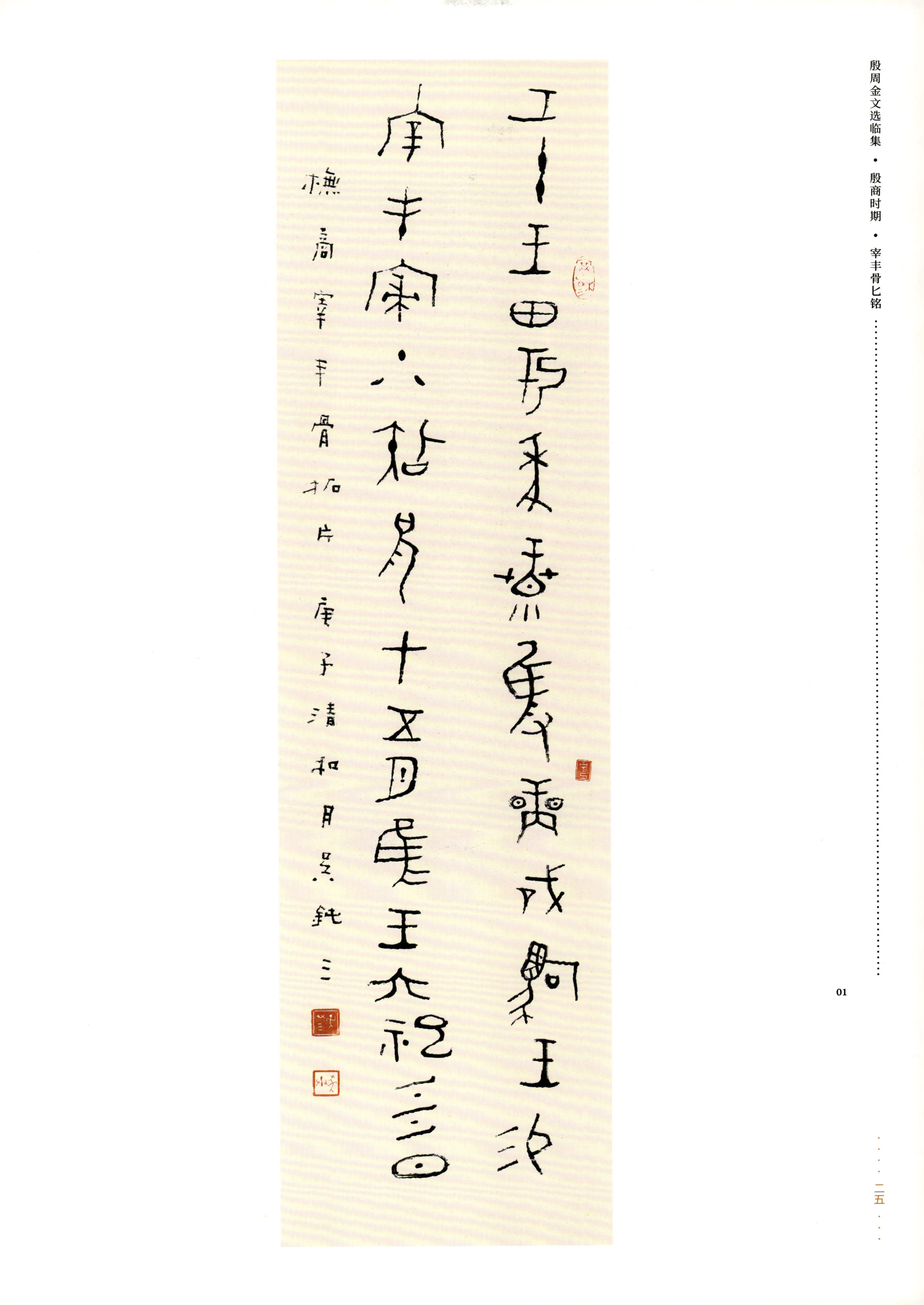

橅商宰丰骨拓片 庚子清和月 吴钝三

释文

丁子（巳），王省夔京，王易（锡）小臣俞夔贝。隹（唯）王来正（征）人方，隹（唯）王十祀又五，彡（肜）日。

橅小臣俞尊銘 己亥屯三

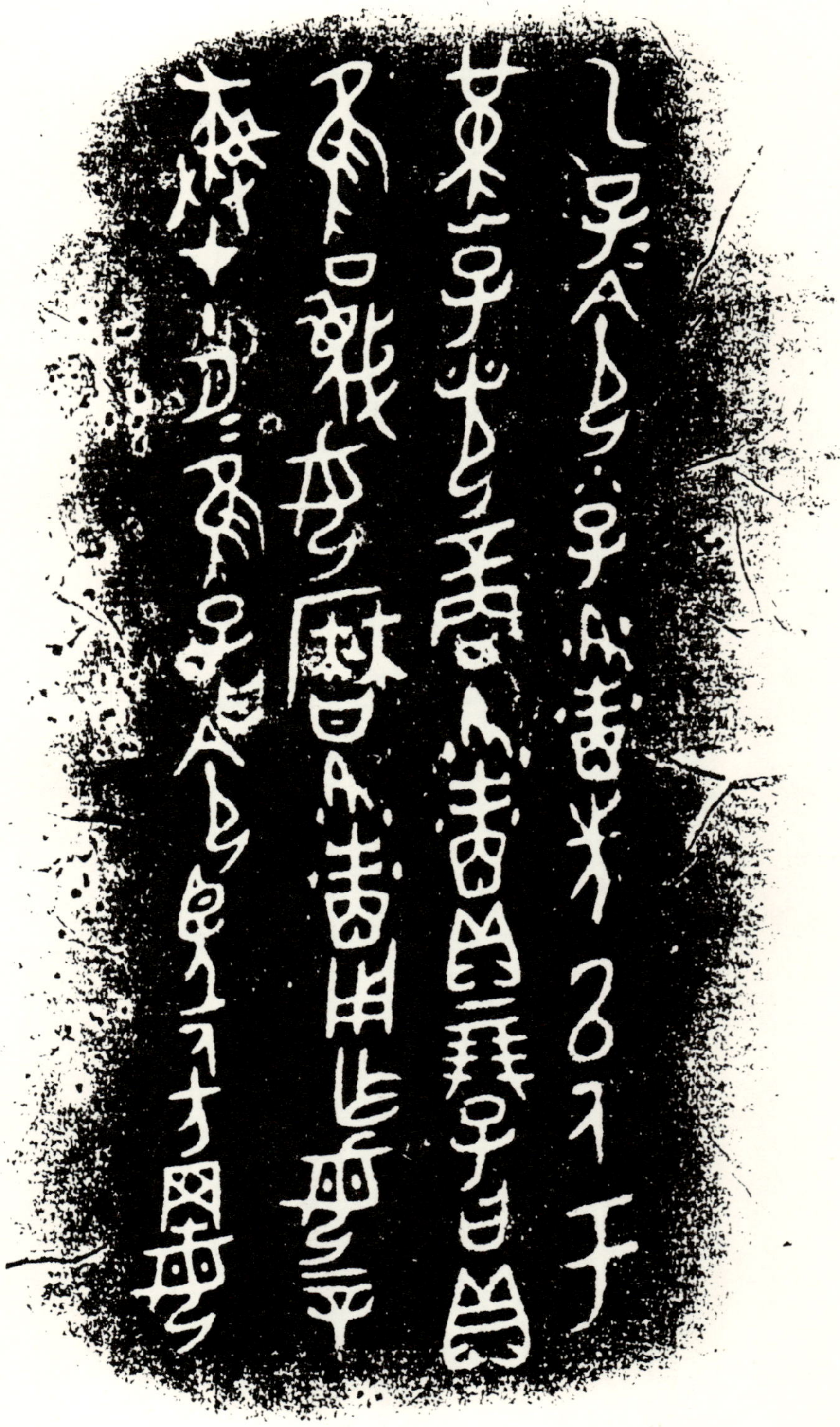

释文

乙子（巳），子令（命）小子畬先以人于堇，子光商（赏）畬贝二朋。子曰：“贝，唯蔑女（汝）历。”畬用乍（作）母辛彝。才（在）十月二，隹（唯）子曰：“令望人方㝬。”

橅小子畬卣銘 庚子蒲月吳鈍三

释文

丙午，王商（赏）戍𪧐贝廿（二十）朋，才（在）𩰫（闌，管）宗。用乍（作）父癸宝𩰫（餗），隹（唯）王饔𩰫（管）大室，才（在）九月。犬鱼

撫戍嗣鼎銘　庚子清和月鈍三

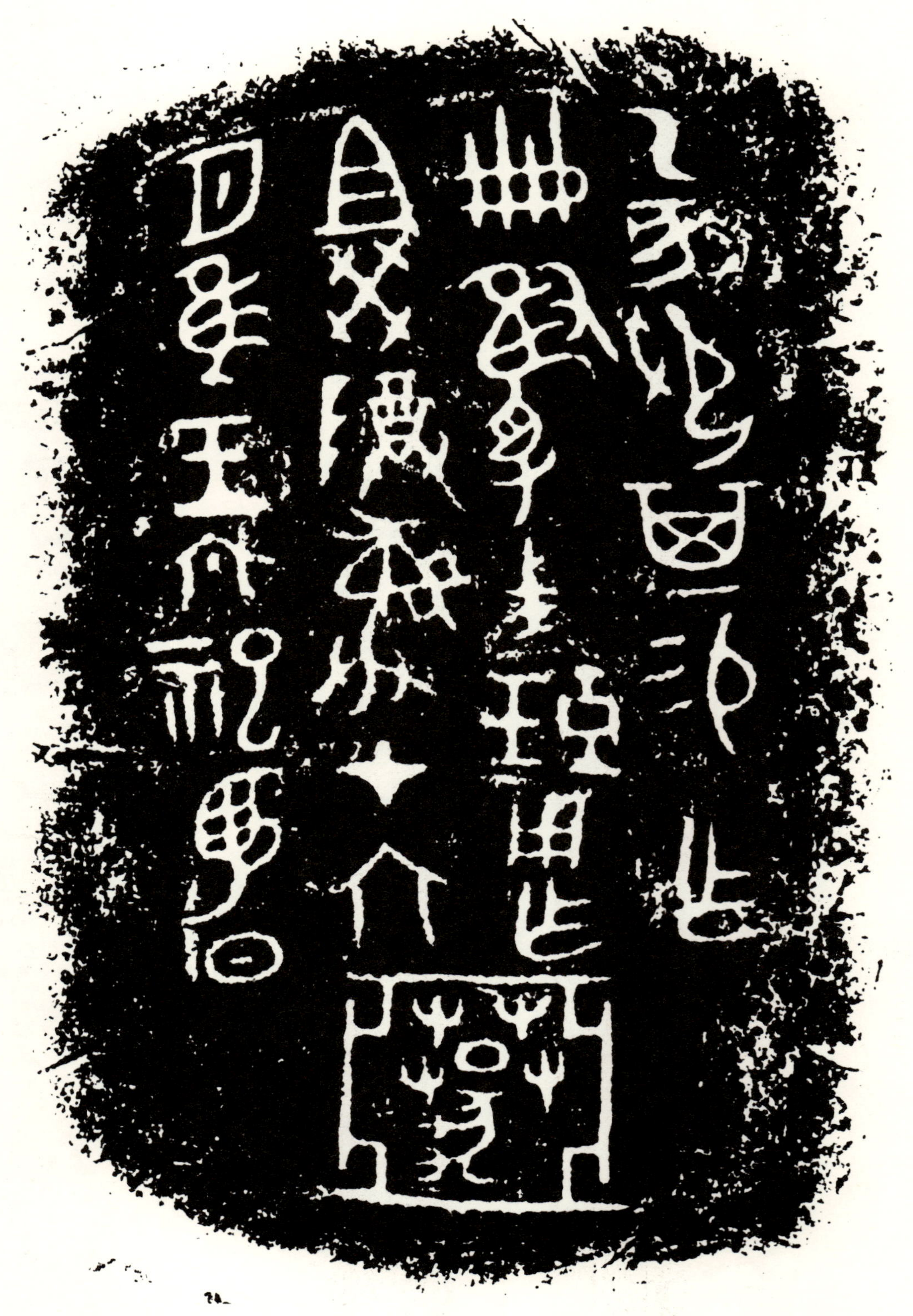

释文

乙亥，邲其易（锡）乍（作）册孯宔珏，用乍（作）且（祖）癸尊彝。才（在）六月，隹（唯）王六祀，翌日。亚獏（族氏名）

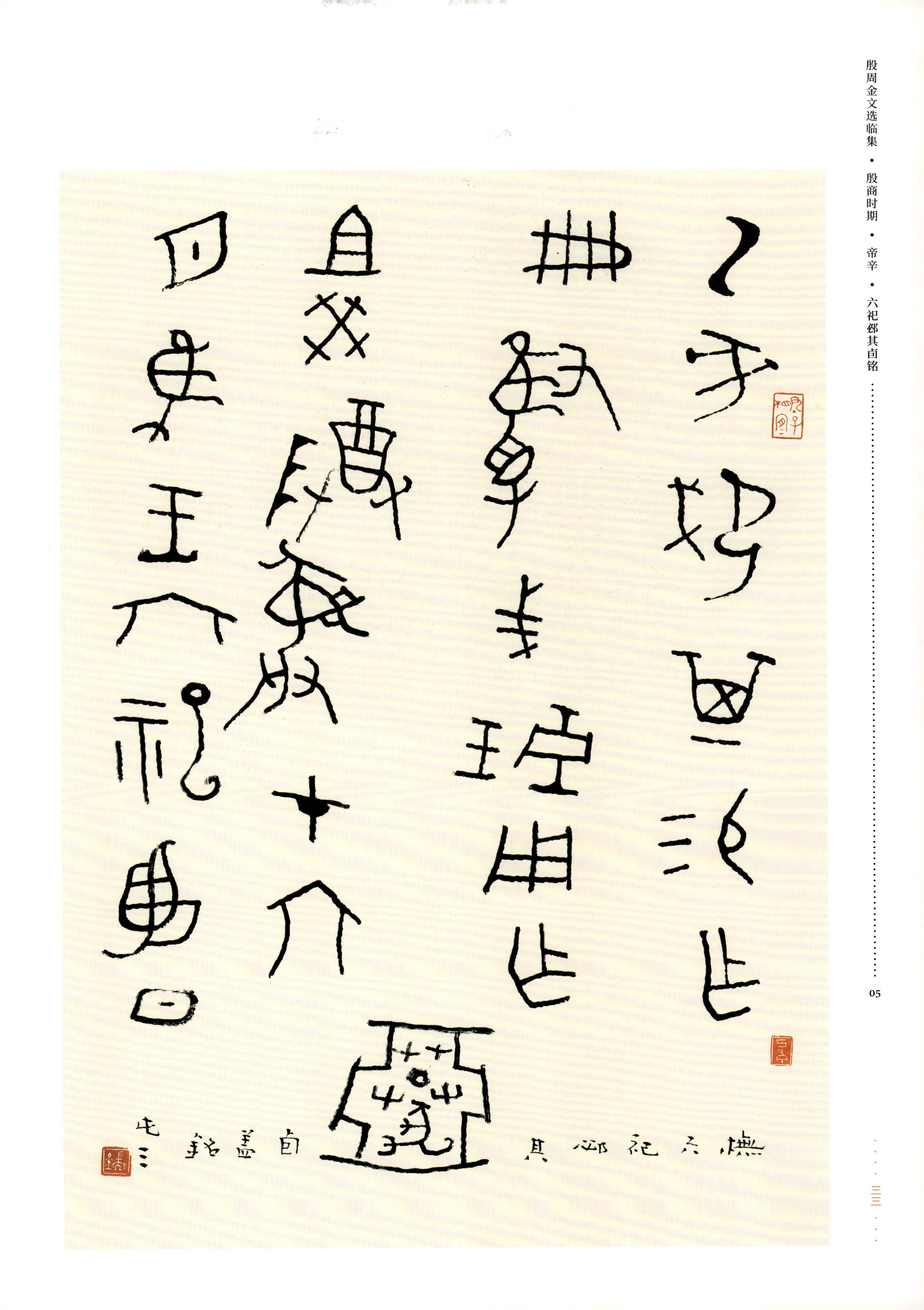

臨六祀邲其卣蓋銘

释文

丙辰，王令（命）邲其兄（贶）麗于夆田，湝宾贝五朋，才（在）正月，遘于匕（妣）丙肜日大乙爽，隹（唯）王二祀，既𢦏于上帝。

橅二祀邲其卣銘 庚子榴月鈍三

释文

庚申，王才（在）𬱕，王各（格）宰椃从。易（锡）贝五朋，用乍（作）父丁尊彝。才（在）六月，隹（唯）王廿祀羽又五。

庚申王才闌王各宰椃从易貝五朋用乍父丁尊彝才六月隹王廿祀翌又五

臨宰椃角口內銘七三

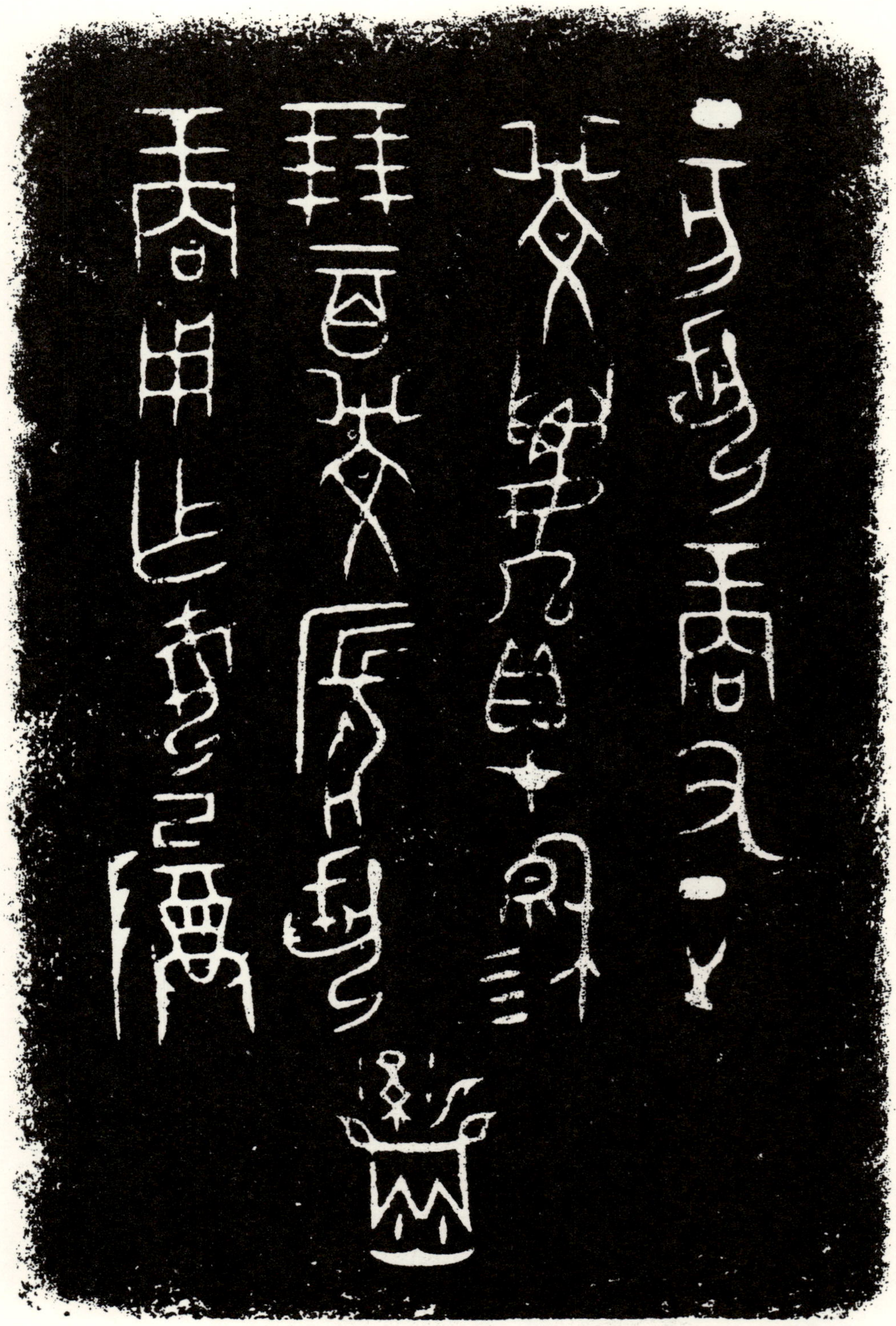

释文

丁亥，𫸩商（赏）又（有）正嬃嬰贝，才（在）穆朋二百。嬃㫃（扬）𫸩商（赏），用乍（作）母己尊䵼。

臨嬰方鼎銘 己亥 乇三

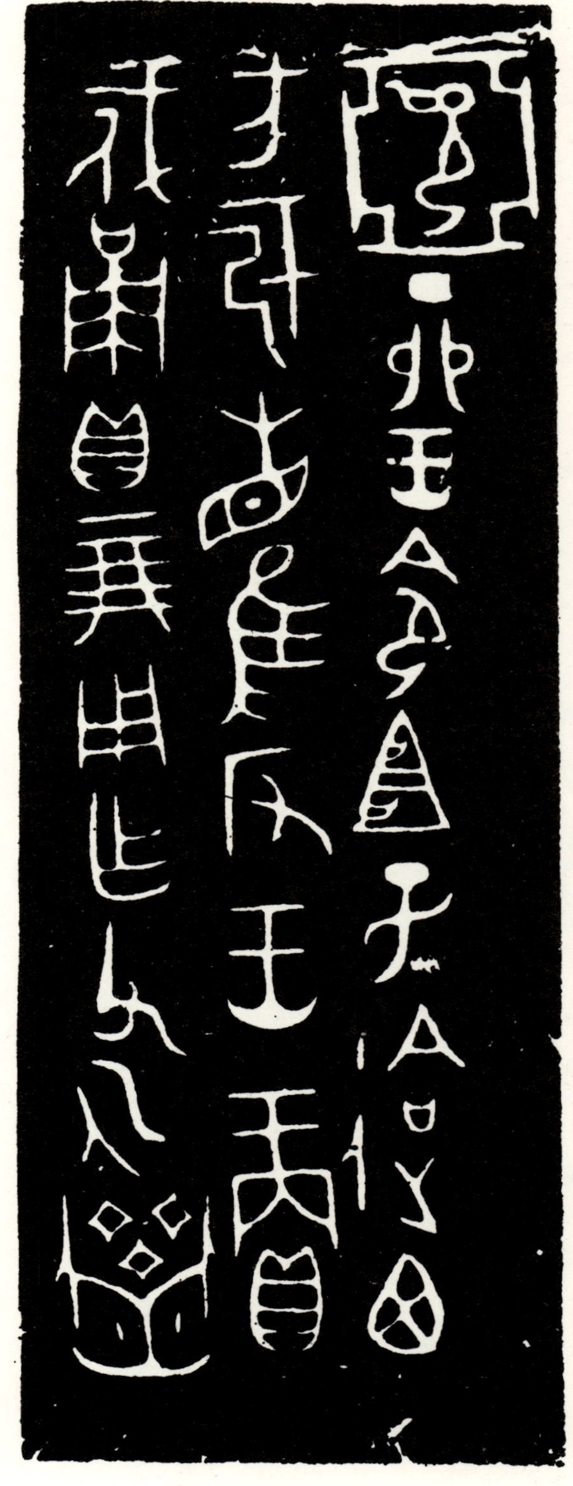

释文

亚见，丁卯，王令宜子迨（合）西方，于省，隹（唯）反（返），王赏戍甬贝二朋，用乍（作）父乙𩰫。

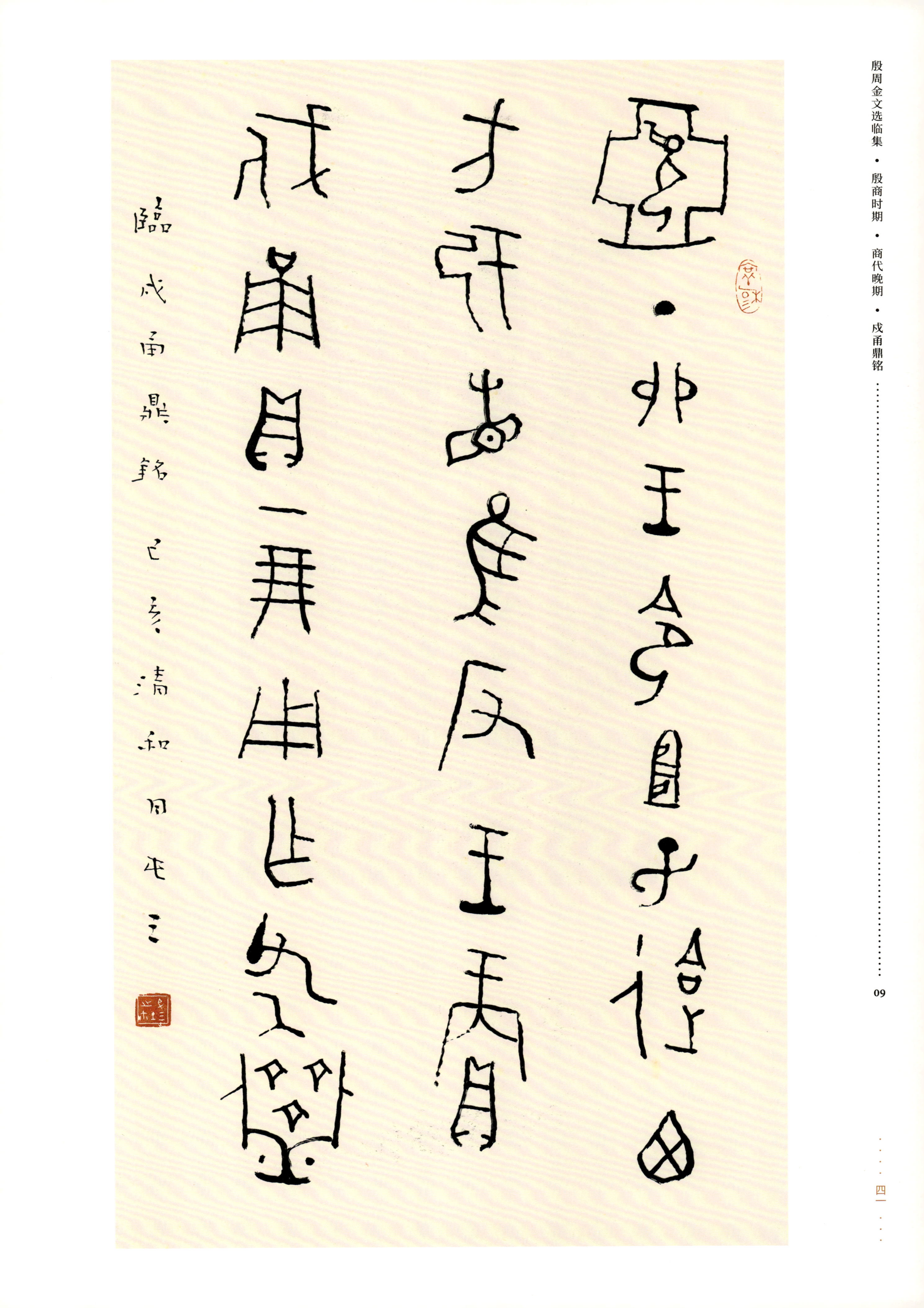

臨戍甬鼎銘 己亥清和月 屯三

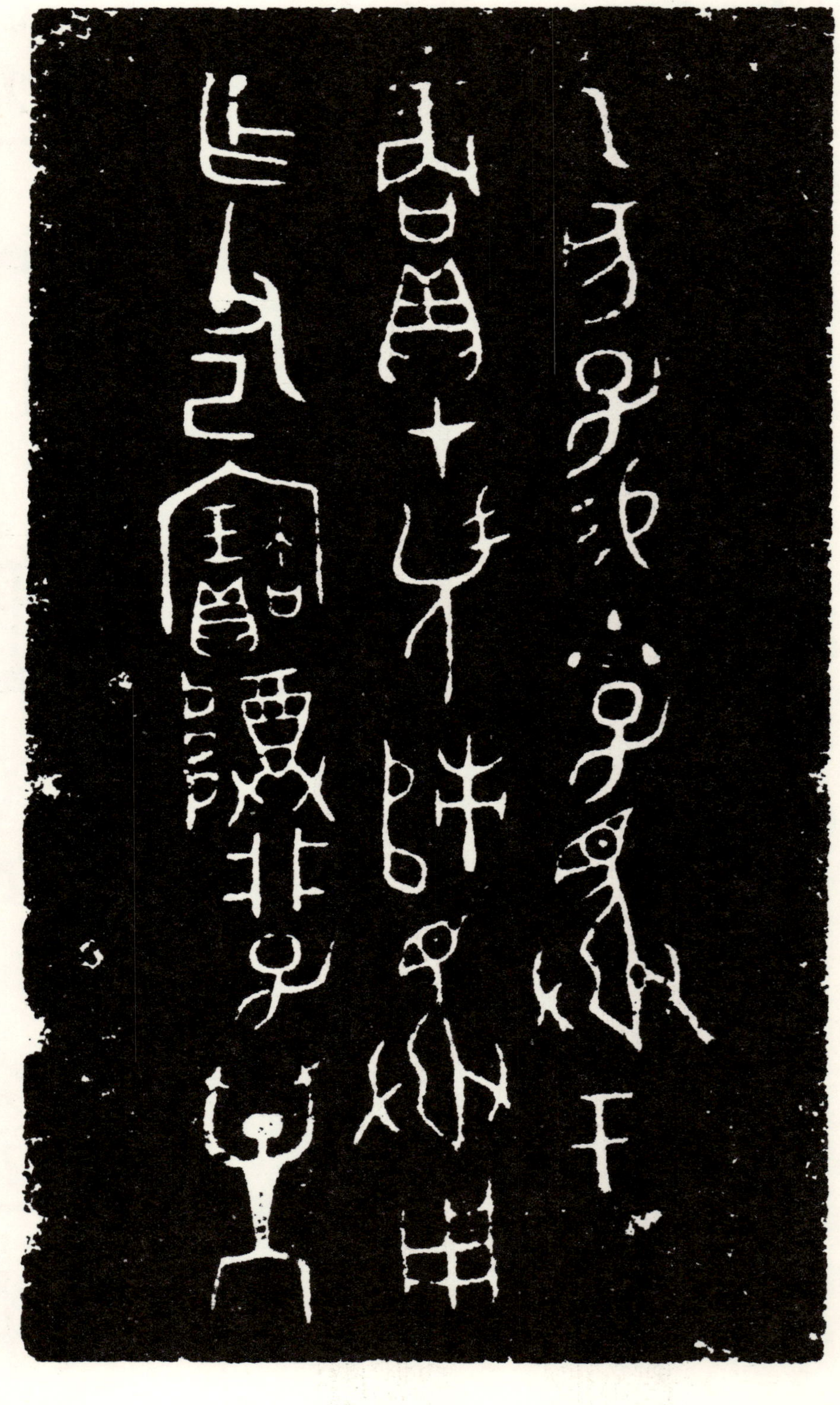

释文

乙亥，子易（锡）小子䀠王商（赏）贝，才（在）□師，䀠用乍（作）父己宝尊，㠱。

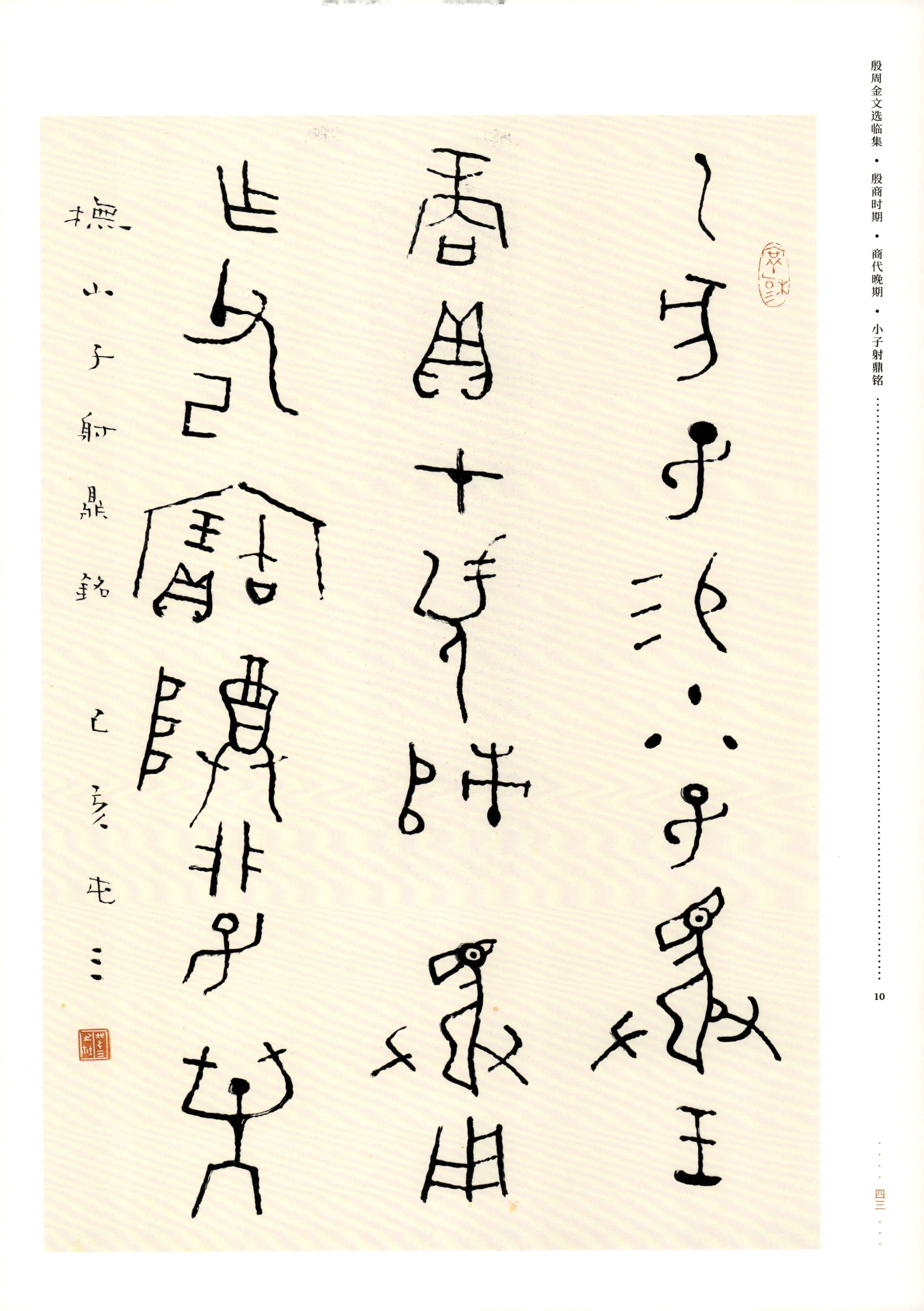

橅小子射鼎銘 乙亥屯三

释文

癸子（巳），王易（锡）小臣邑贝十朋，用乍（作）母癸尊彝，隹（唯）王六祀，彡（肜）日，才（在）四月。亚矣

橅小臣邑斝銘 乙亥炳月 吳鈍三 時年七十又五

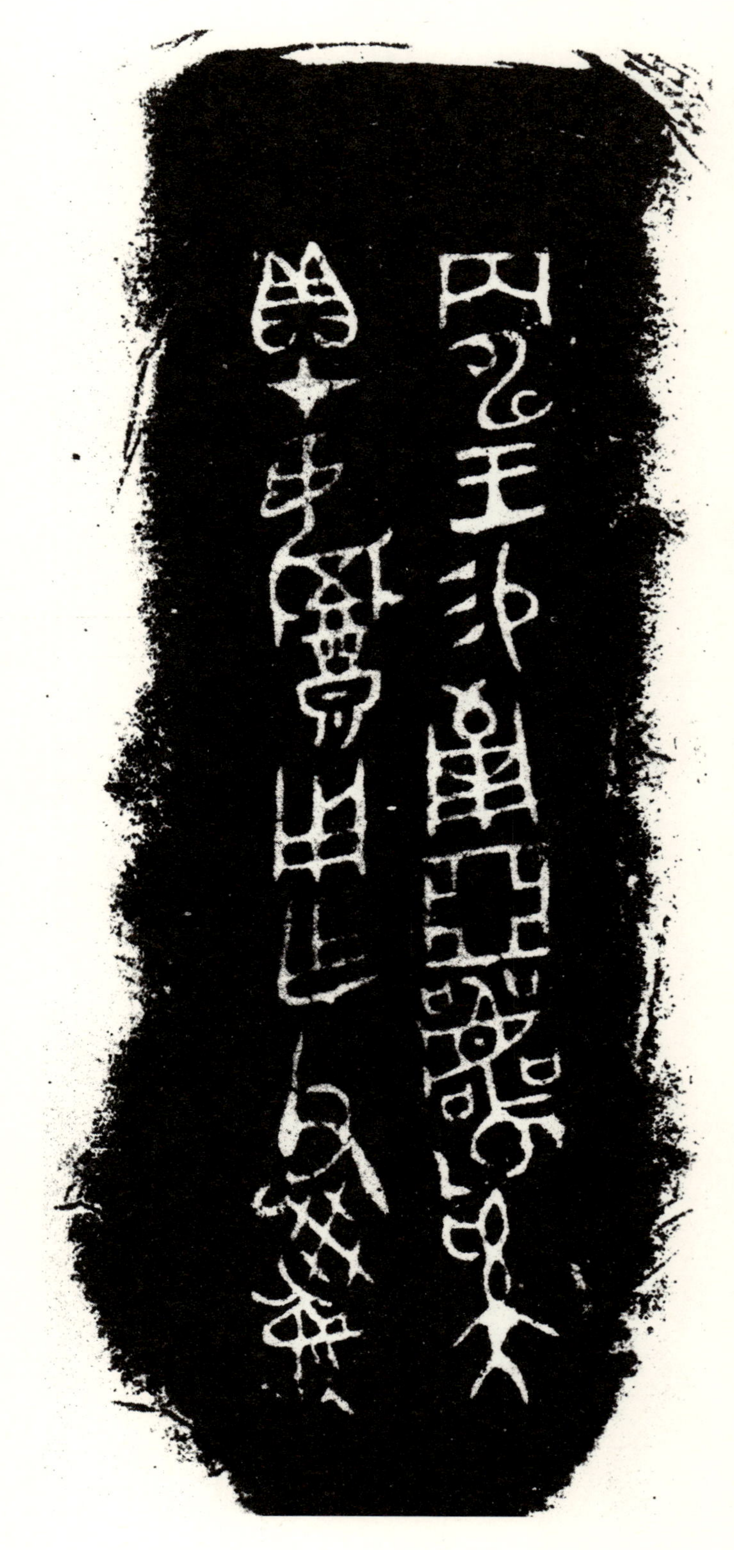

释文

丙申，王易（锡）荀亚麃奚贝，才（在）□，用乍（作）父癸彝。

橅萄亞角銘 乙亥炳月 吳鈍三時年七十又五

墙 盘

西周早期

释文

乙亥，王又（有）大豊（礼）。王囗（泛）（般，督）三方，王祀于天室，降。天亡又（佑）王，衣祀于不（丕）显考文王，事喜（饎）上帝。文王德（？）才（在）上，不（丕）显王乍（作）省，不（丕）䋣（肆）王乍（则）庻（殷）。不（丕）克气（讫）衣（殷）王祀，丁丑，王卿（飨）大宜。王降亡勛爵退囊。隹（唯）朕又（有）蔑，每（敏）扬王休于隣皀（殷）。

天亡簋又名大豐簋、朕簋。一八四四年陜西岐山縣出土，銘八行七十六字，現藏中國歷史博物館。天亡簋為周朝開國重器，銘文有行無列，線條含蓄內斂，一任天籟，質樸可愛。第四行第七字疑為德或監字，故以原狀臨之。吳鈍之

释文

武王征商，隹（唯）甲子朝岁鼎（贞）。克闻（昏）夙又（有）商。辛未，王在𫲨𠂤（师），易（锡）又（右）事（史）利金，用乍（作）旜公宝尊彝。

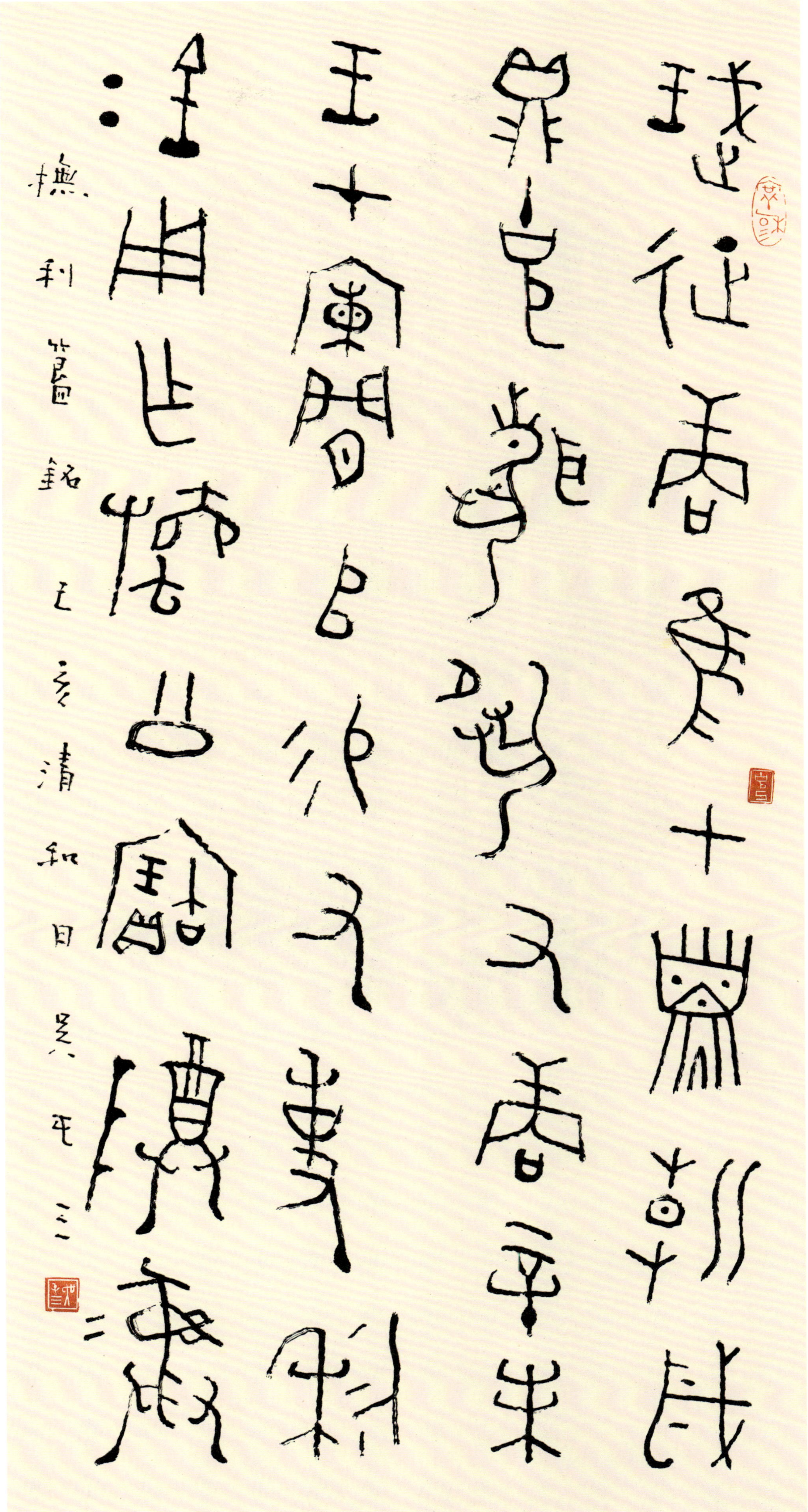

珷征商隹甲子朝歲
鼎克昏夙又商辛未
王才闌𠂤易又事利
金用乍旜公寶尊彝

橅利簋銘 乙亥清和日 吴毛 二

释文

匽（燕）侯旨初见（觐）事于宗周，王賁（赏）旨贝廿朋，用乍（作）姒宝尊彝。

橅匽侯旨鼎銘 己亥 鈍三

释文

王伐禁（奄）侯，周公某（谋）禽祝，禽又（有）𣪕祝，王易（锡）金百寽。禽用乍（作）宝彝。

释文

王后坙（返、坂）克商，才（在）成师，周公易（锡）小臣单贝十朋，用乍（作）宝尊彝。

王後反克商在成𠂤周公易小臣單貝十朋用乍寶尊彝

撫小臣單觶銘 乇二

释文

王伐录子耶（聽），㪤厥反（返）。王降征令于大保。大保克苟（敬）亡（无）遣。王永（咏）大保易（锡）休余土，用兹彝对令（命）。

撫大保簋銘 己亥清和月吳鈍三

释文

唯五月，辰在丁亥，帝司赏庚姬贝卅朋，迖（贷）丝廿寽（锊），商用乍（作）文辟日丁宝尊彝。㠱（举）

橅商卣銘 庚子 鈍三

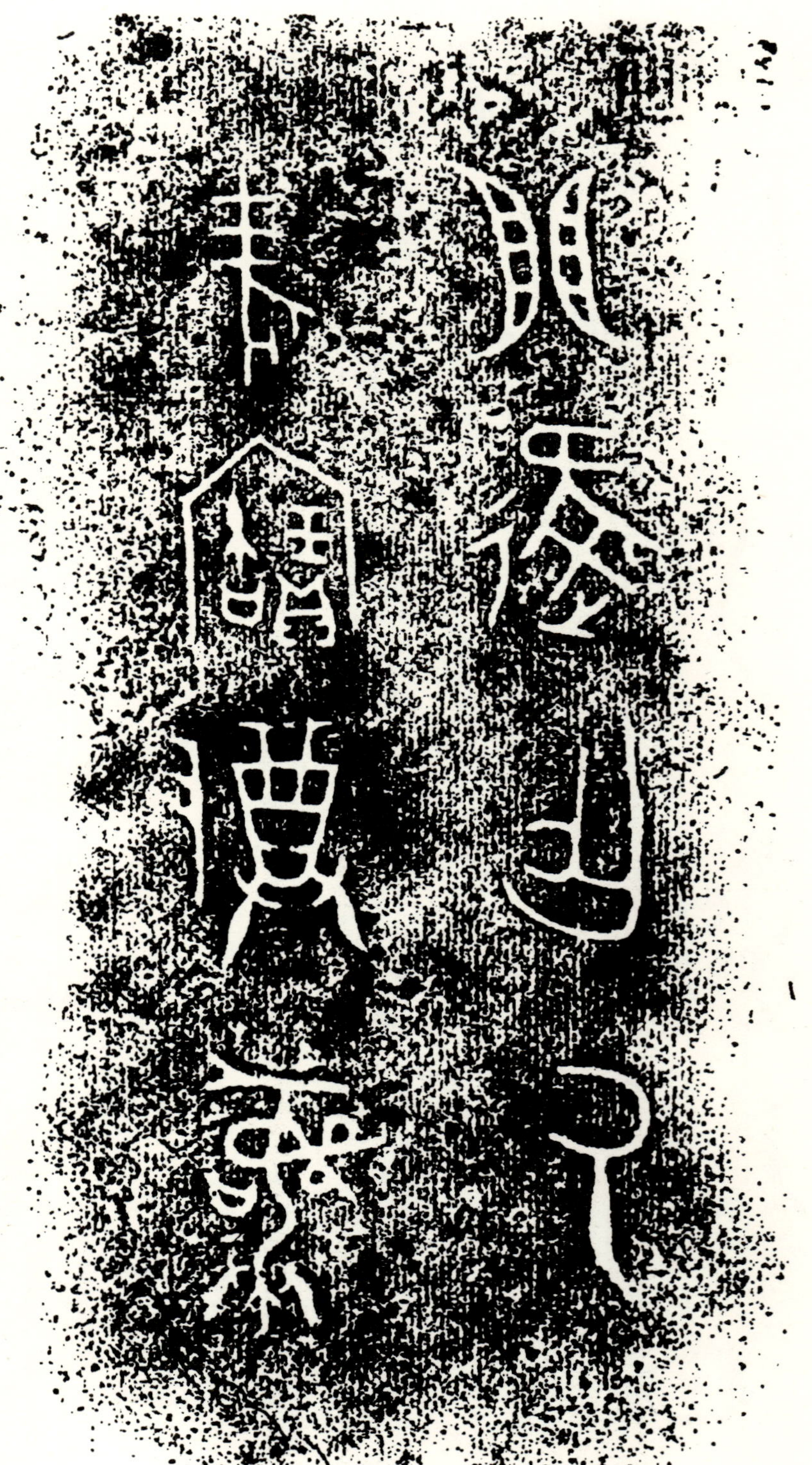

释文

昍迮乍（作）氒（厥）考宝尊彝。

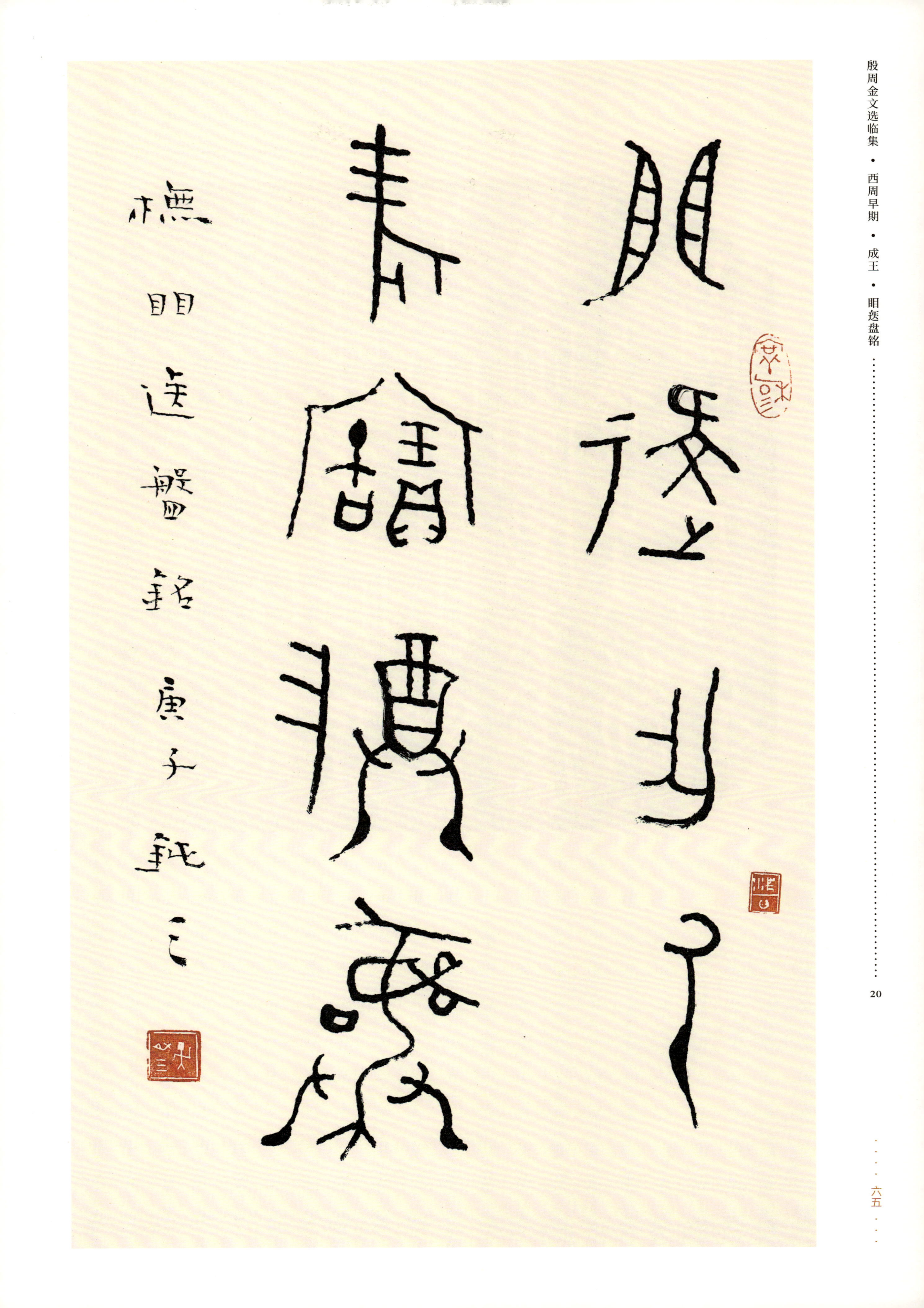

橅眀娾盤銘 庚子鈍之

释文

乙卯，王令（命）保及殷东或（国）五侯，祉（延）兄（贶）六品，蔑历于保，易（赐）宾，用乍（作）文父癸宗宝尊彝，遘（遘）于四方，迨（合）王大祀，祓（祐）于周，才（在）二月既望。

橅保卣铭 庚子清和日钝三

释文

隹（唯）九月，王才（在）宗周，令（命）盂。王若曰：“盂！不（丕）显玟（文）王受天有（佑）大令（命）。在珷（武）王嗣玟（文）乍（作）邦，闢（辟）氒（厥）匿（慝）。匍（敷）有四方，畯（畯）正氒（厥）民。在雩（于）御事，叡酉（酒）无敢酸（酖），有燛（柴）糞（蒸）祀，无敢醴（扰）。故天异（翼）临子，灋（废）保先王，□（匍？）有四方。我闻殷述（坠）令（命），隹（唯）殷边侯田（甸）雩（与）殷正百辟，率肄于酉（酒），古（故）丧师已（矣）！女（汝）妹（昧）辰又（有）大服，余隹（唯）即朕小学（教）女（汝）勿剋余乃辟一人。今我隹（唯）即井（型）㐭（禀）于玟（文）王正德，若玟（文）王令（命）二、三正。今余隹（唯）令（命）女（汝）盂绍焚（荣），苟（敬）嗀（雍）德巠（经），敏朝夕入讕（谏），享奔走，畏天畏（威）。”王曰：“㷉（而？）！令（命）女（汝）盂井（型）乃嗣且（祖）南公。”王曰：“盂，迺（乃）诏夹死（尸）𤔲（司）戎，敏諫罚讼，夙夕诏我一人烝四方。雩（粤）我其遹省先王受民受彊（疆）土。易（锡）女（汝）鬯一卣，冂（冕）衣、市（紱）、舄、车、马。易（锡）女（汝）且（祖）南公旂，用遷（狩）。易（赐）女（汝）邦𤔲（司）四白（伯），人鬲自驭至于庶人六百又五十又九夫。易（赐）尸（夷）𤔲（司）王臣十又三白（伯），人鬲千又五十夫。𢓊（极）䙴𡨦（迁）自氒（厥）土。”王曰：“盂！若苟（敬）乃正，勿灋（废）朕令（命）。”盂用对王休，用乍（作）且（祖）南公宝鼎。隹（唯）王廿（二十）又三祀。

大盂鼎是周康王時之物，據吳大澂考證，此鼎清道光初年出土於陝西郿縣禮村溝岸中，後經多人收藏，現藏國家博物館。銘文十九行，二百九十一字，章法完整，筆法精到，結構自然，多用肥筆，體勢方整雄奇，散發一種瑰麗典雅具古渾穆之氣，是西周早期金文成熟體之經典之作，稱為中國書法方筆之祖。

戊戌桂月鈍三德書金文字 時年七十又四

隹九月王才宗
周令盂王若曰
盂丕顯玟王受

天有大令在珷王嗣玟乍邦闢厥匿匍有四方

畯正厥民在雩

御事𠭰酒無敢

𩰪有祡烝祀

22-5

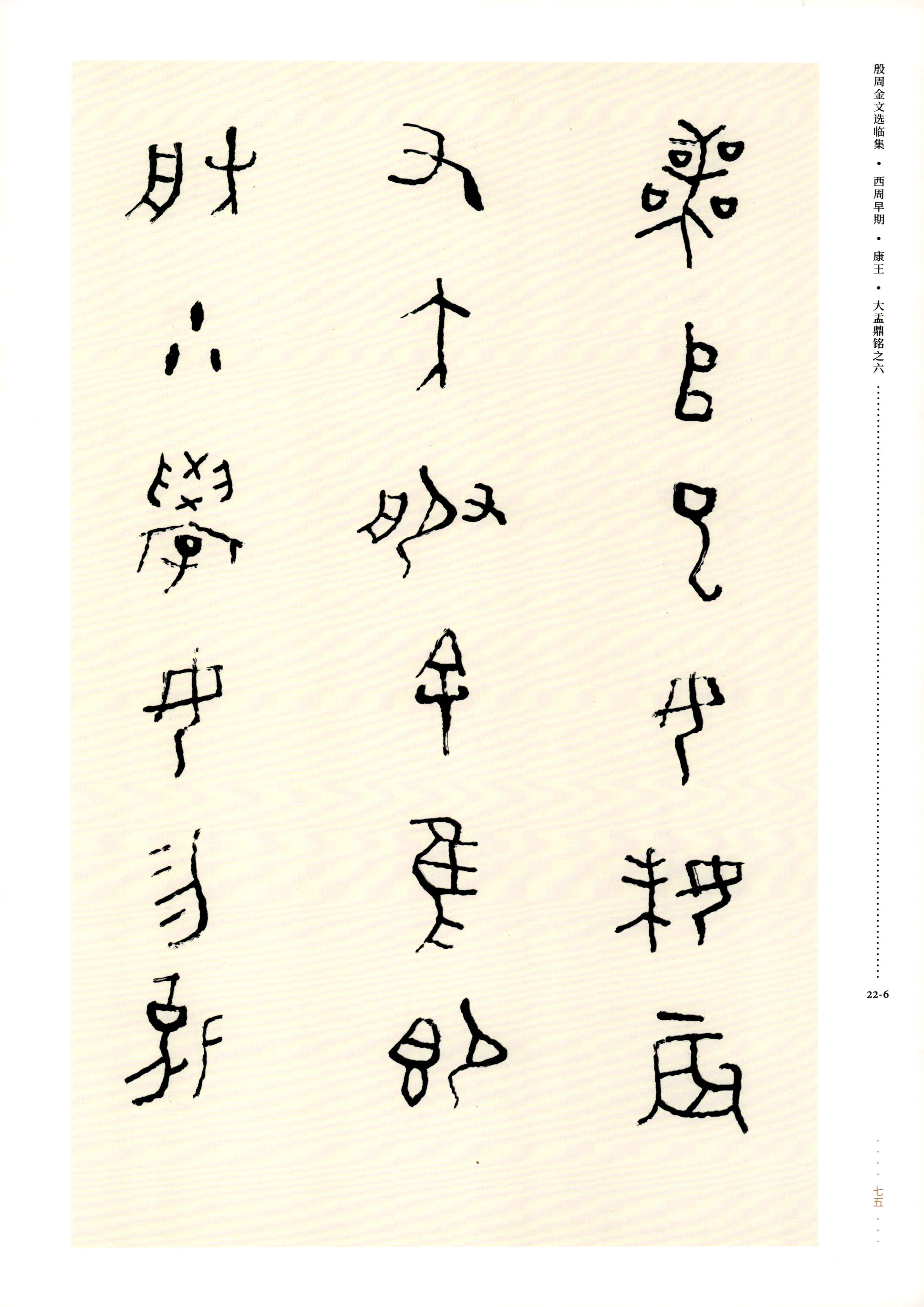

余乃辟一人今我

隹即井㐭于玟

王正德若玟王

22-8

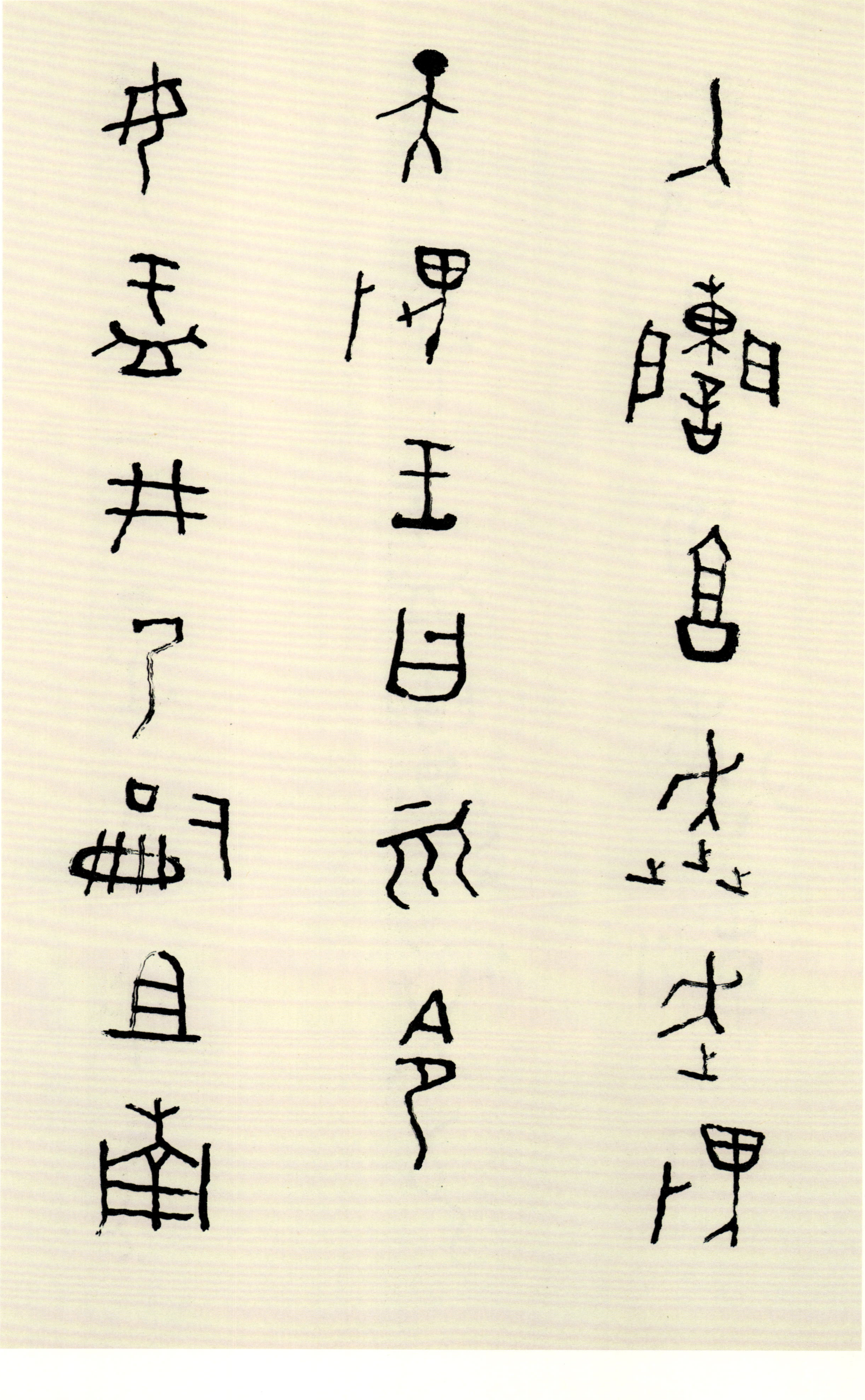

22-9

22-13

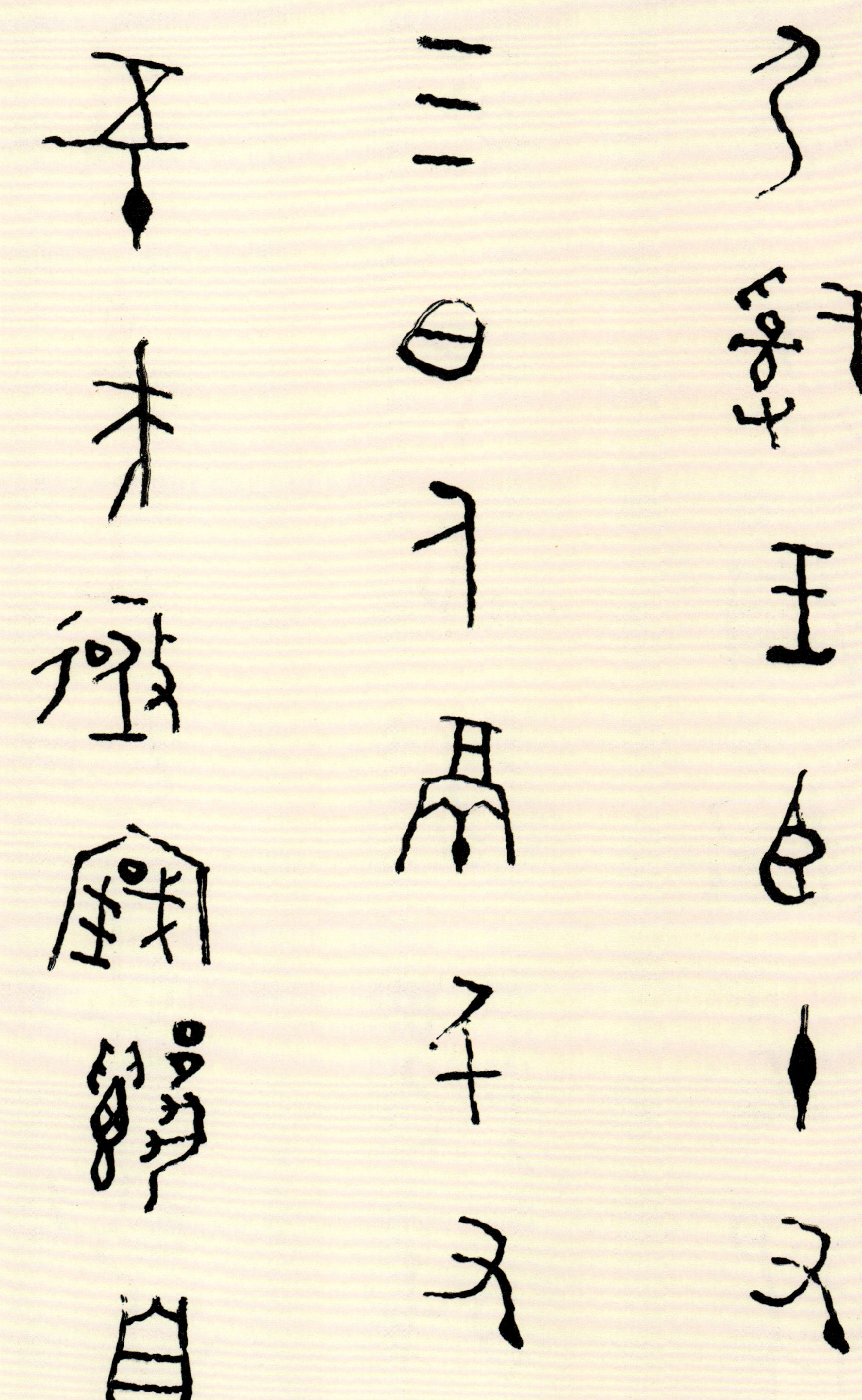

22-15

用乍且南公寶

鼎隹王廿又三祀

橅大盂鼎銘

己亥九月永嘉吳鈍之

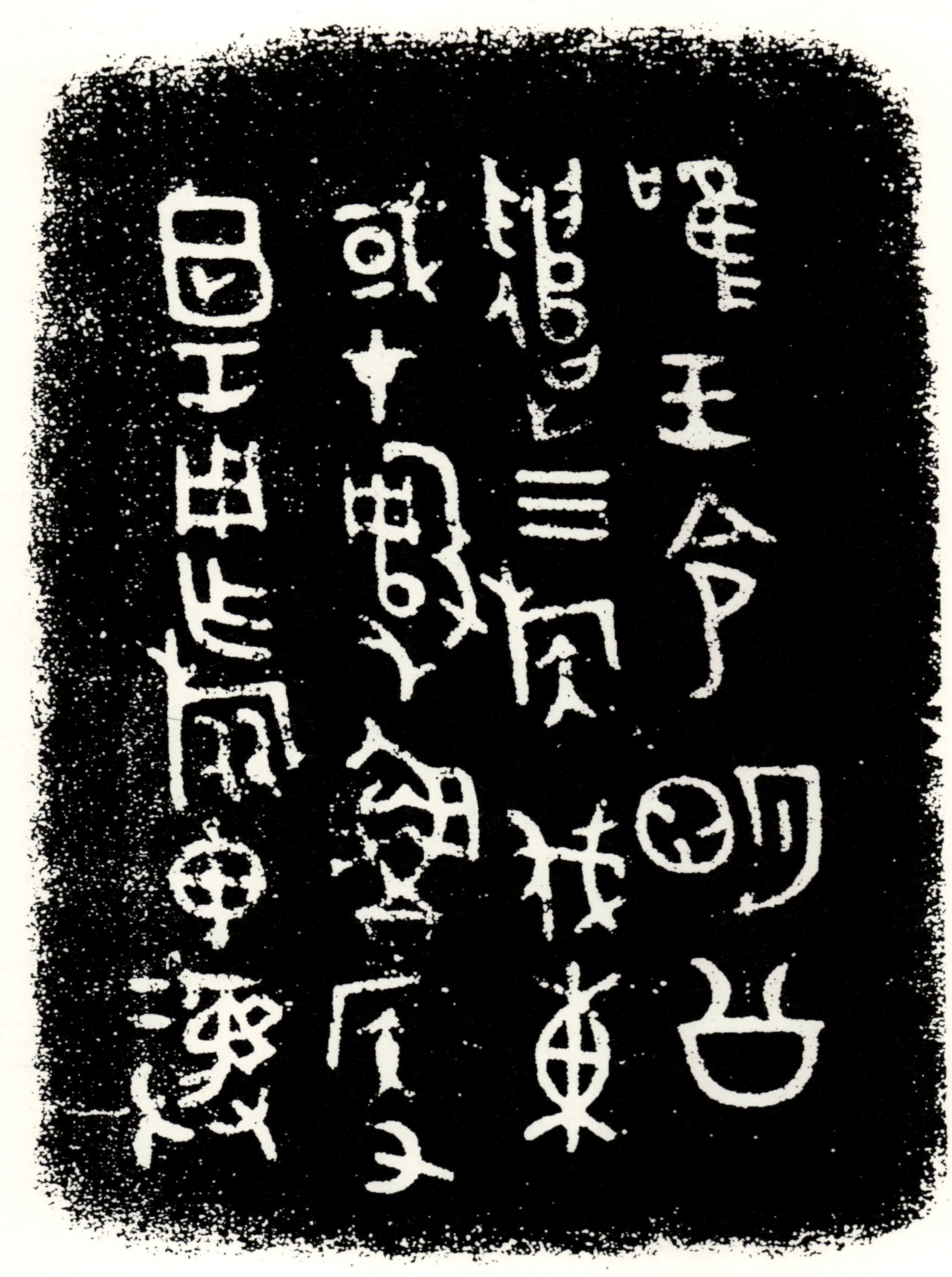

释文

唯王令明公遣三族，伐东或（国），才（在）□，鲁侯又（有）囚工（功）用乍（作）旅彝。

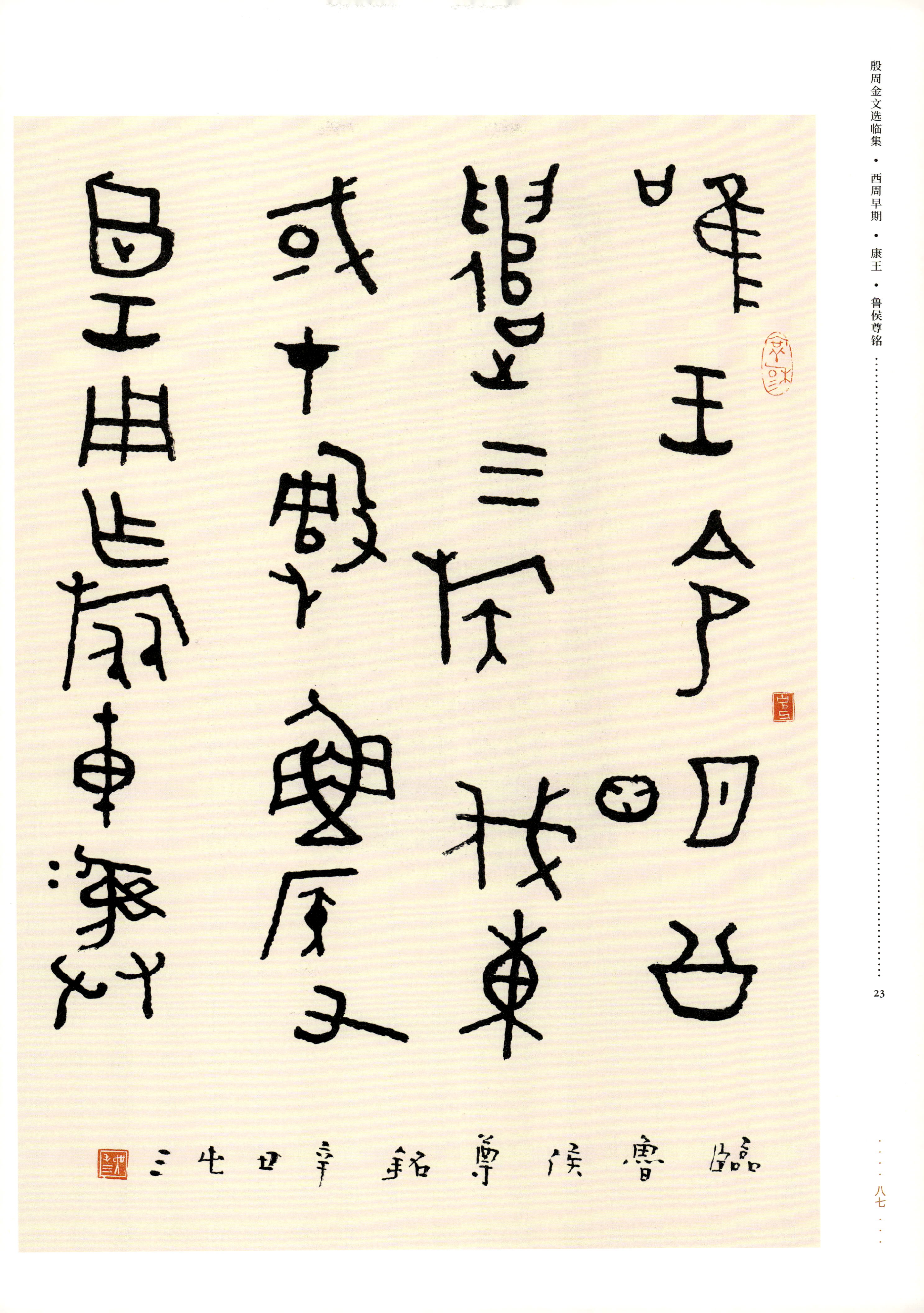

臨魯侯尊銘 辛丑廿三

释文

隹（唯）王十月既望，辰才（在）己丑，王逄（格）于庚嬴宫。王穫（蔑）庚嬴历。易（锡）贝十朋。又（有）丹一杯（管）。庚嬴对扬王休，用乍（作）乓（厥）文姑宝尊彝。其子子孙孙万年永宝用。

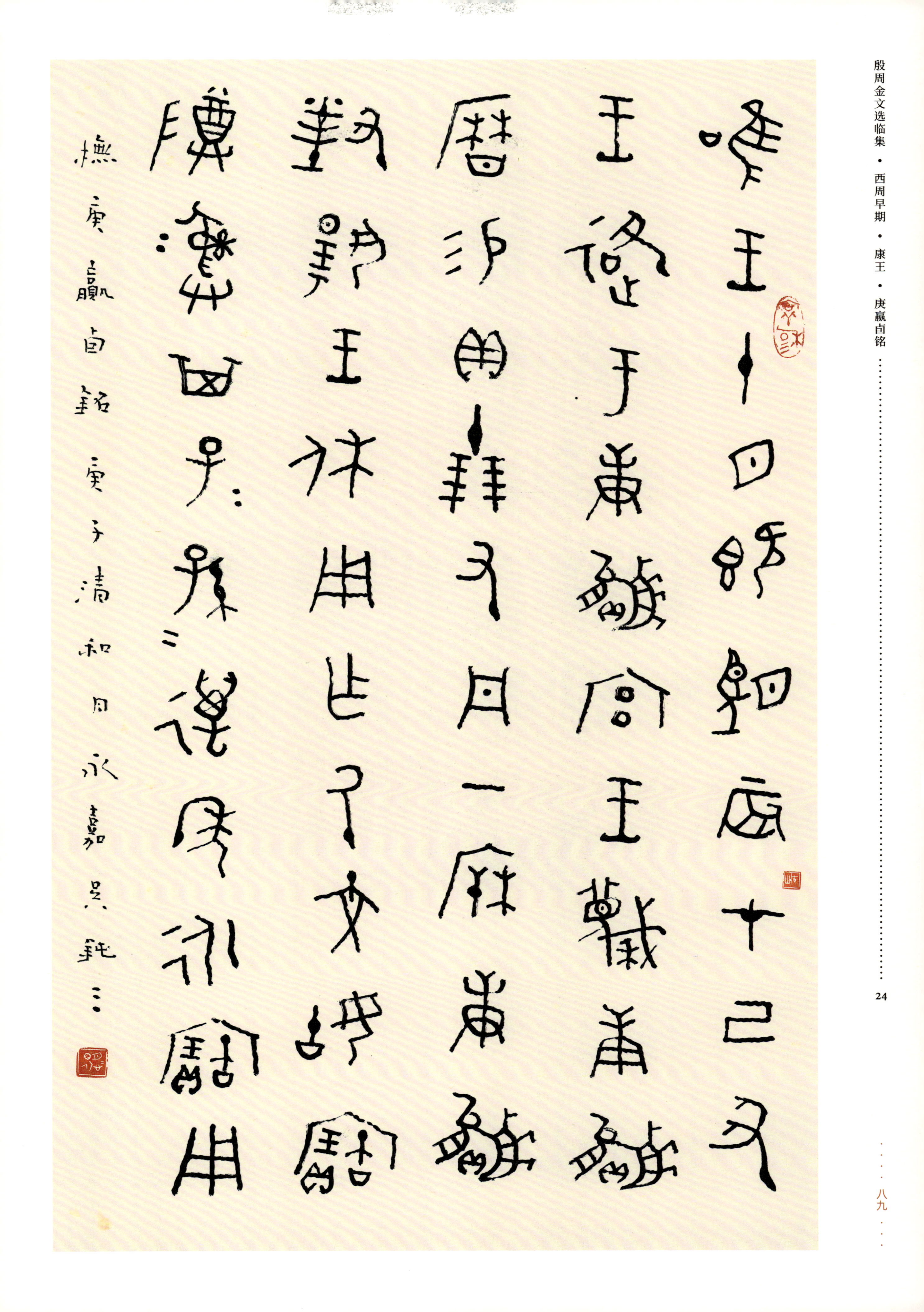

唯王十月既望辰在己丑
王格于庚嬴宮王蔑庚嬴
曆易貝十朋又丹一柝庚嬴
對揚王休用乍厥文姑寶
尊彝其子子孫孫萬年永寶用

橅庚嬴卣銘 庚子清和月永嘉吳鈍

释文

隹（唯）十又三月辛卯，王才（在）庈（岸），易（锡）遣采曰：𧺆，易（锡）贝五朋。遣对王休，用乍（作）姞宝彝。

橅遣卣銘 己亥屯之

释文

隹（唯）十又九年，王在庈（斥）。王姜令乍（作）册睘安尸（夷）白（伯），尸（夷）白（伯）宾睘贝布，扬王姜休，用乍（作）文考癸宝尊器。

隹十又九年王才厈王姜令乍冊睘安夷伯夷伯賓睘貝布揚王姜休用乍文考癸寶尊器

撫作冊睘卣銘 己亥炳月 吳鈺三

释文

隹（唯）六月初吉，王在莽京。丁卯，王令（命）静司射学宫，小子眔（暨）服、眔（暨）小臣、眔（暨）尸（夷）仆学射。越八月初吉庚寅，王以吴𠦪、吕犅卿（会）豳益师，邦周射于大池。静学（教）无罘（尤）。王易（锡）静鞞刹（璲）。静敢拜稽首，对扬天子不（丕）显休，用乍（作）文母外姞尊簋，子子孙孙其万年用。

橅靜簋銘 此銘爲周穆王時器 八行九十字 結體緊湊 字距行距疏朗 曲綫運用隨意成熟 鈍三

27-1

小子眔服眔小

臣眔尸仆学射

雩八月初吉庚

27-3

学无斁王易静

鞞剢静敢拜稽

首对扬天子丕

顯休用乍文母

外姞尊簋子=孫=

其萬年用

橅静簋銘

寅子鈍=

裘 卫 盉

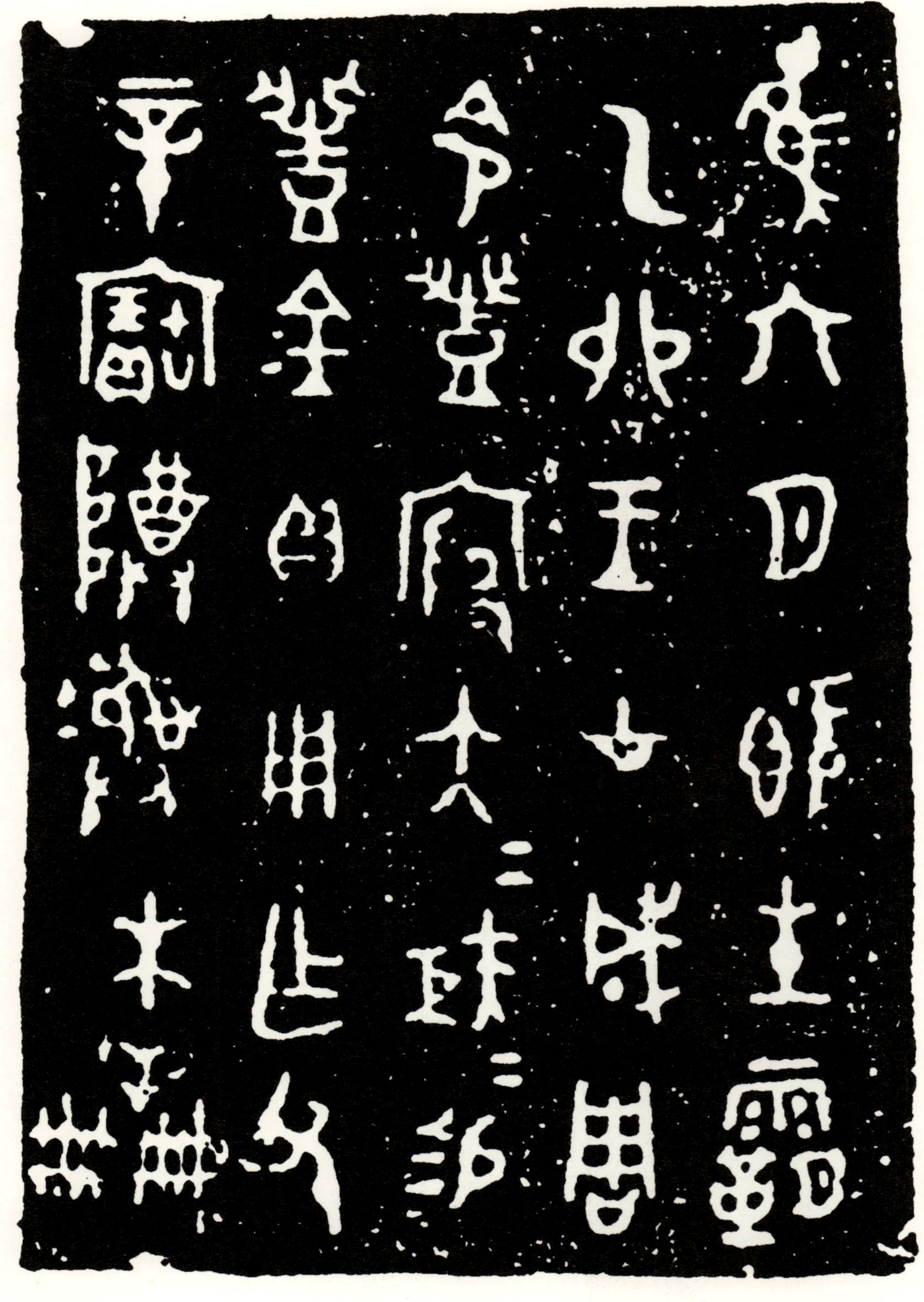

释文

隹（唯）六月既生霸乙卯，王才（在）成周，令丰寏大矩，大矩易（赐）丰金，贝。用乍（作）父辛宝障彝。木羊册。

豐尊銘
隹六月既
生霸乙卯
王在成周
令豐殷大
矩大矩易
豐金貝用
乍父辛寶
隫彝 木羊冊冊
己亥
新正
鈍三

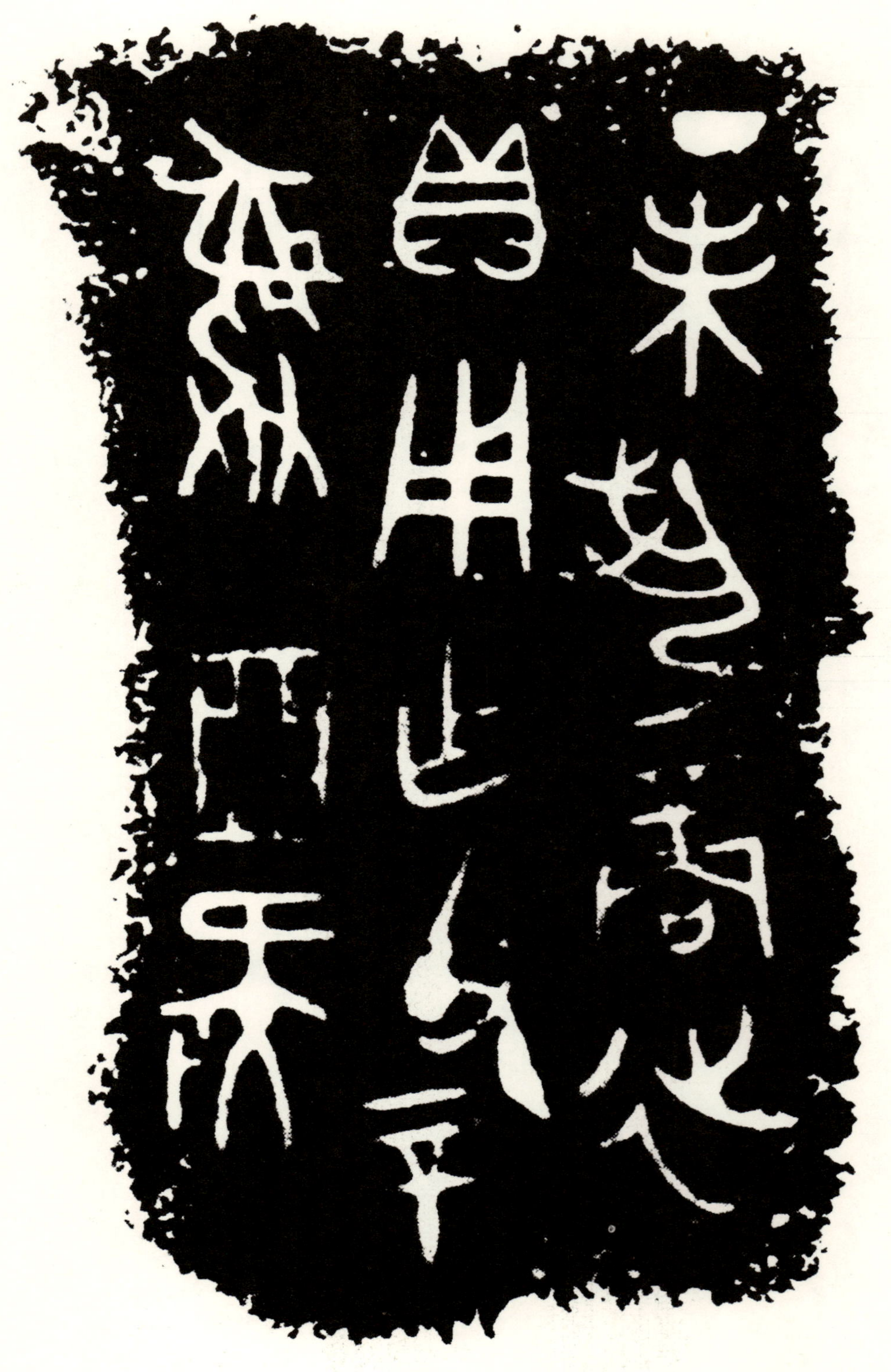

释文

丁未，𤰈商（赏）征贝，用乍（作）父辛彝。亚疑

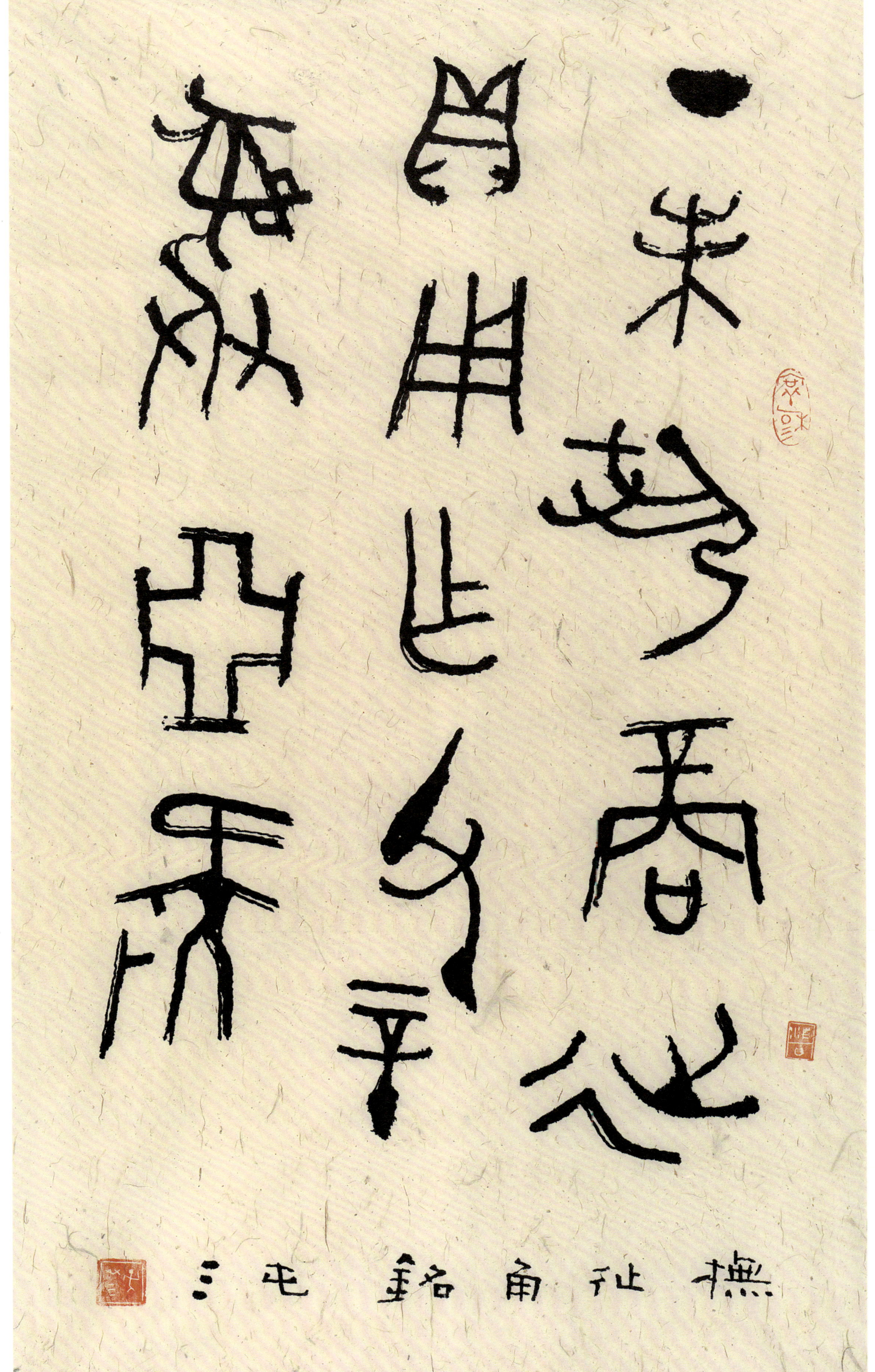

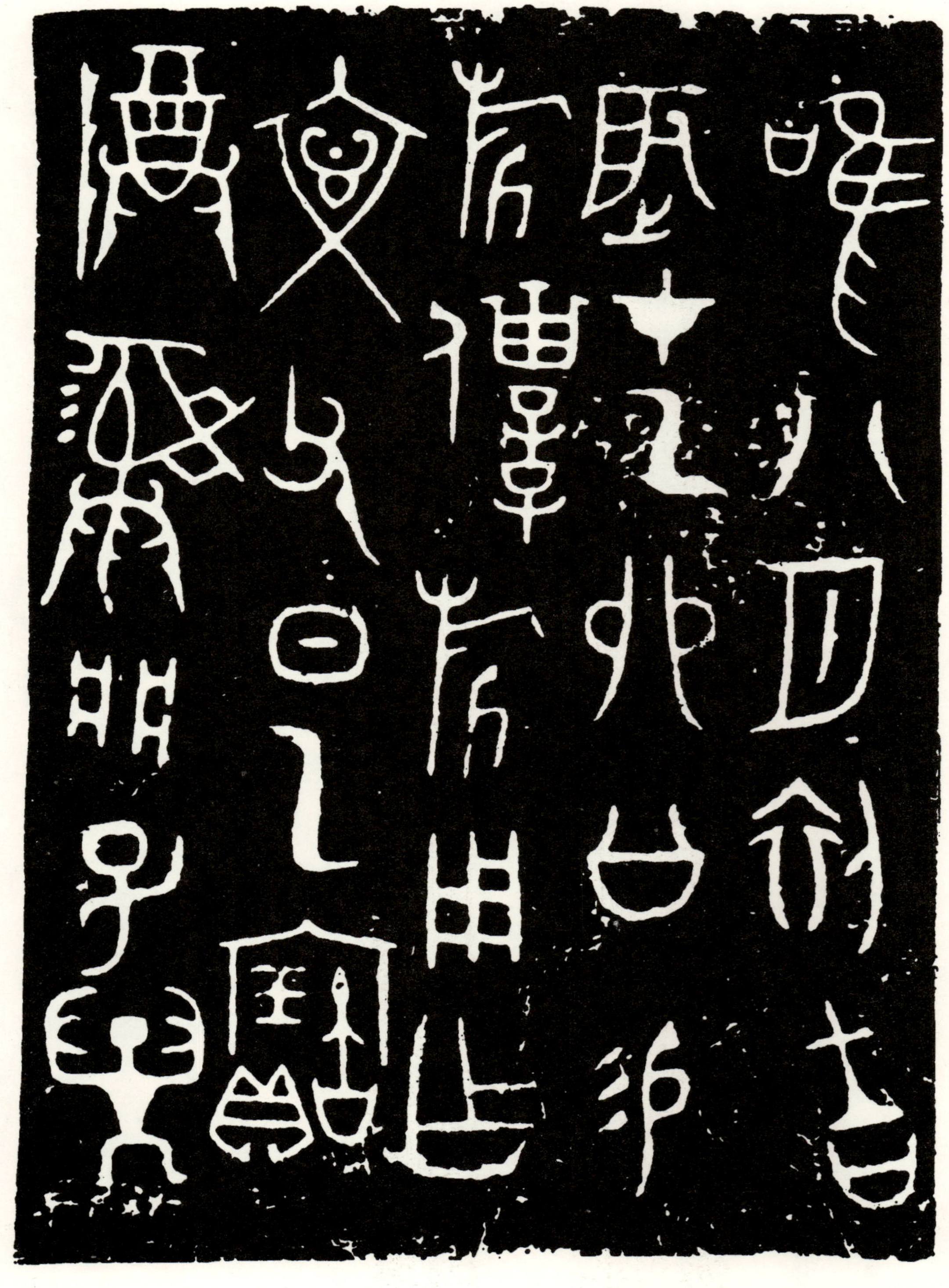

释文

隹八月初吉。辰才（在）乙卯。公易（赐）旂僕。旂用乍（作）文父日乙宝尊彝。㠱（举）

唯八月初吉辰才乙卯公易旂僕旂用乍文父日乙寶尊彝

橅旂鼎銘 庚子夏 至鈍

释文

隹（唯）十又一月，初吉甲申，王在華，王易（赐）命鹿，用乍（作）宝彝，命其永以多友毁飤。

臨命簋銘 己亥蒲月 鈍三

释文

隹公大史见服于宗周年。才（在）二月既望乙亥，公大史咸见服于辟王，辨（遍）于多正。雩（于）四月既生霸庚午，王遣公大史。公大史在丰，商（赏）乍（作）册䰧马。扬公休，用乍（作）日己旅尊彝。

橅作册䰧卣盖铭 己亥 长三

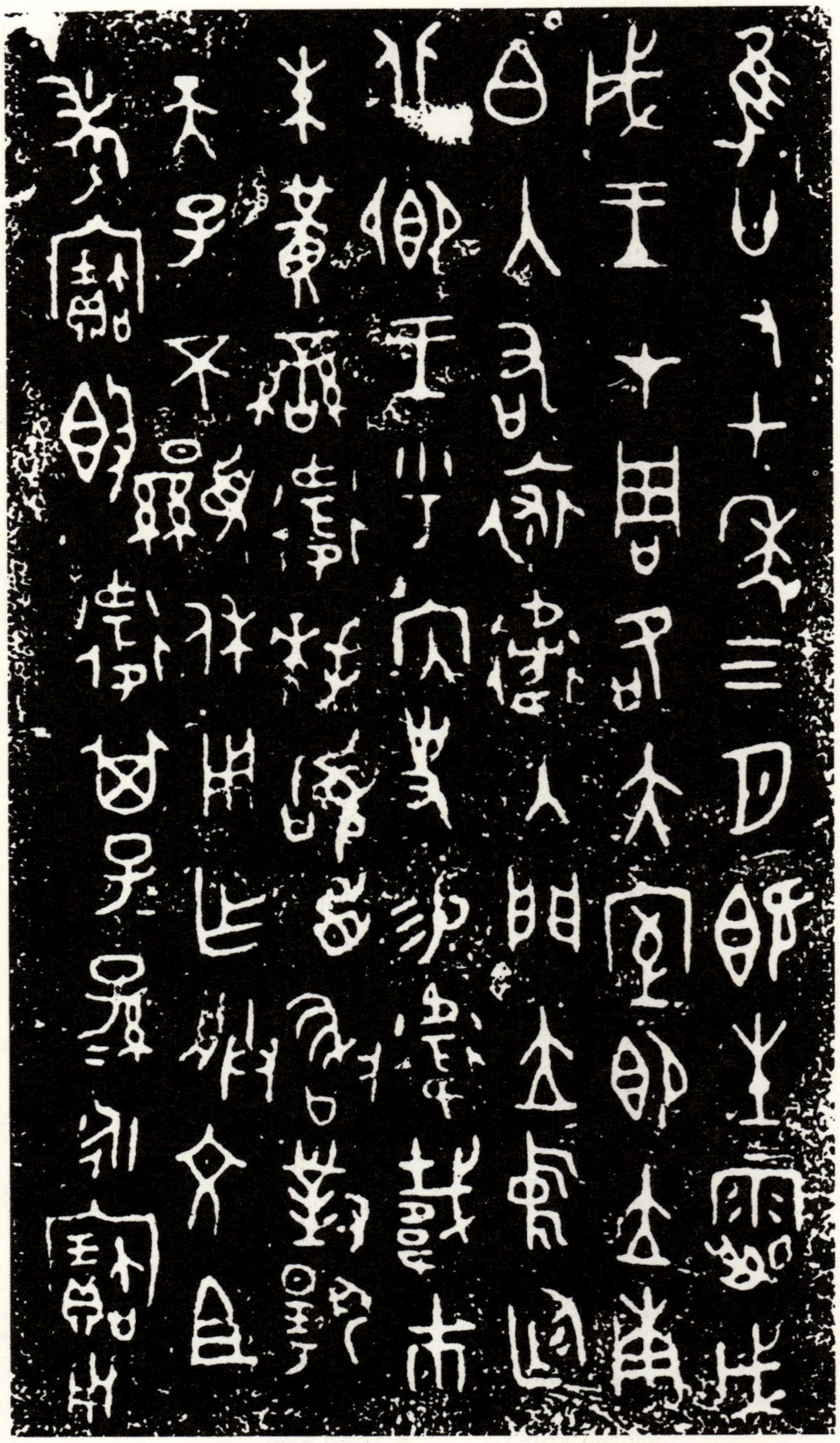

释文

隹（唯）廿又七年三月既生霸戊戌，王才（在）周，各（格）大室，即立（位）。南白（伯）入右裘卫，入门，立中廷，北乡（向），王乎（呼）内史易（锡）卫載（缁）市（韍）朱黄、緣（銮）。卫拜稽首，敢对扬天子不（丕）显休。用乍（作）朕文且（祖）考宝簋，卫其子子孙孙永宝用。

隹廿又七年三月既生霸戊戌王才周各
大室即立南白入右裘衛入門立中廷
北鄉王乎內史易衛載巿朱黃䜌衛拜
稽首敢對揚天子不顯休用乍朕文且考
寶簋衛其子＝孫＝永寶用

橅裘衛簋銘

乙亥立夏古三

释文

乍（作）册嗌乍（作）父辛尊。厥名（铭）义（宜）曰：子子孙孙宝。不录（禄）嗌子，子延先盡死，亡子，子引有孙，不敢娣（雉）夒（叨）覣（贶）铸彝，用乍（作）大御于氒（厥）且（祖）妣，父母、多申（神）母（毋）念哉，戈勿刂（剥）嗌鳏寡，遗祐石（祏）宗不剌。

撫作册嗌卣銘

己亥 友三

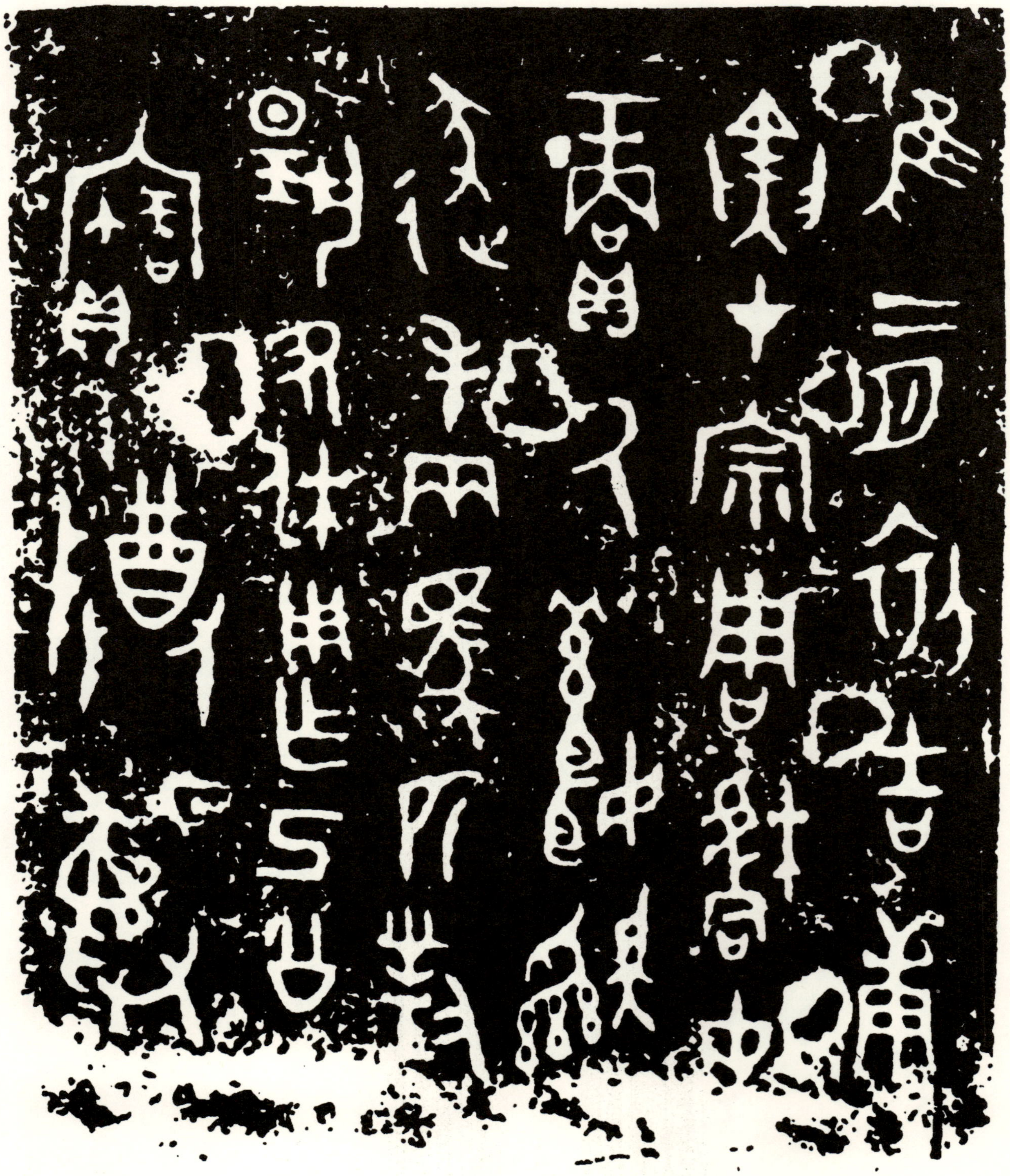

释文

隹（唯）二月初吉庚寅，才（在）宗周。樝（楷）仲赏厥敿𩰬逐毛两、马匹，对扬尹休，用乍（作）己公宝尊彝。

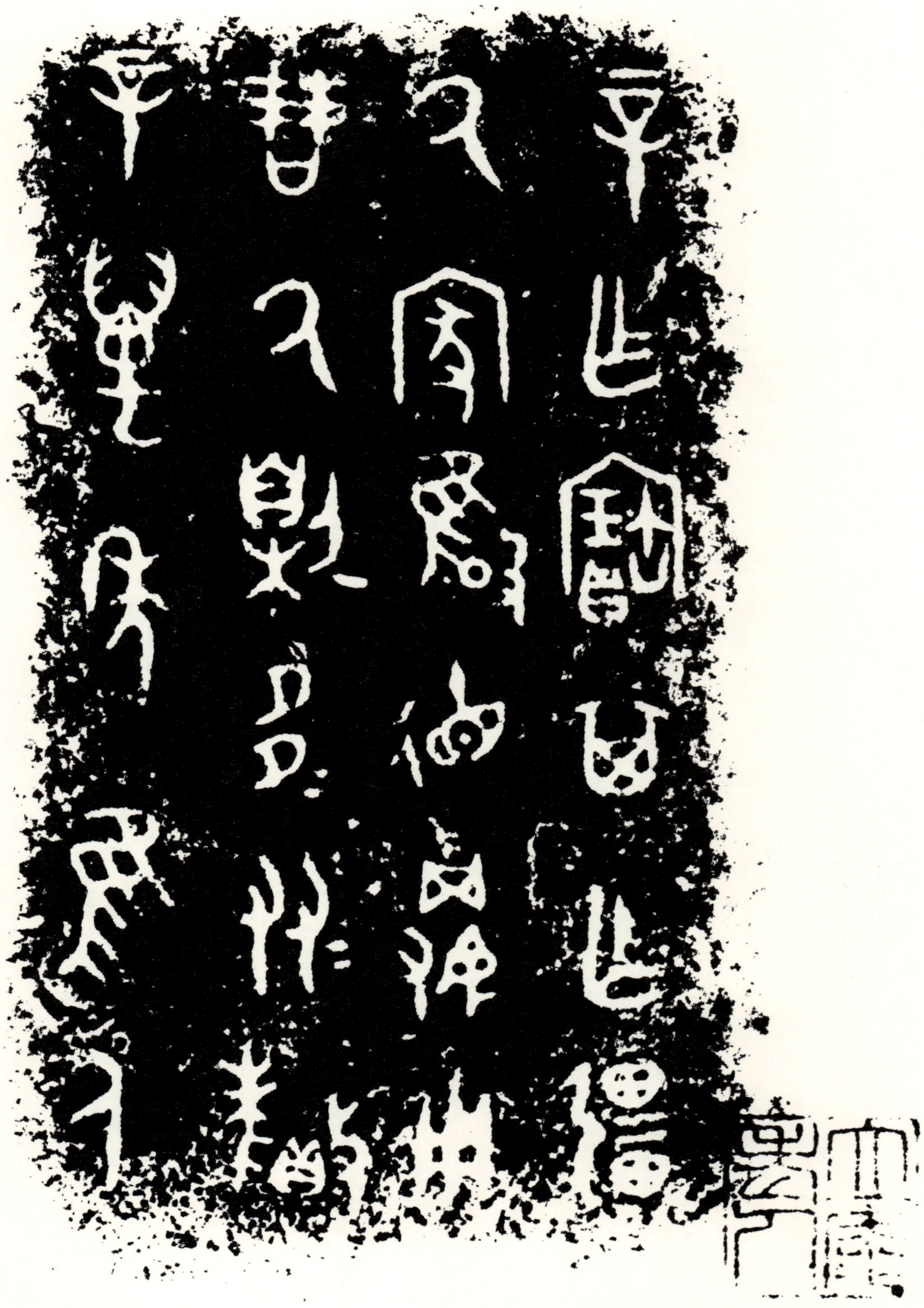

释文

辛乍（作）宝，其亡（无）疆，氒（厥）家擁雍德，□用昔氒（厥）剿多友，多友赉辛，万年隹（唯）人（仁）。

橅辛鼎铭 己亥元宵 吴钝

释文

应监乍（作）宝尊彝。

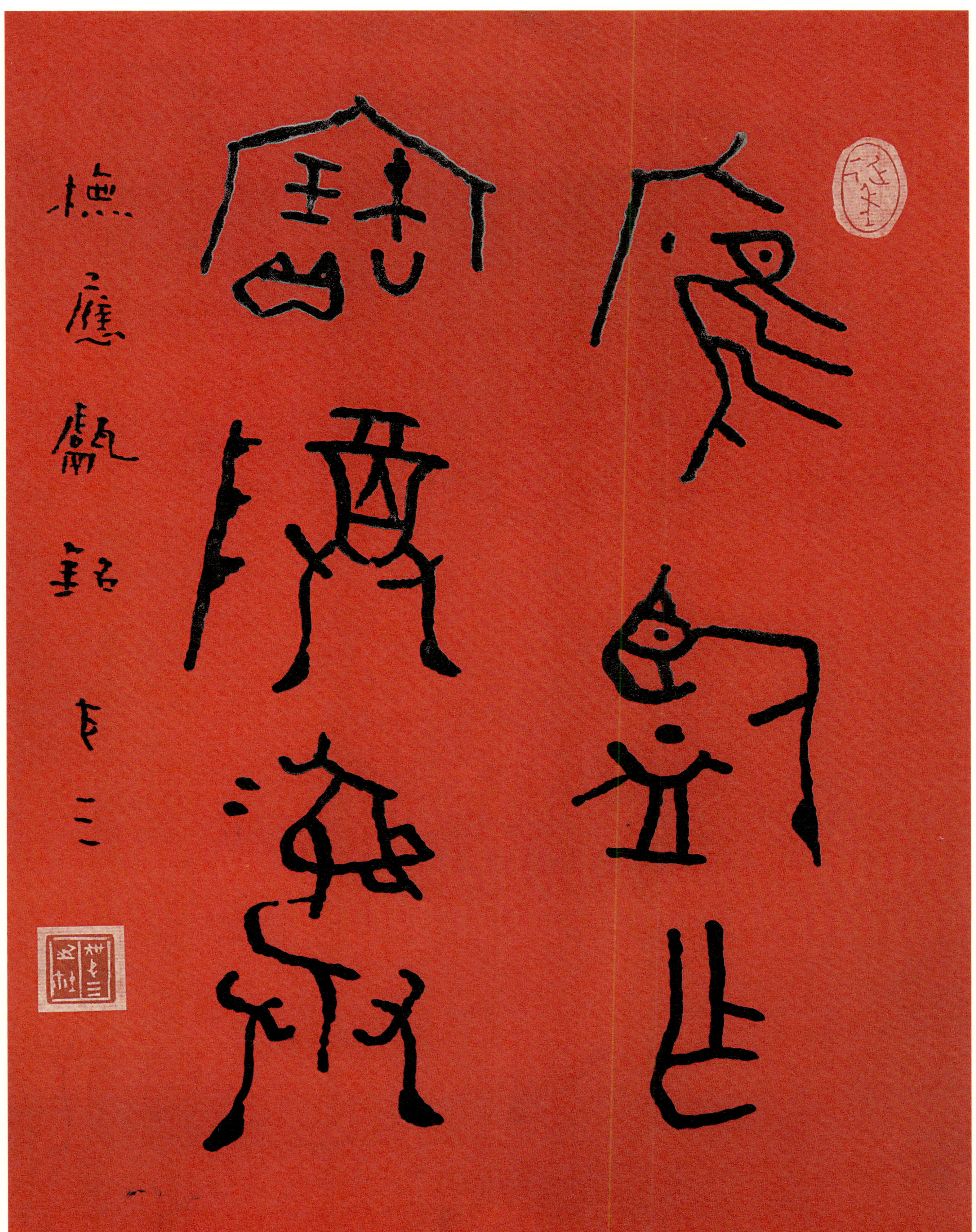
应监甗铭 长三

释文

王令雝白（伯）啚于之为宫，雝白（伯）乍（作）宝尊彝。

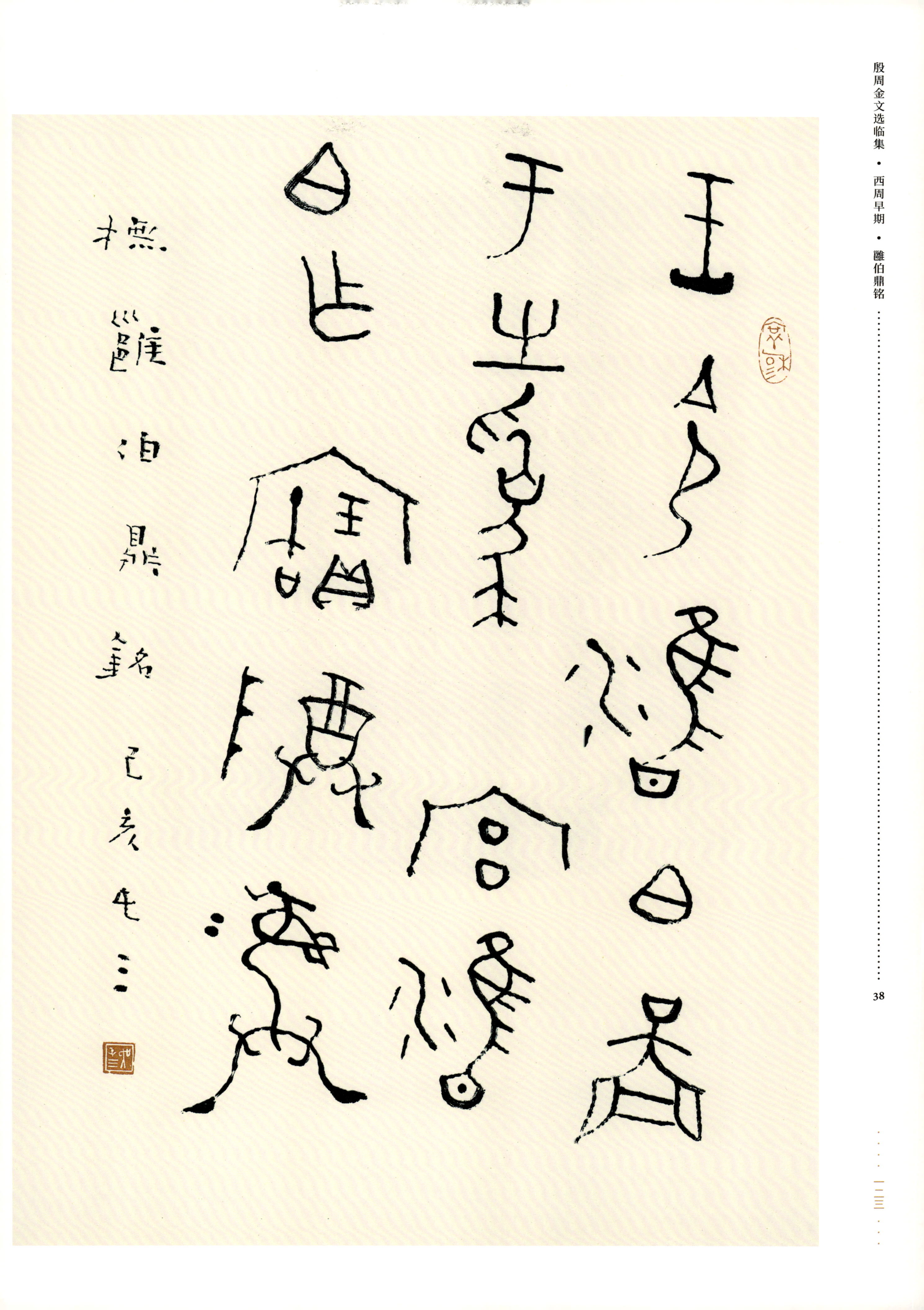

橅雁伯鼎铭 己亥屯三

释文

隹（唯）十又一月虞王易（锡）同金车、弓、矢。同对扬王休，用乍（作）父戊宝尊彝。

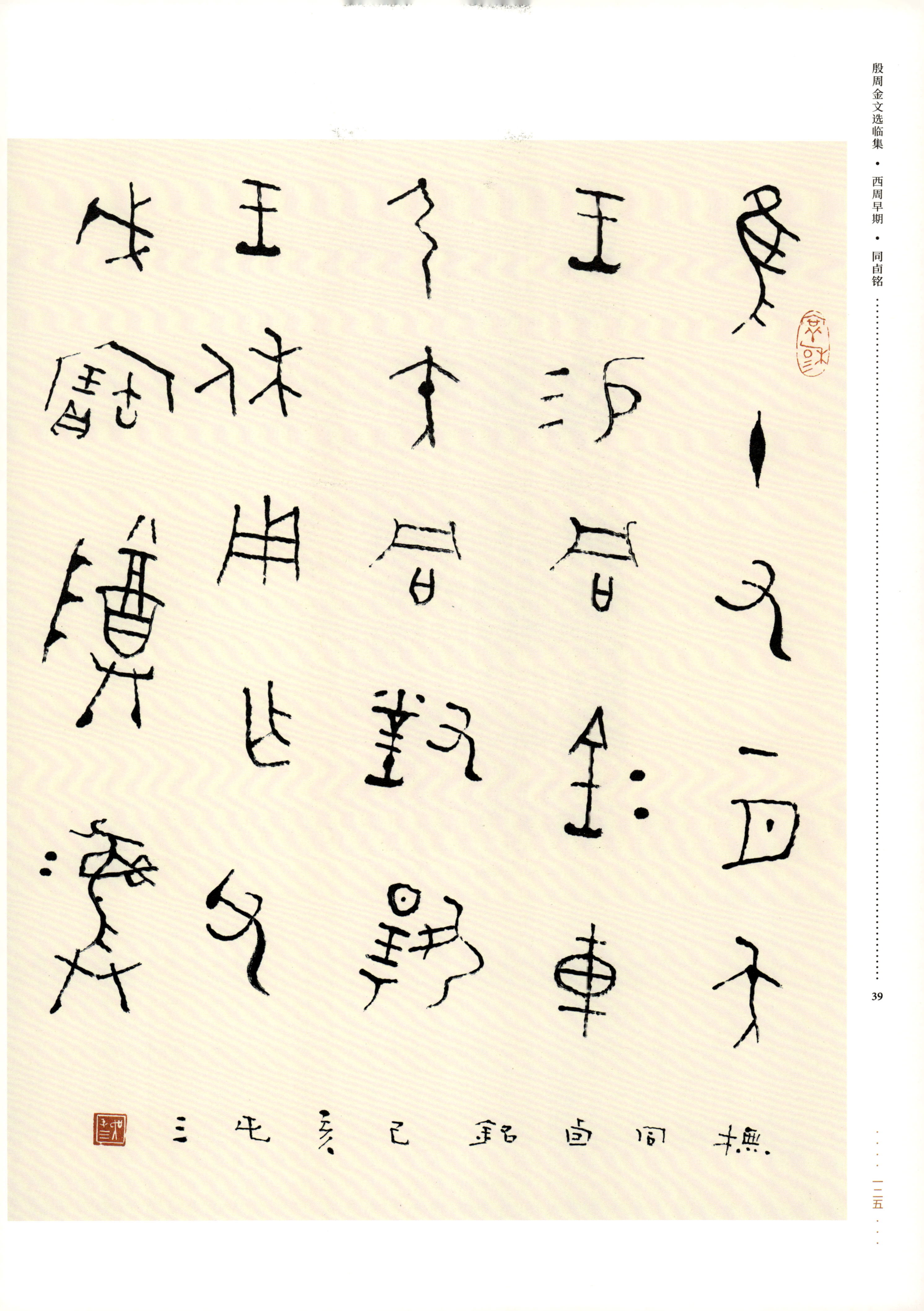

橅同卣銘 己亥 乇三

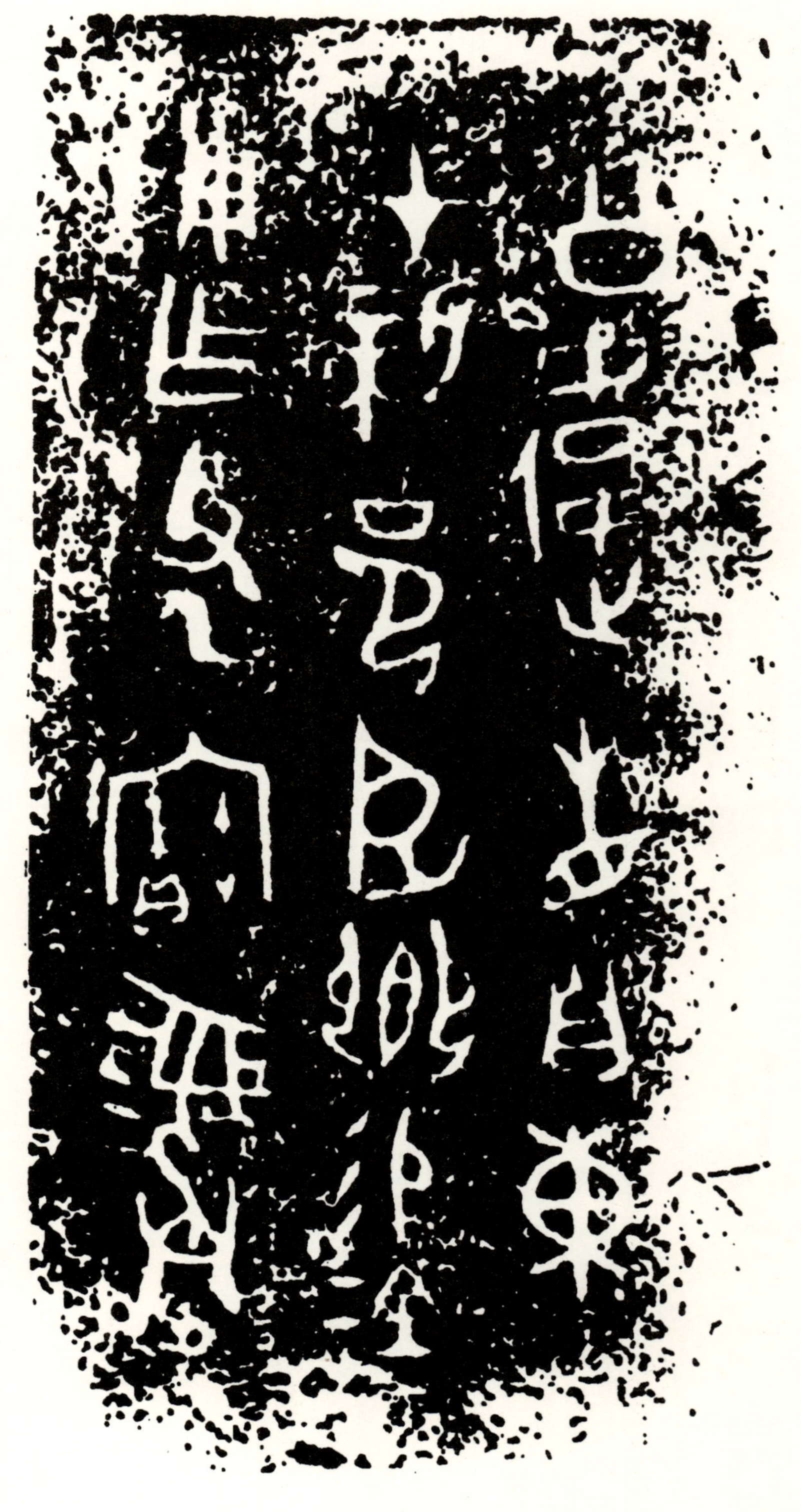

释文

公违省自东，才（在）新邑，臣乡（飨），易（锡）金。用乍（作）父乙宝彝。

撫臣鼎銘　己亥　友三

释文

隹（唯）公𨽸于宗周。𡨦从。公亥𢉥。洛（格）于官（馆）。商（赏）𡨦贝。用乍（作）父乙宝尊彝。

橅隮作父乙尊銘 己亥小雪日屯三

释文

五月初吉甲申，懋父赏御正卫马匹自王，用乍（作）父戊宝尊彝。

五月初吉甲申
懋父賞御正衛
馬匹自王用乍
父戊寶尊彝

御正衛簋銘 屯山

此 簋

西周中期

释文

曰古文王，初盭（盭）和于政，上帝降懿德大甹（屏），匍（敷）有上下，迨（合）受万邦。䚄圉武王，遹征（正）四方，达（挞）殷畯民，永不鞏（恐）狄虘，㣈（惩）伐尸（夷）童。宪圣成王，左右绶会刚鲧（渔），用肇彻（徹）周邦。肃哲康王，遂尹亿疆。弦（宏）鲁邵（昭）王，广能楚刑（荆），隹（唯）寏（焕）南行。祇覭穆王，井（型）帅宇诲。申宁天子，天子圈屒文武长剌（烈），天子眉无匃。䙴祁（示）上下，亟獄（熙）宣慕（谟），昊照亡（无）昊（斁）。上帝司夏尢保，受（授）天子绾令厚福丰年，方蛮亡（无）不𫍢见。青（静）幽高且（祖），才（在）微霝（灵）处。雩武王既𢦏殷，微史剌（烈）且（祖）迺来见武王，武王则令（命）周公舍㝢（宇）于周，卑处。甬（通）惠乙且，仇匹氒（厥）辟，远猷腹心，子𡢁粦明。亚且（祖）且（祖）辛，䡴毓子孙，繁祓多孷（釐），齐角炽光，义（宜）其烟祀。害（舒）屖（迟）文考乙公，遽（竞）趮（爽）得屯（纯）无諫，农啬（穑）戉（越）历。隹（唯）辟孝友，史墙夙夜不㒸（坠），其日蔑历，墙弗敢沮，对扬天子不（丕）显休令（命），用乍（作）宝尊彝。剌（烈）且（祖）文考卞（弋、翼）𡨦（宫），受（授）墙尔𪓐福褱（怀）猶（祓）录（禄），黄耇弥生（性），龕（勘）事氒（厥）辟，其万年永宝用。

牆盤又稱史牆盤，一九七六年陝西扶風縣法門鄉莊白村出土，為恭王時期重器，內底銘十八行二百十四字，銘文前段頌揚文、武、康、穆七代周王重要史功，還自述其遠祖歷事周王朝的榮光史。銘文完好如新，端莊典雅，氣韻流暢，是初學金文的好範本。庚子五月 吴鈍三

43-1

43-2

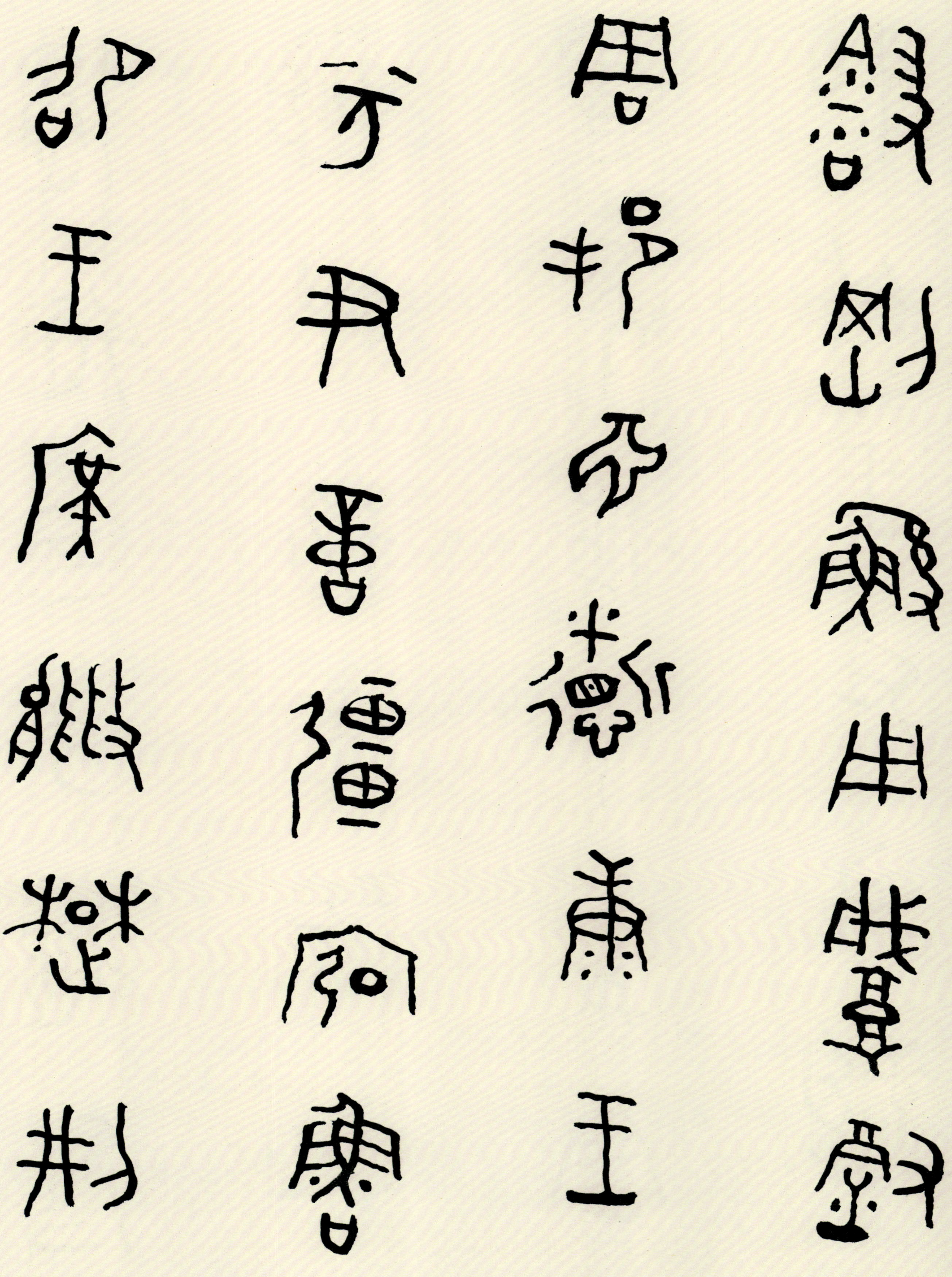

會剛鯀用肇徹
周邦淵哲康王
遂尹億疆宏魯
昭王廣批楚荊

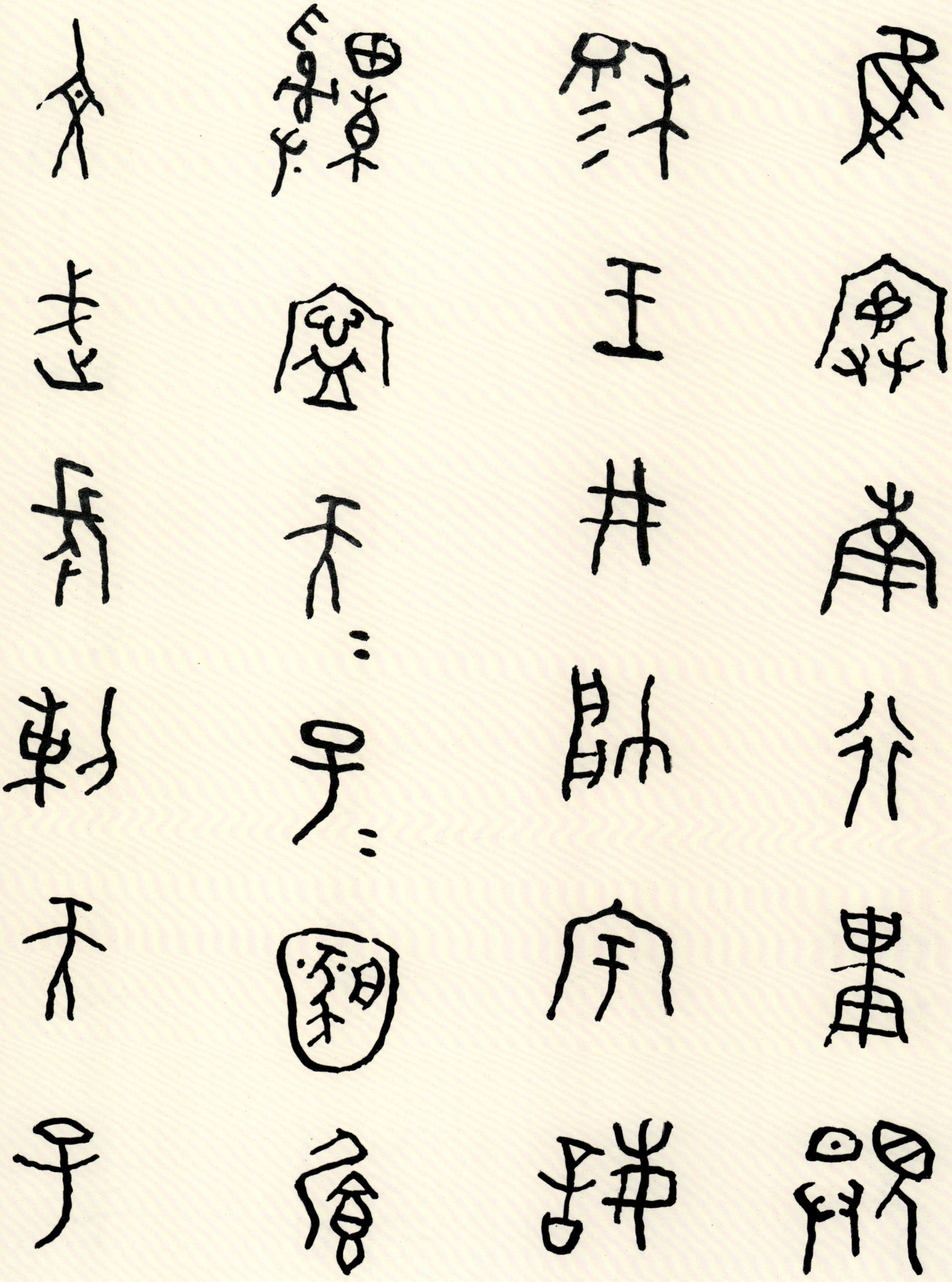

43-4

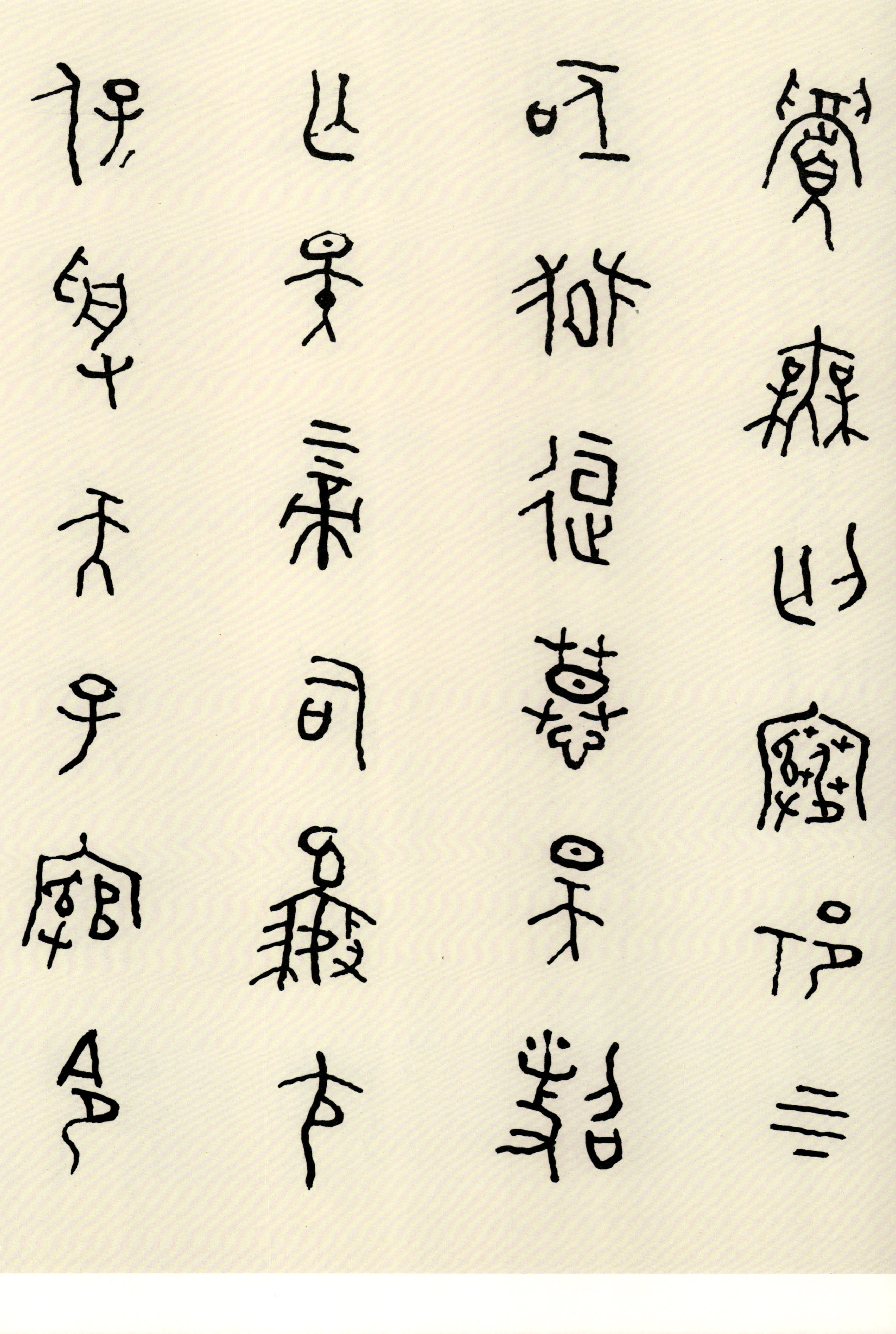

眉無匄褱祁上下
亟狱桓慕昊照
亡斁上帝司夒尢
保受天子綰令

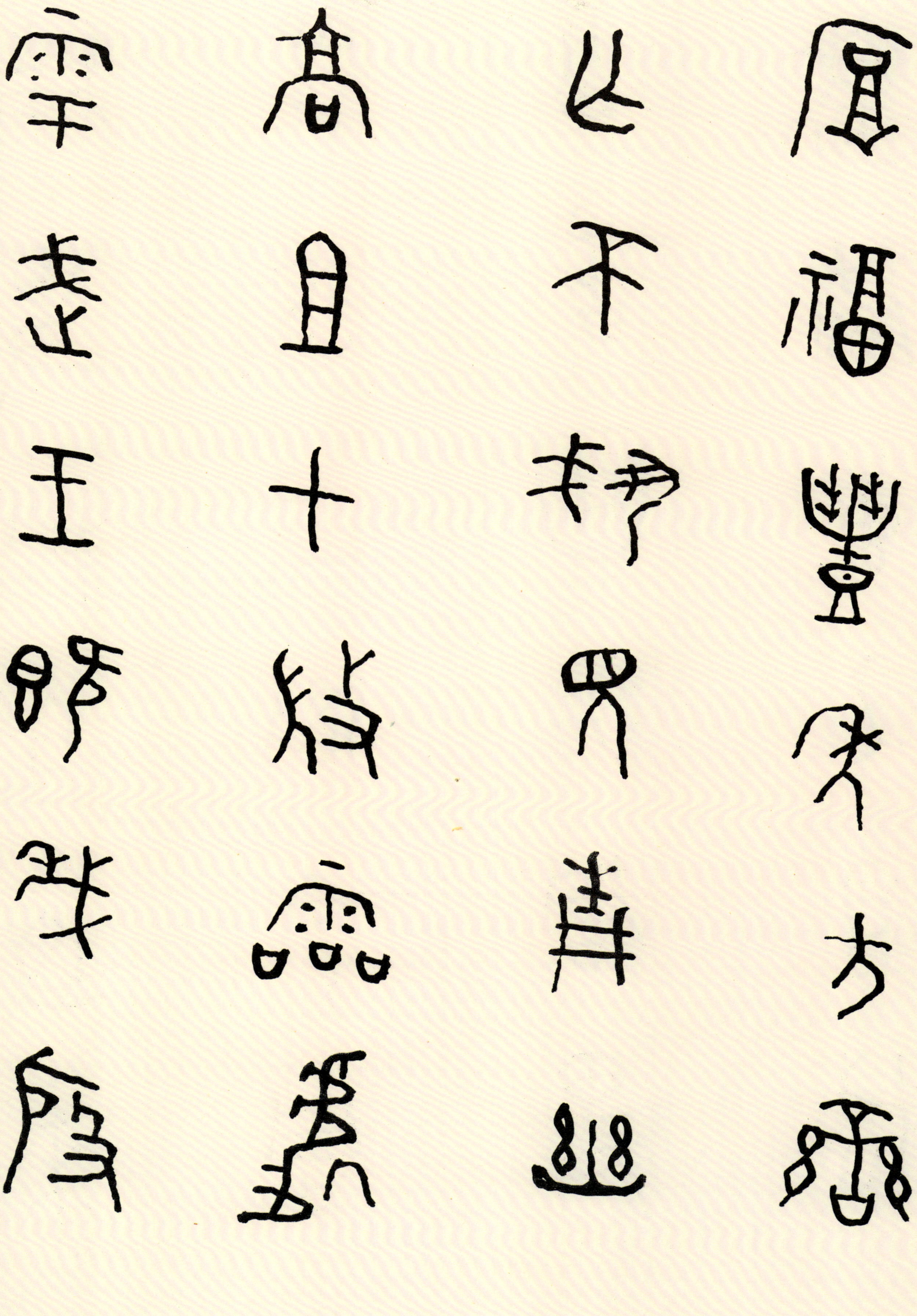

厚福豐年方蠻
亡不規見青幽
高祖在微靈處
雩武王既𢦏殷

殷史剌且迺來

見武＝王＝則令周

公舍寓于周卑

處甬叀乙且逨

43-9

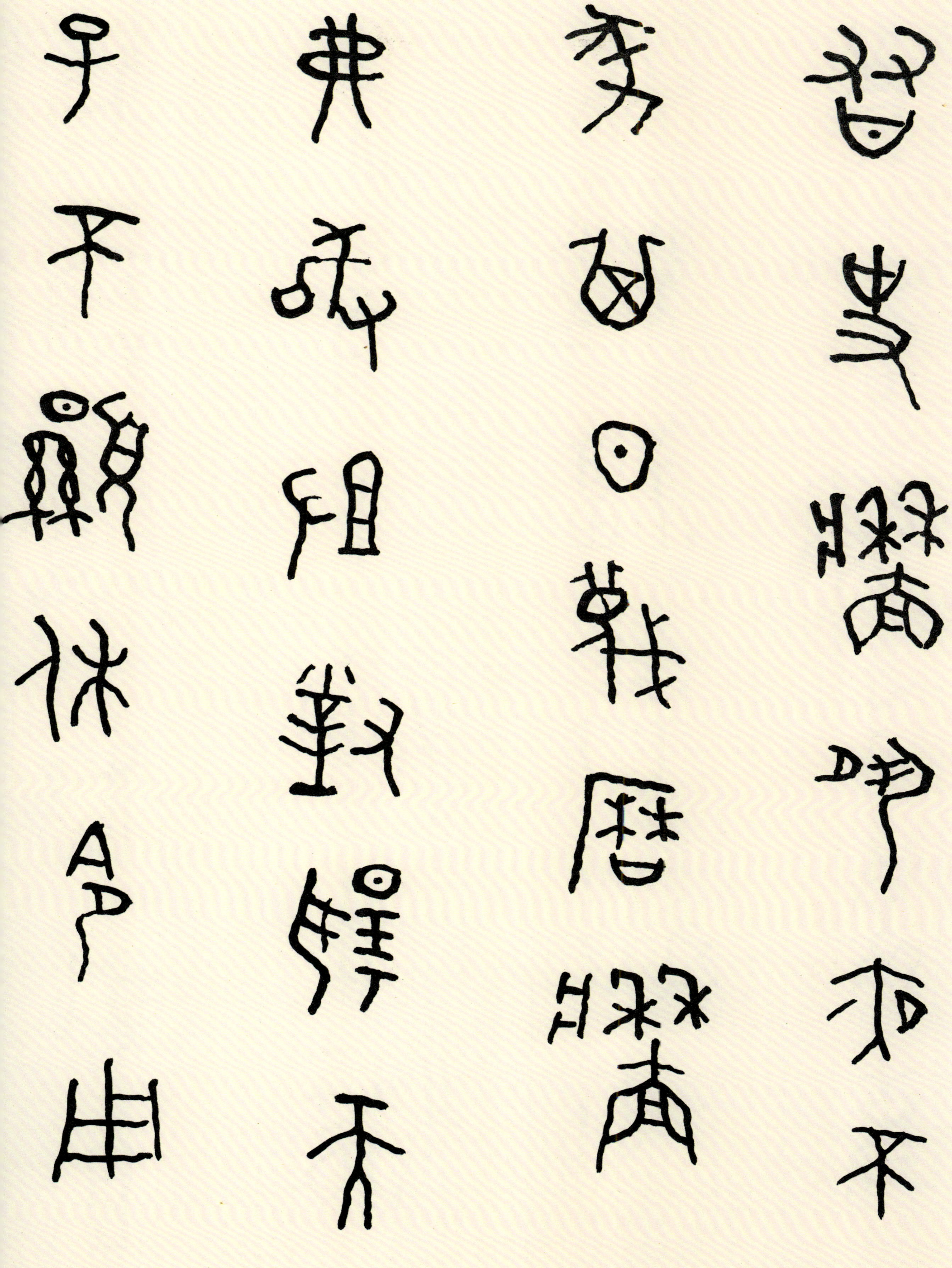

友史墙夙夜不
墜其日蔑曆墙
弗敢沮對揚天
子丕顯休令用

乍宝尊彝剌祖

文考弋貯受墙

尔䵼福褱𩁹彔

黄耇弥生龕事

厥辟其萬年永
寶用

橅墻盤銘
戊戌穀雨
錢山書吉金文字

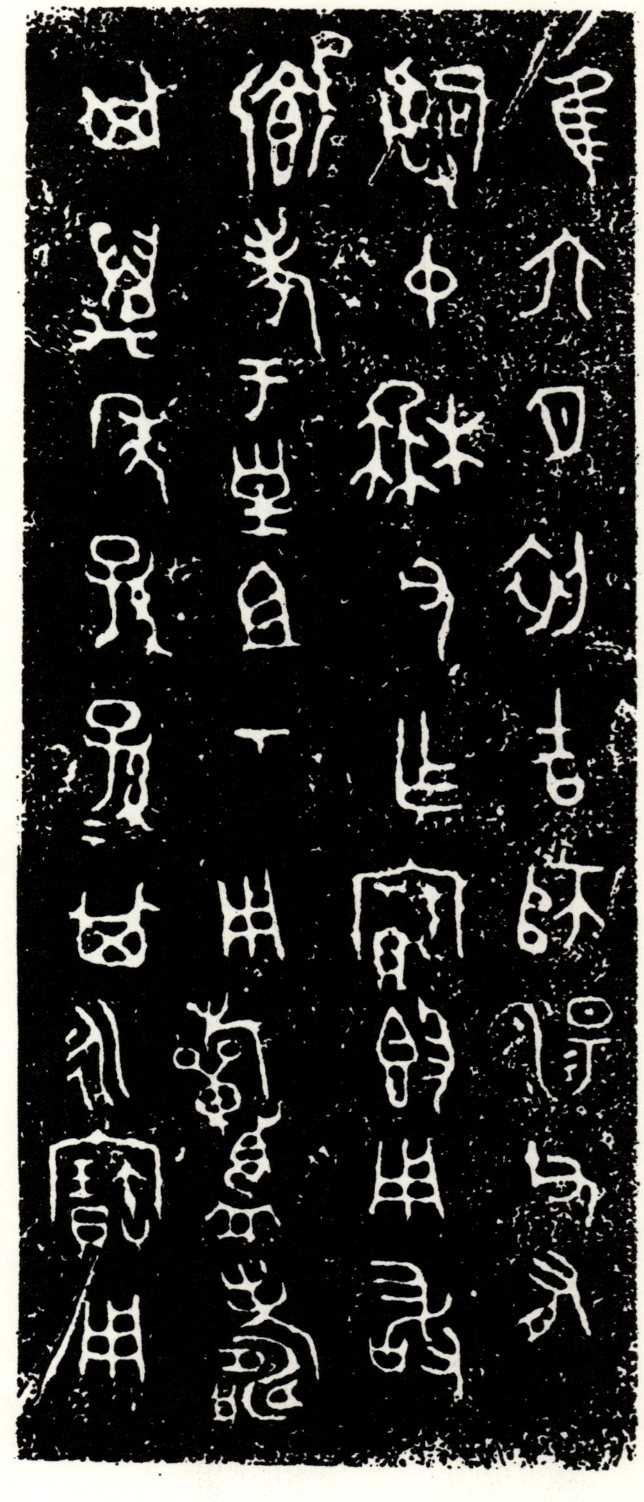

释文

隹（唯）六月初吉，师汤父有司仲枏父乍（作）宝簋。用敢飨考（孝）于皇且（祖）丂（考），用祈眉寿，其万年孙子孙其永宝用。

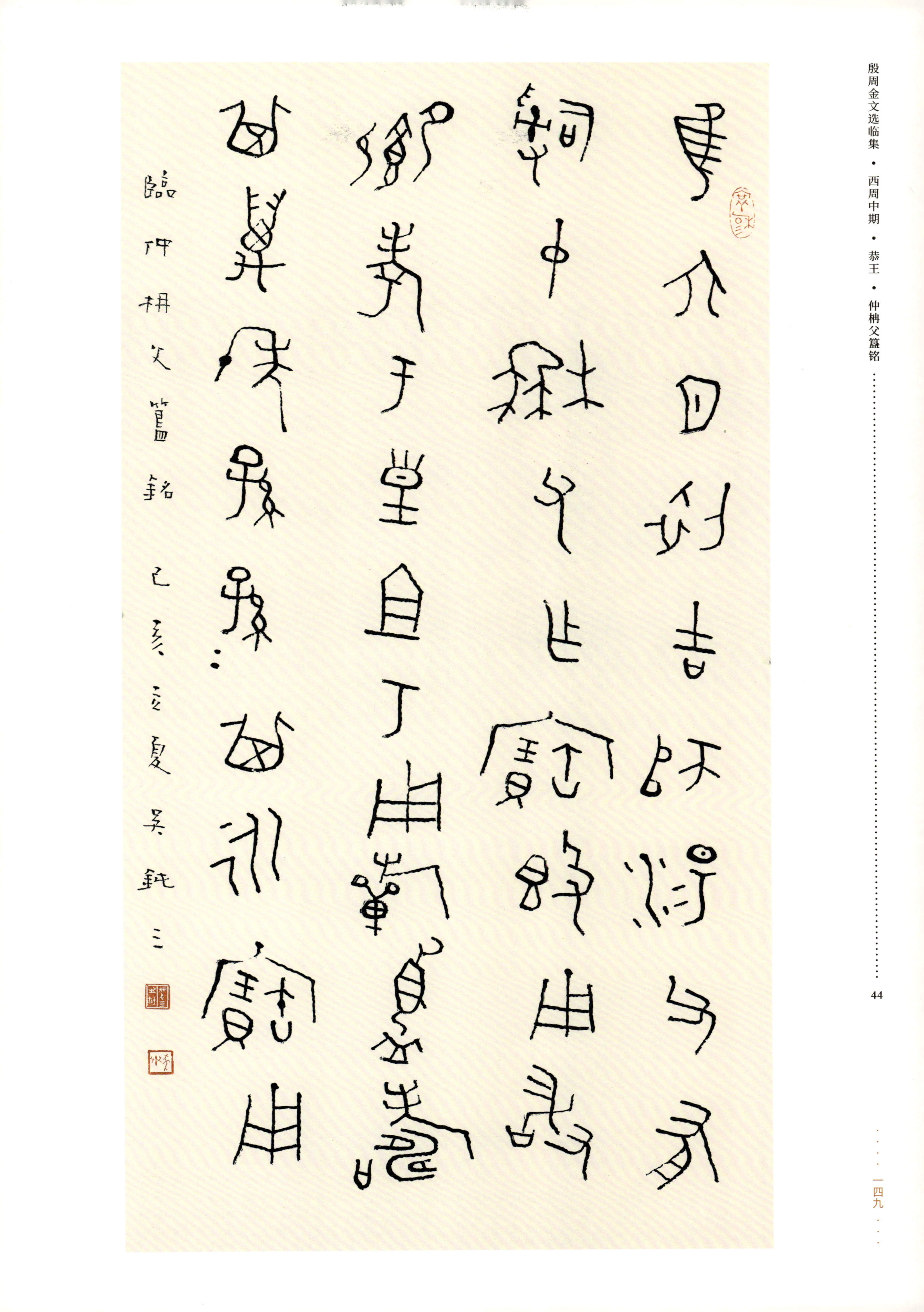

臨仲枏父簋銘 乙亥之夏 吳鈍三

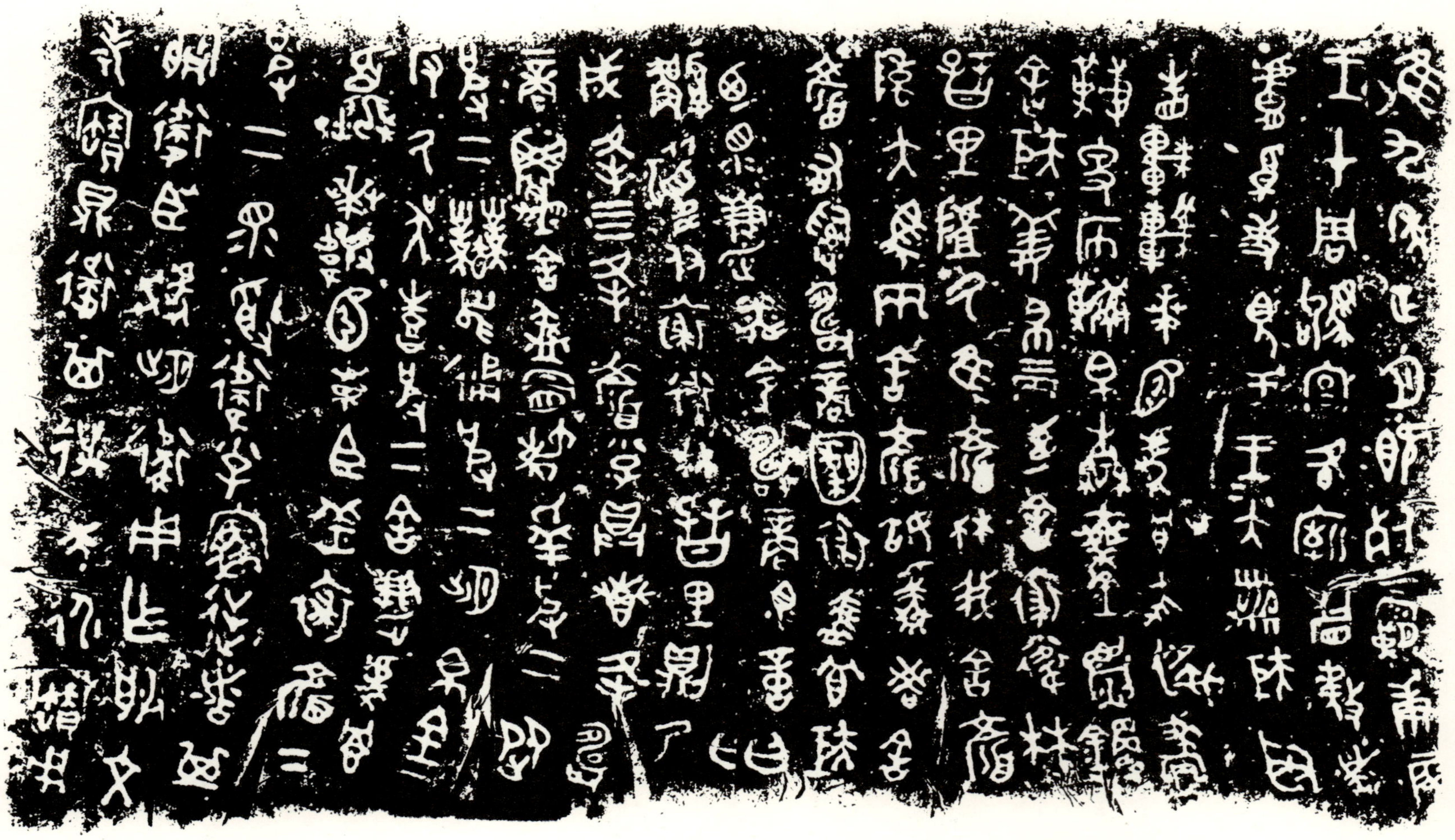

释文

隹（唯）九年正月既死霸庚辰，王在周驹宫，各（格）庙，眉敖者肤为吏（使）见于王，王大常。矩取省车、较、桒（賁）园（鞃）、虎冟（幎）、希（肆）律帏，画鞲、夋（鞭）、帀（席）、鞣，帛（白）辔乘，金麃（镳）、鞭，舍矩姜帛三两。廼舍裘卫林晋里。㪤氒（厥）隹（唯）颜林，我舍颜陟大马两，舍颜始（姒）虞各，舍颜有司寿商貈裘、盠冟（幎）。矩廼眔（暨）遱粦（邻）令寿商眔（暨）啻（意）曰：“构、履，付裘卫林孤里。”则乃成夆（封）四夆（封），颜小子具叀（唯）夆（封），寿商□。舍盠冒□羝皮二，赱（豼）皮二，□舄踊皮二，朏帛（白）金一反（钣），厥吴喜皮二。舍遱虎冟（幎）、鞣贲、纕园鞃、东臣羔裘、颜下皮二。眔（逮）受，卫小子□，逆、者，其僟（賸），卫臣虓朏。卫用乍（作）朕文考宝鼎。卫其万年永宝用。

九年衛鼎一九七五年陝西岐山縣出土銘文十九行一百九十五字銘文叙述九年正月王在周駒宮眉敖派使節前來朝見矩取裘車封讓畔書諸物品之之銘文字勢緊密屈曲縈繞整飭中帶青拙樸意趣

庚子立夏日吳鈍三撫吉金文字

释文

隹（唯）三年三月既生，霸壬寅，王爯旂于丰，矩白（伯）庶人取堇（瑾）章（璋）于裘卫，才（裁）八十朋，厥贮（贾），其舍田十田，矩或取赤虎（琥）两、麀奉（韨）两、奉（贲）韐（帢）一，才（财）廿朋，其舍田三田，裘卫迺彘（矢）告于伯邑父，荣伯、定伯、䝨伯、单伯。白（伯）邑文，荣白（伯）、定白（伯）、无京白（伯）、单白（伯）迺令参（三）有司：司土（徒）微邑、司马单旟、司工（空）邑人服，眔受（授）田，燹（豳），趞、卫小子☐，逆，者（诸）其卿（飨），卫用乍（作）朕文考惠孟宝般（盘），卫其万年永宝用。

释文

隹（唯）王元年六月既望乙亥，王才（在）周穆王大［室，王］若曰：“曶！令（命）女（汝）更乃且（祖）考司卜事。易（锡）女（汝）赤雍、巿䩛、旂，用事。”王才（在）遁应（居），井（邢）叔易（锡）曶赤金鬱（鬱）。曶受休令（命）于王。曶用丝（兹）金乍（作）朕文孝（考）弃白（伯）鬻牛鼎。曶（其）万年用祀，子子孙孙（其）永宝。隹（唯）王四月既省（生）霸，辰才（在）丁酉，井（邢）叔才（在）异，为［理］。曶吏（使）氒（厥）□小子䜌以限讼于井（邢）叔：“我既卖（赎）女（汝）五夫，效父用匹马、束丝。”限誥（许）曰：“𣄨则卑（俾）我尝（偿）马，效［父则］卑（俾）复氒（厥）丝［束］。“𣄨效父迺誥（悟）䜌曰：“于王参（三）门□□木榜，用償（？）征（延）赎丝（兹）五夫，用百锊。非诞（？）五夫□□𣄨䛒，乃𣄨又（有）訋（䛒）眔䞭金。”井（邢）叔曰：“才（在）王廷乃卖（赎）用□□，不逆付，曶母（毋）卑（俾）于𣄨。”曶则拜稽首，受丝（兹）五夫：曰陪，曰恒，曰藉、曰𨾊、曰省。吏（使）寽（锊）以告𣄨，迺卑（俾）□以曶酉（酒）彶（及）羊，丝（兹）三寽（锊），用致丝（兹）人。曶迺每（诲）□于𣄨曰：“女（汝）□其舍䜌矢五秉，曰：弋（式）尚卑（俾）处氒（厥）邑，田（厥）田”。𣄨则卑（俾）复令（命）曰：若（诺）！昔馑岁，匡众氒（厥）臣廿夫寇曶禾十秭。以匡季告东宫，东宫乃曰：“求乃人！乃弗得，女（汝）匡罚大。”匡乃稽首于曶，用五田，用众一夫曰嗌，用臣曰疐、曰朏、曰奠，曰：“用丝（兹）四夫稽首。”曰：“余无逌（攸）具寇，足［困］不出，鞭余。”曶或以匡季告东宫，曶曰：“弋（式）唯朕［禾］偿。”东宫迺曰：“赏（偿）曶禾十秭，遗十秭，为廿秭，若来岁弗赏，则付四十秭。”迺或即曶，用田二，又臣一夫，凡用即曶田七田，人五夫。曶覓（免）匡卅秭。

研習商周金文，往往首選散盤、毛公鼎、大盂鼎、牆盤暨虢季子白盤，以上諸銘均為經典無疑，而曶鼎銘卻鮮有問津者。其實該銘厚樸自然，雍和靜穆，渾然有出塵之姿。銘文雖有損泐，然可據曹錦炎、陳絜及諸先生研究成果補足，則更利于研習。己亥小雪 鈍山識

曶鼎清乾隆年間畢沅得之於西安，出土地點在陝西範圍之內，後燬毀於兵火。一九七六年，陝西扶風縣雲塘出土曶尊及效爵等一批不同器主的禮器，其中曶尊與曶鼎為同一器主無疑。曶鼎銘存三百八十四字，拓片下緣每行各缺一或二字，今據曹錦炎、陳絜之考證補上。己亥陽月 吳鈍之

47-1

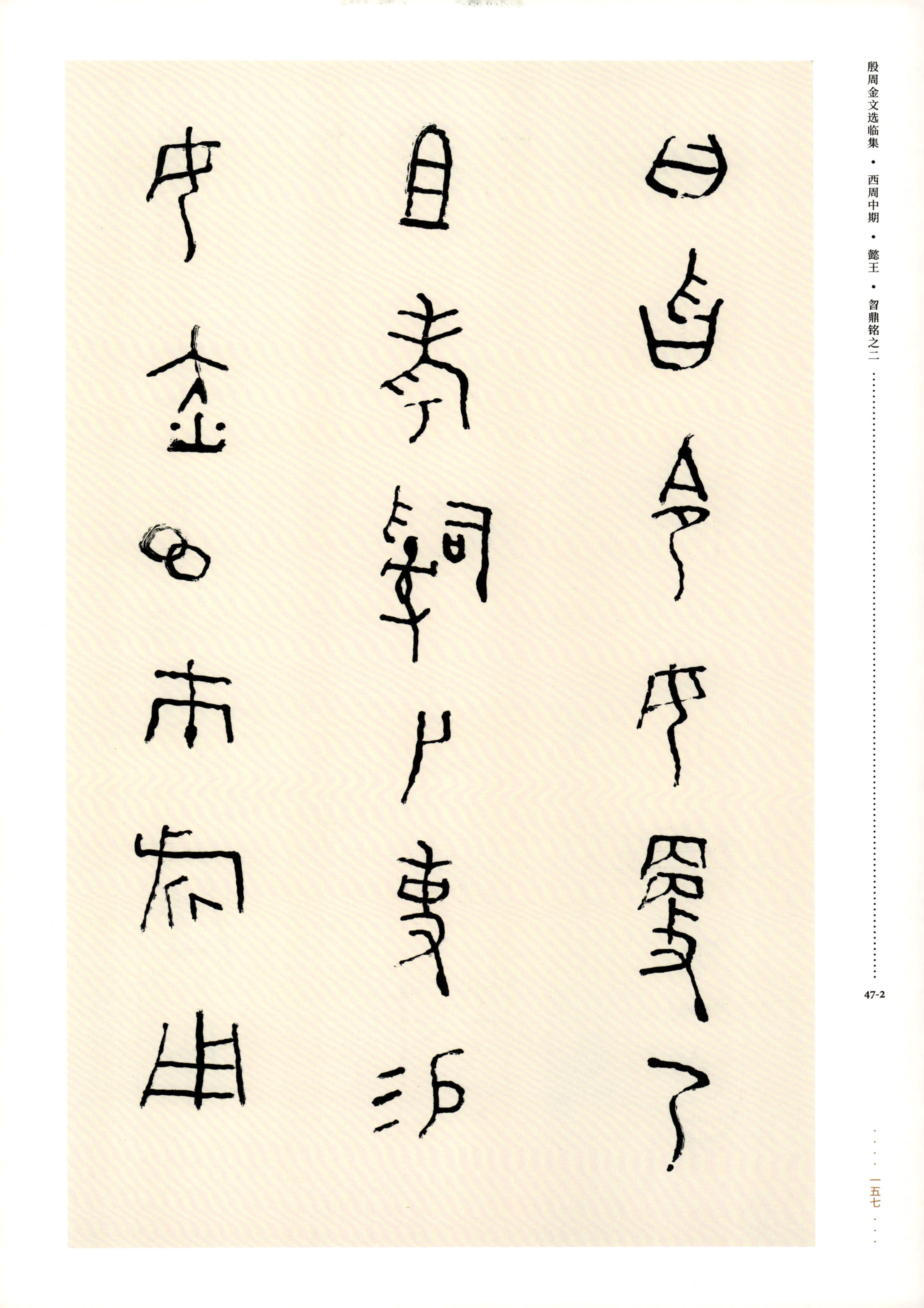

47-3

47-4

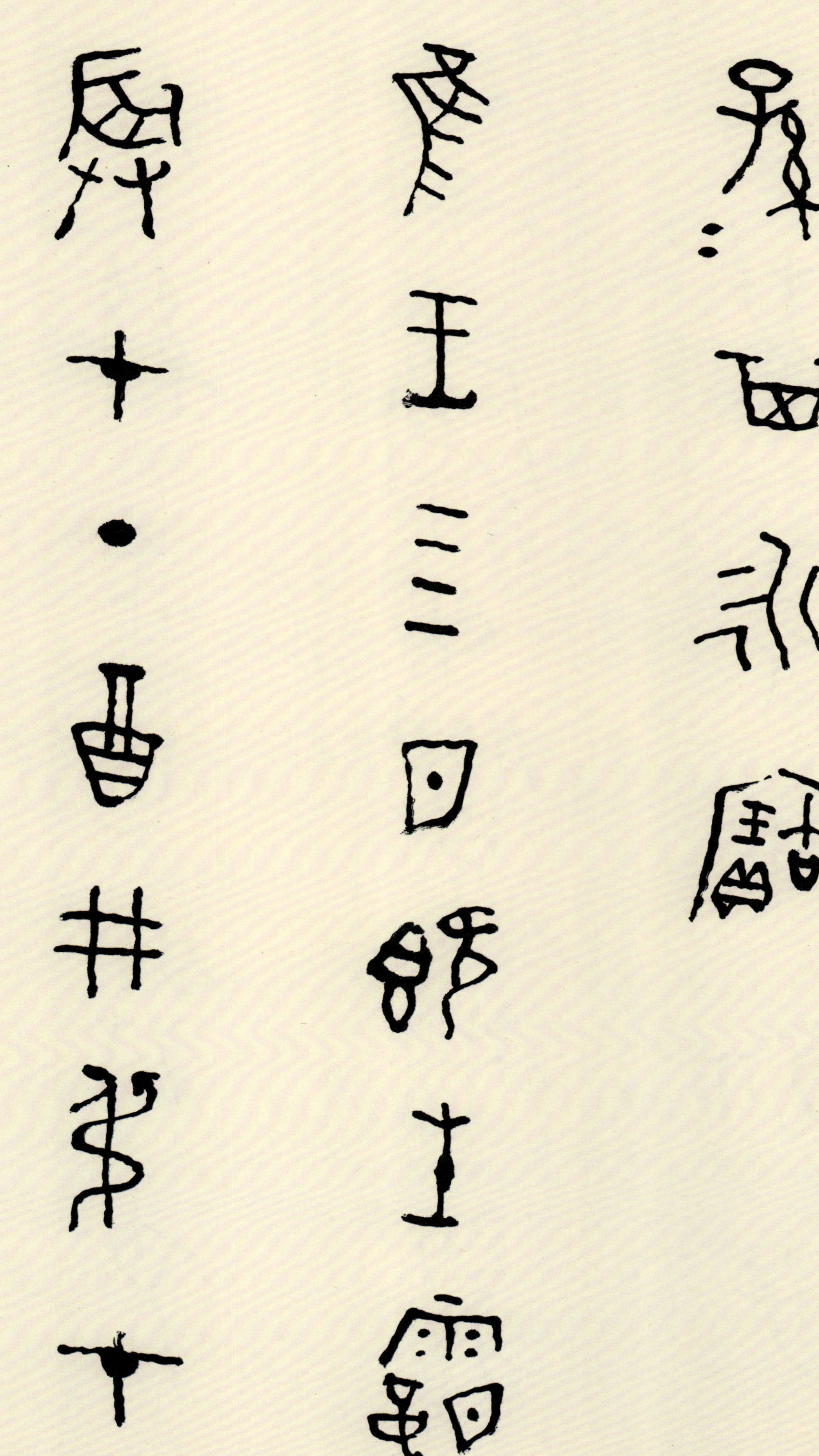

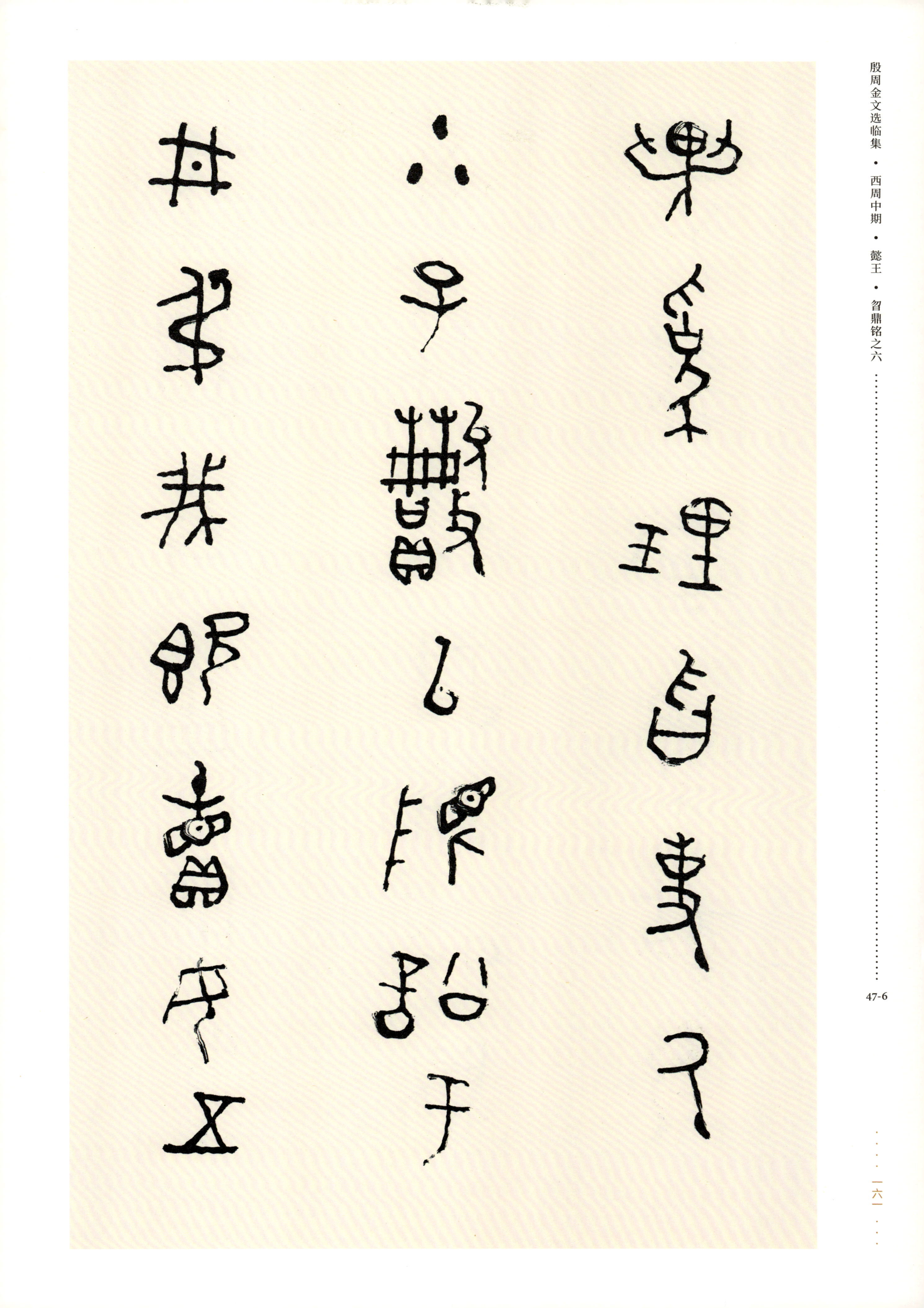

47-6

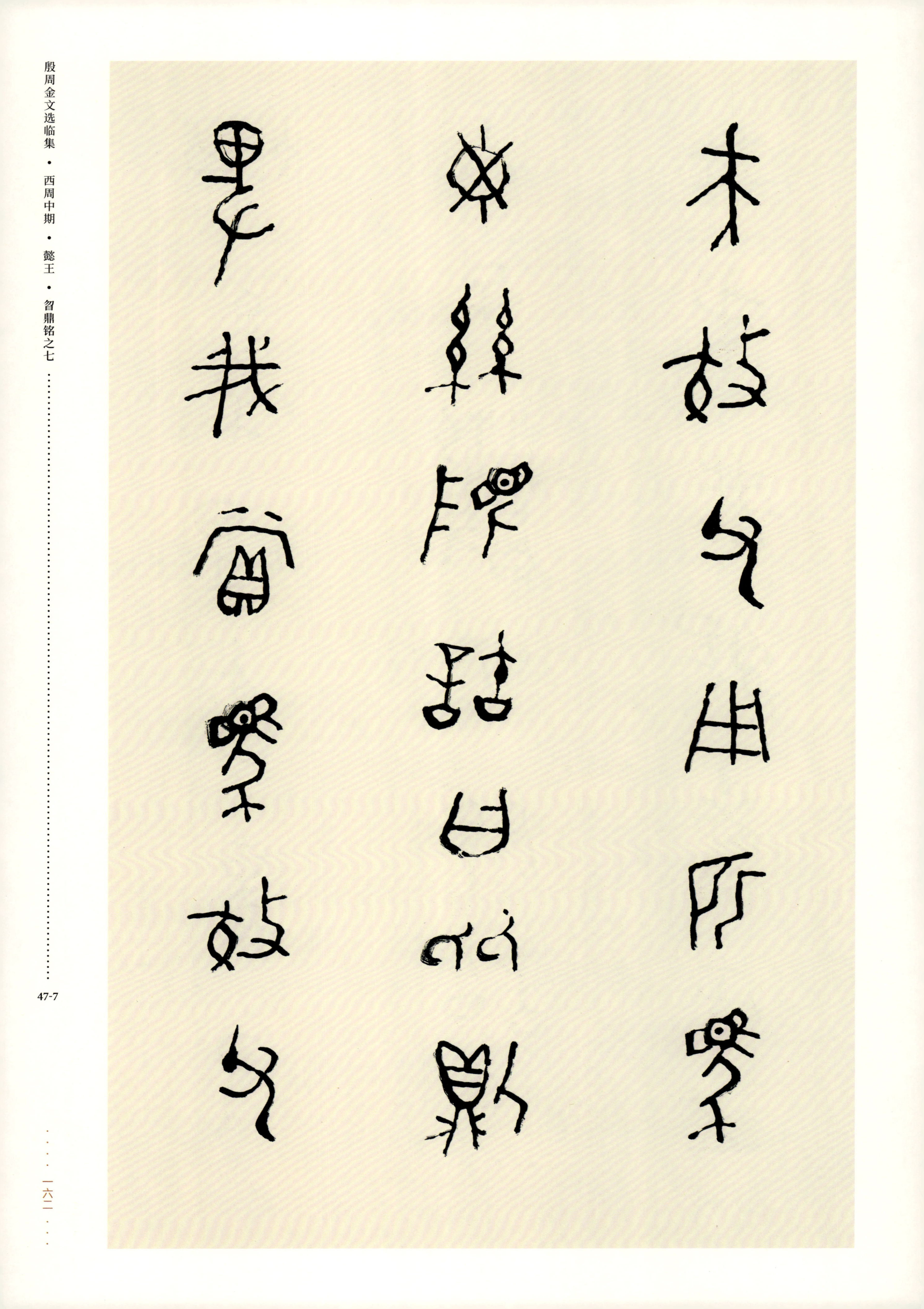

47-7

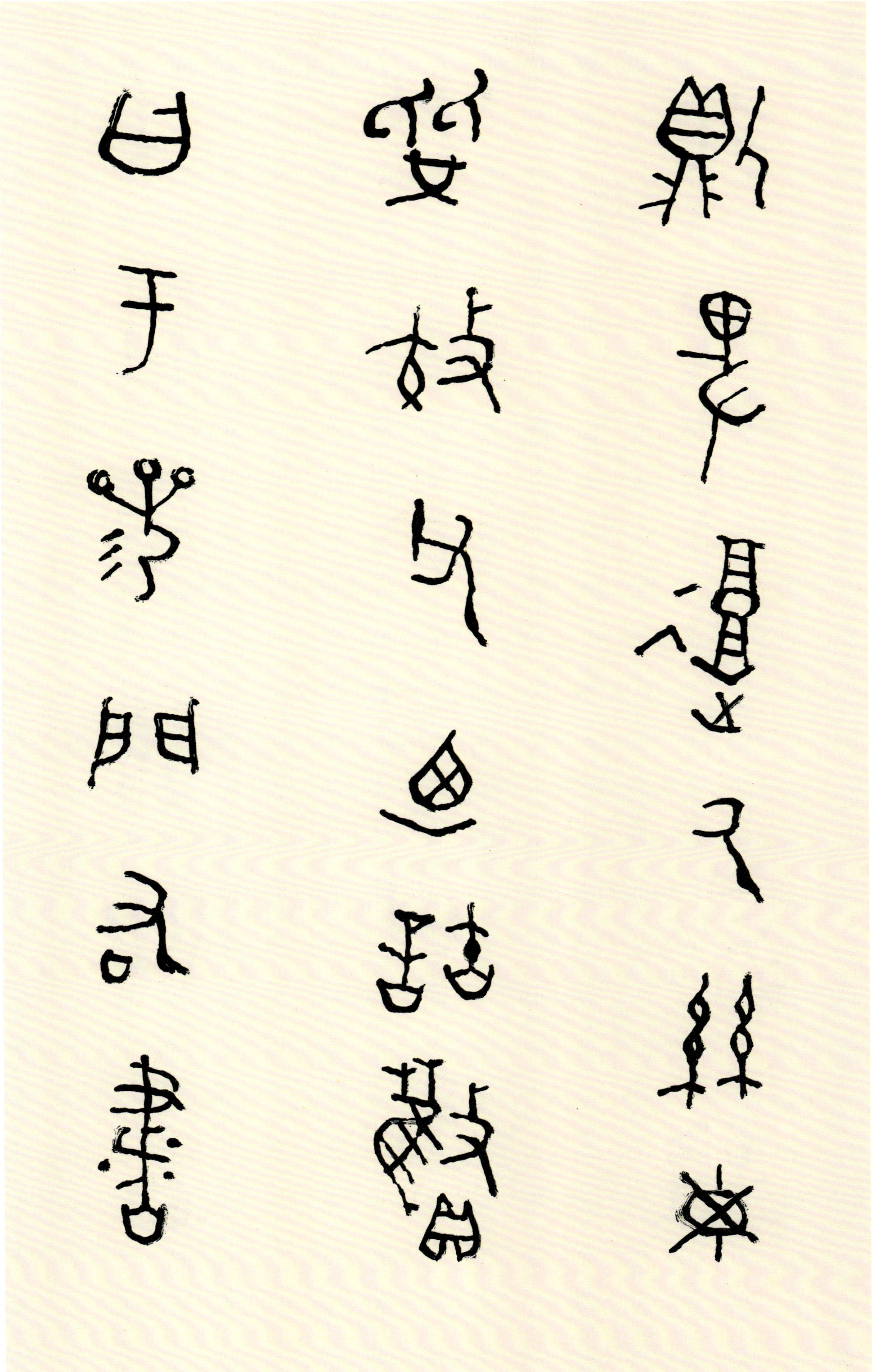

47-8

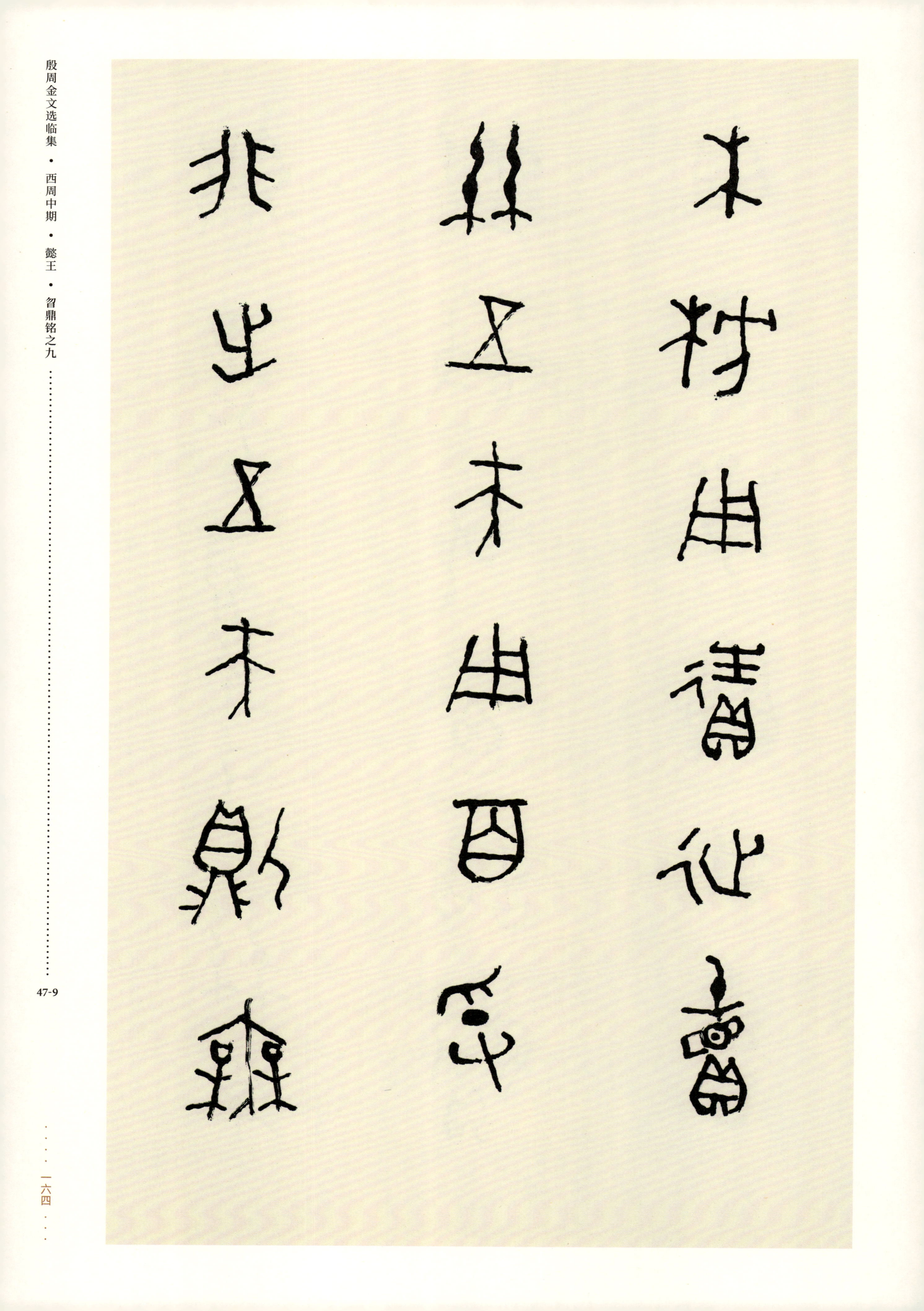

47-9

47-10

47-11

47-13

47-14

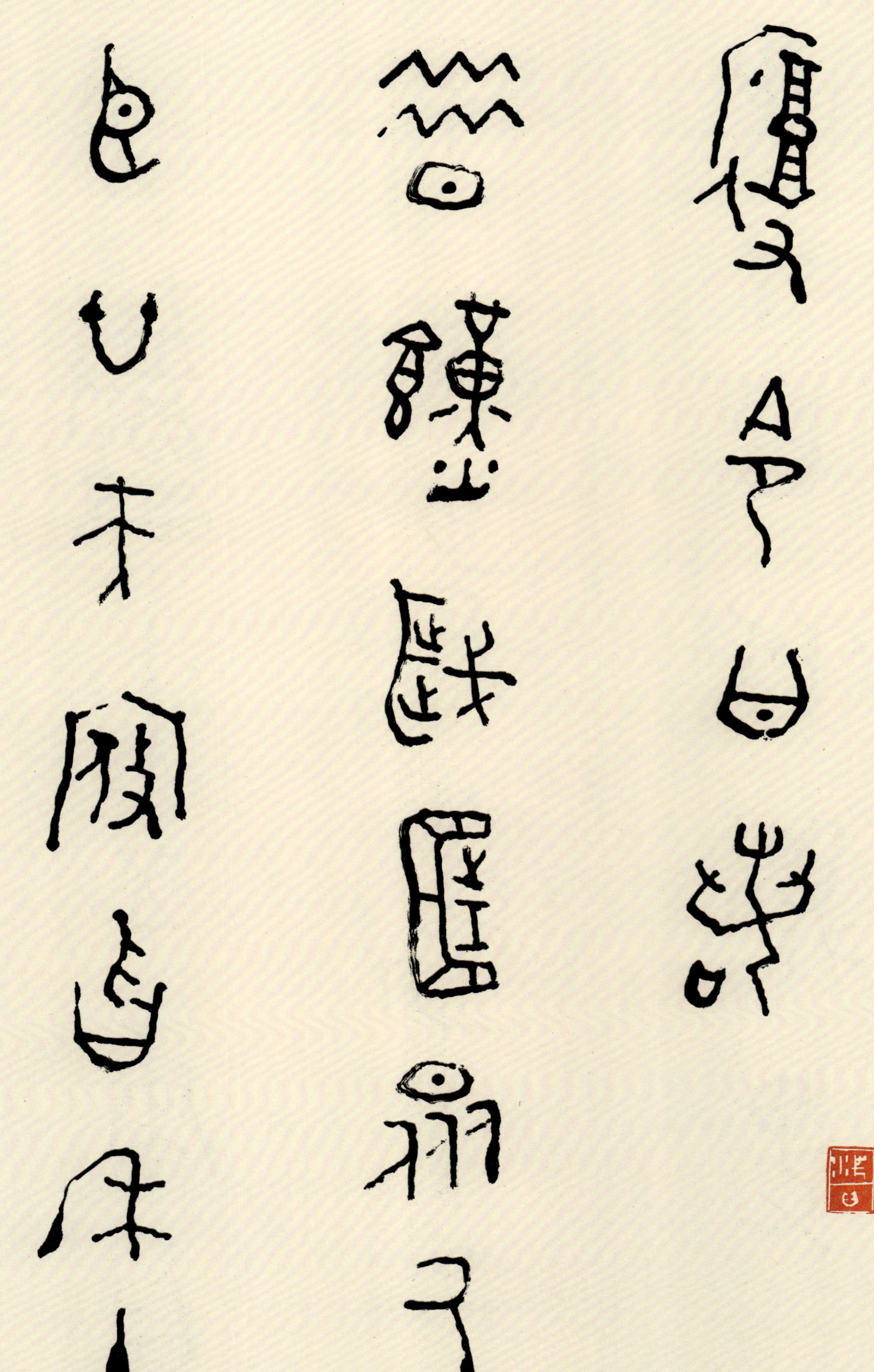

47-16

47-17

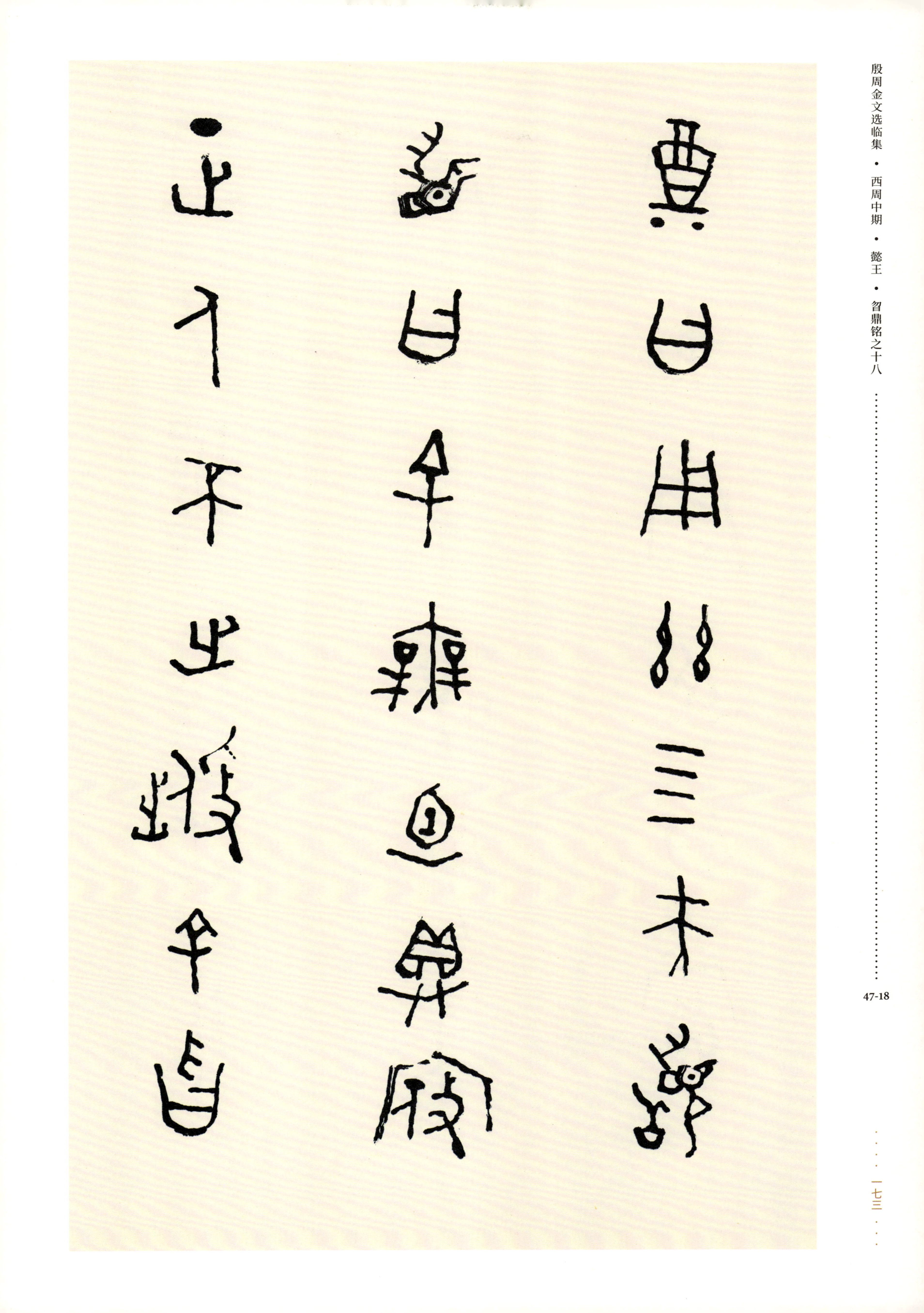

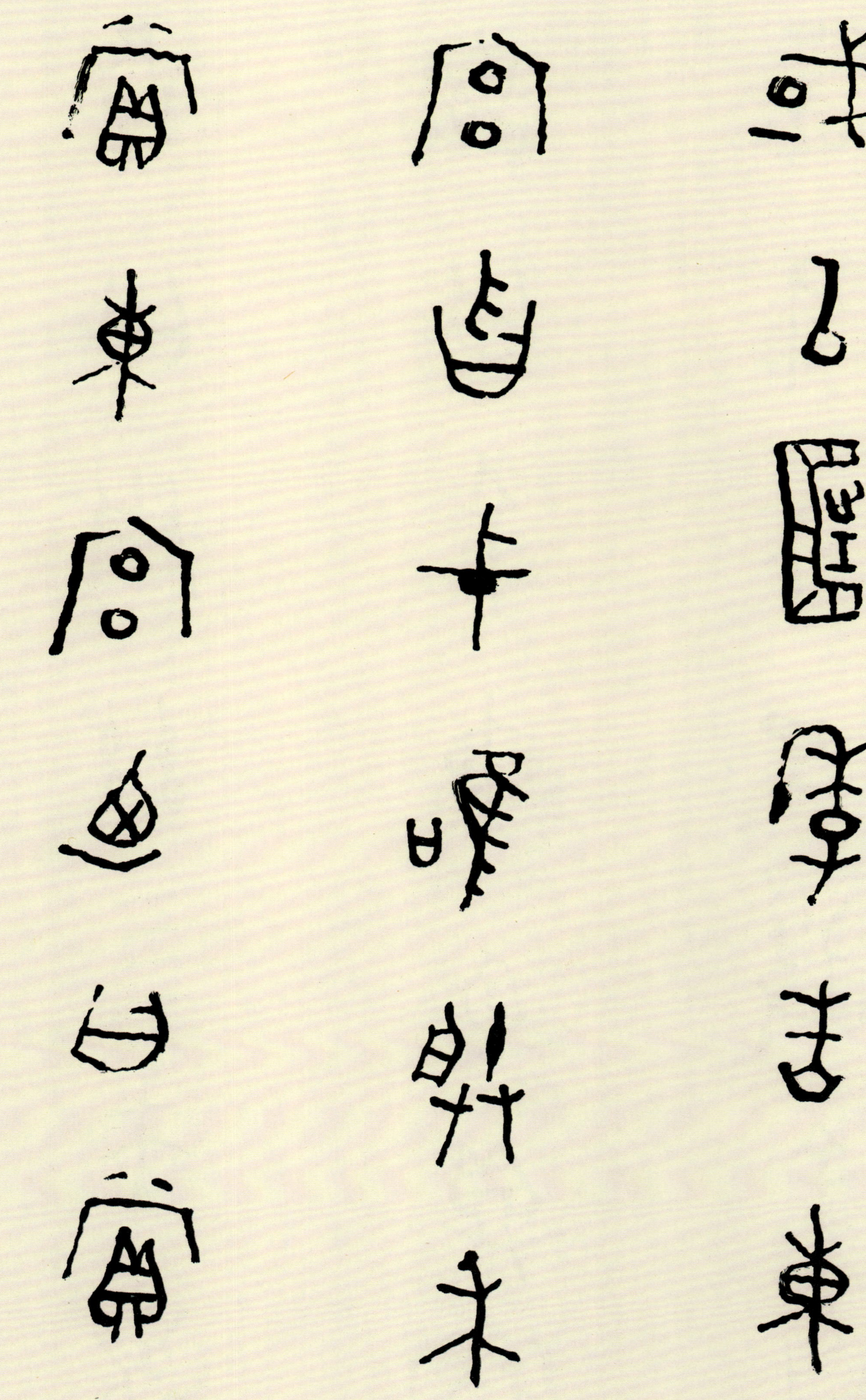

迺或即曶用田二

又臣一凡用即曶

田七田人五夫曶

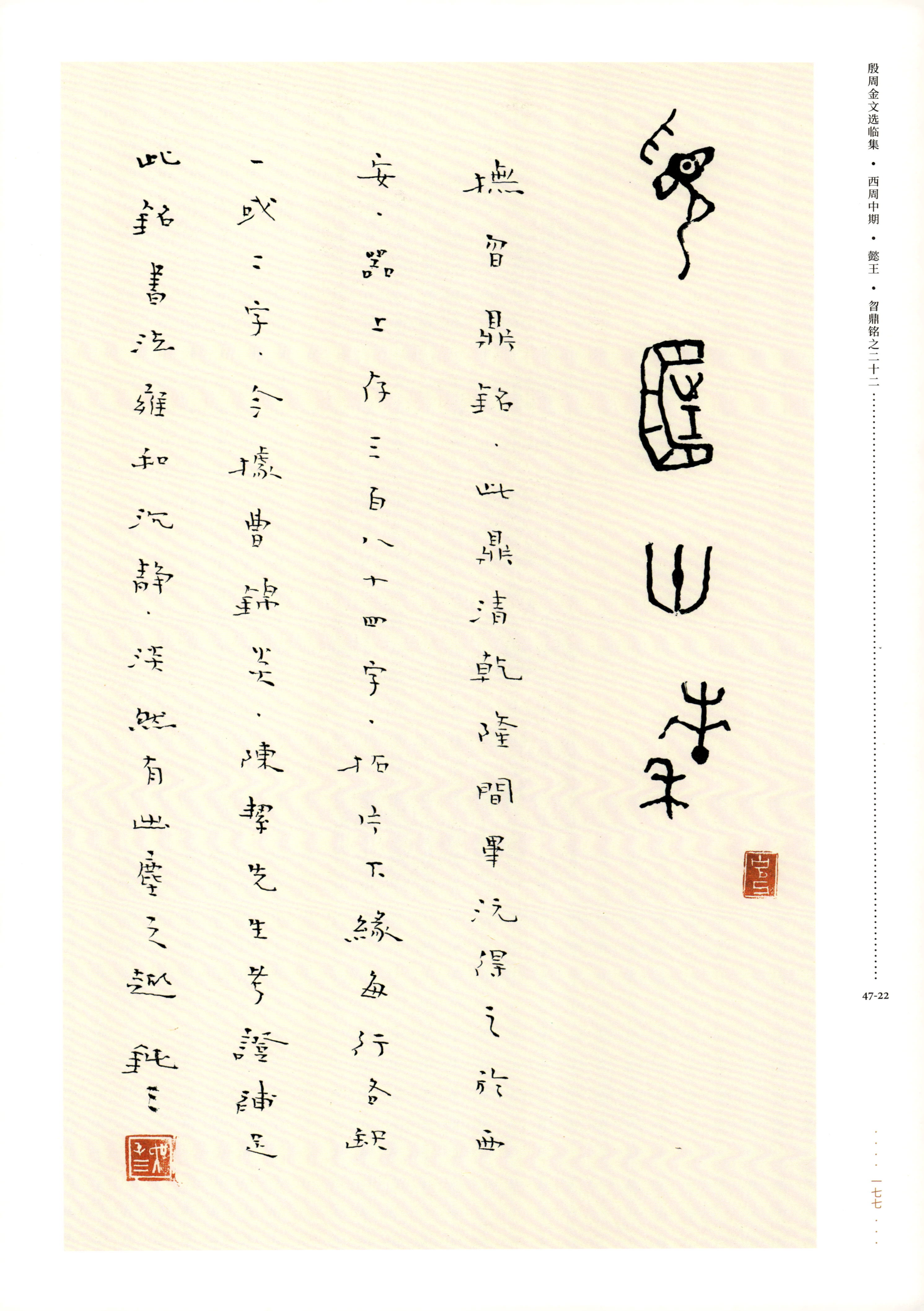

撫留鼎銘，此鼎清乾隆間畢沅得之於西安，器上存三百八十四字，拓片下緣每行各缺一或二字，今據曹錦炎、陳絜先生考證補足。此銘書法雄和沉靜，淡然有幽塵之趣。鈍三

释文

隹（唯）三月既生霸乙卯，王才（在）周，令免乍（作）嗣（司）土（徒），嗣（司）奠（郑）还（园）歠（林）眔吴（虞）眔牧。易（锡）戠（赤）衣、䜌（銮）。对扬王休，用乍（作）旅鬻彝。免其万年永宝用。

隹三月既生霸乙卯王才周
令免乍嗣土嗣奠還𣏟眔
吴眔牧易戠衣䜌對揚王休
用乍旅𩰫彝免其萬年永寶用

橅免簠銘 乙亥炳月吳鈍三時年七十又五

释文

孟曰：朕文考眔（暨）毛公遣仲征无需。毛公易（赐）朕文考臣自厥工。对扬朕考易（赐）休，用宝（铸）兹彝，乍（作）厥，子子孙孙其永宝。

孟曰朕文考眔毛公遣中征
無需毛公易朕文考臣自厥
工對揚朕考易休用宣茲彝
乍子子孫孫其永寶

撫孟簋銘
己亥鈍三

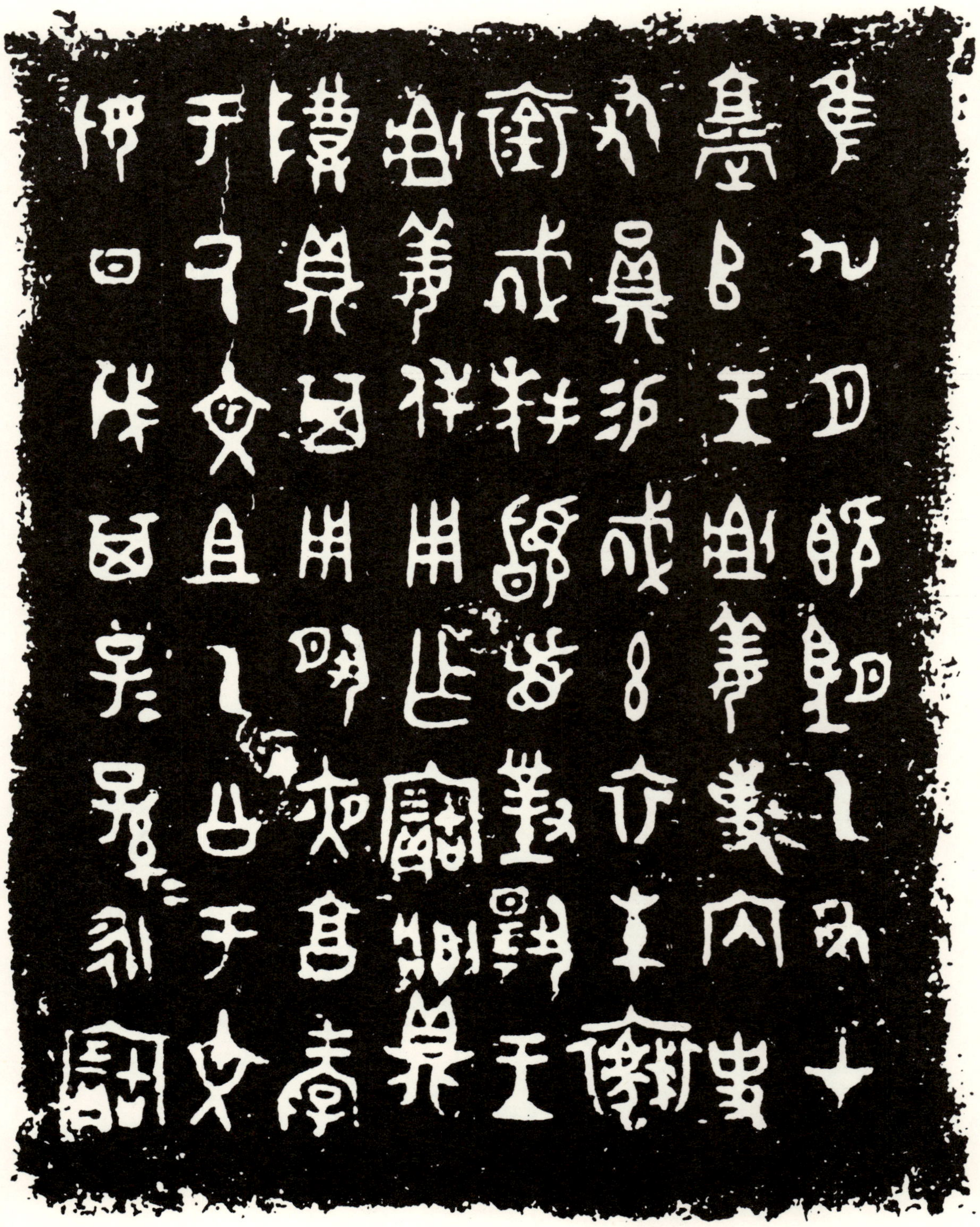

释文

隹（唯）九月既望乙丑，才（在）䇯（堂）自（师）。王俎姜事（使）内史友员易（锡）㦸玄衣朱褱（襮）裣（襟）。㦸拜䭫首，对扬王俎姜休。用乍（作）宝䵼尊鼎，其用夙夜享孝于氒（厥）文且（祖）乙公、于文妣（妣）日戊，其子子孙孙永宝。

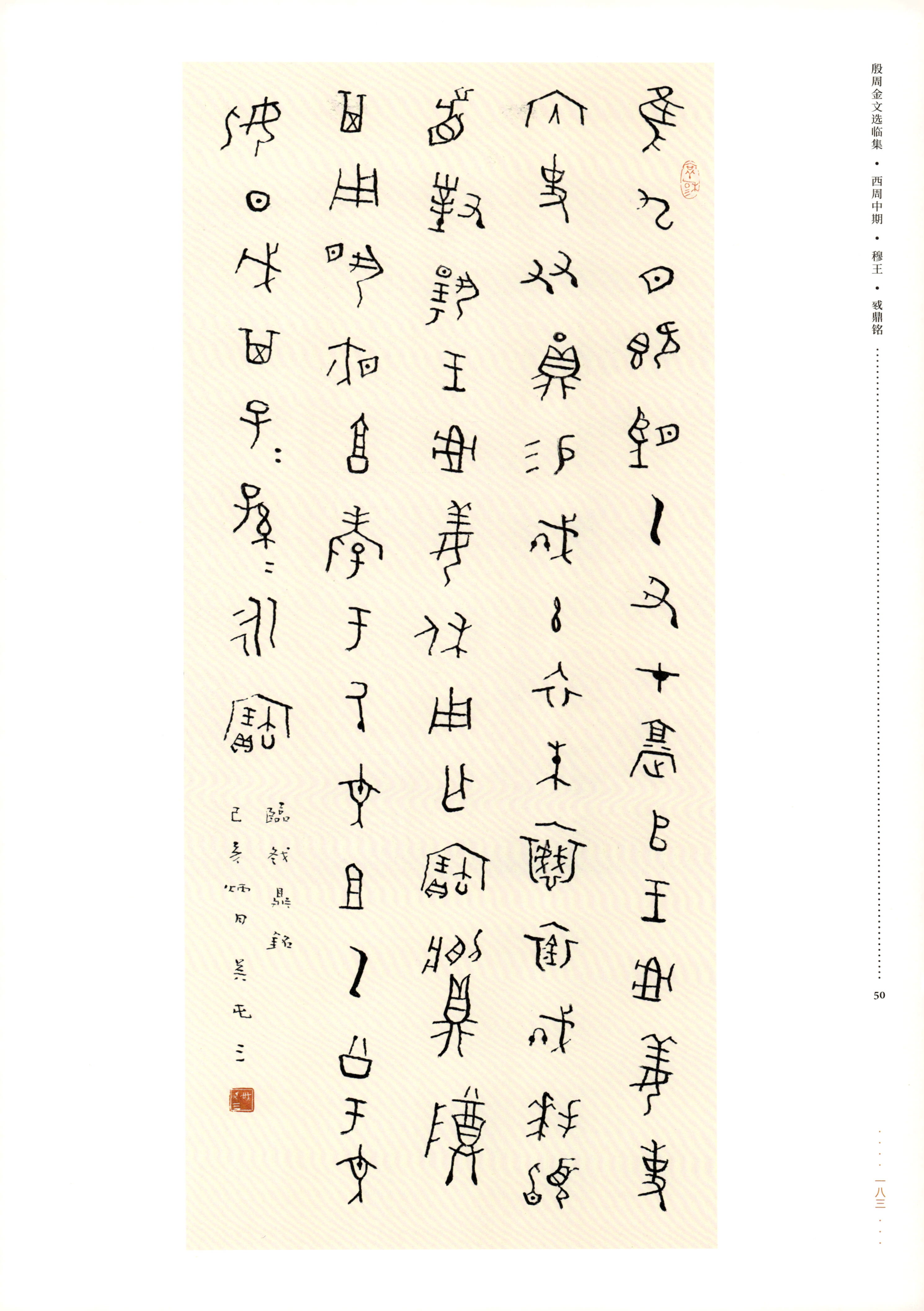

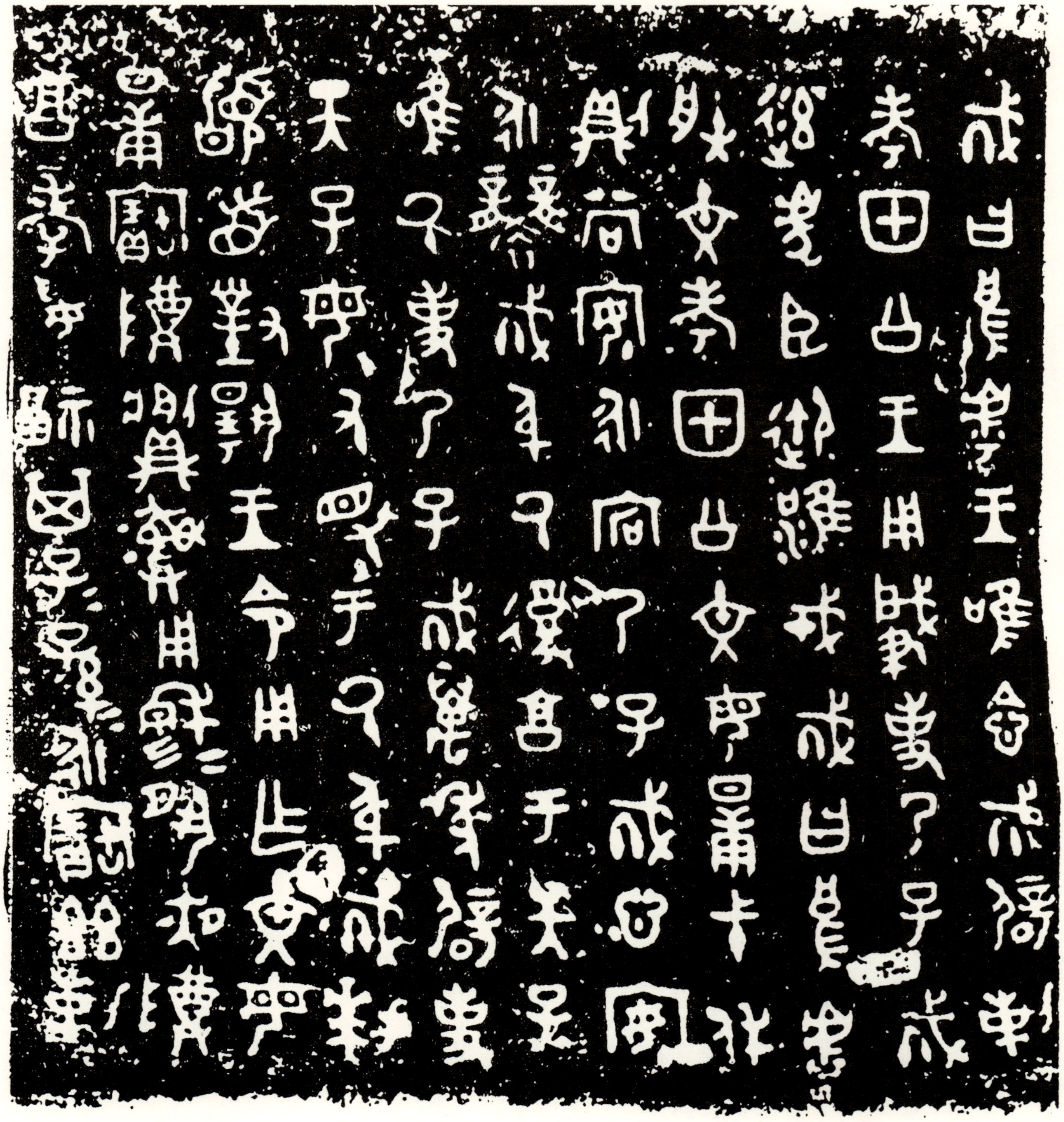

释文

𢦏曰：烏（嗚）虖（呼）！王唯念𢦏辟刺（烈）考甲公，王用肇吏（使）乃子𢦏逹（率）虎臣御（禦）滩（淮）戎。𢦏曰：烏（嗚）虖（呼）。朕文考甲公，文母日庚弋（式）休，则尚（常）安永宕乃子𢦏心，安永袭𢦏身，厥复享于天子，唯厥吏（使）乃子𢦏万年辟事天子。母（毋）又（有）眈（尤）于厥身，𢦏捧（拜）韻（稽）首，对䣄（扬）王令，用乍（作）文母日康宝障彝。用穆穆夙夜障享孝妥（绥）福，其子子孙永宝兹刺（烈）。

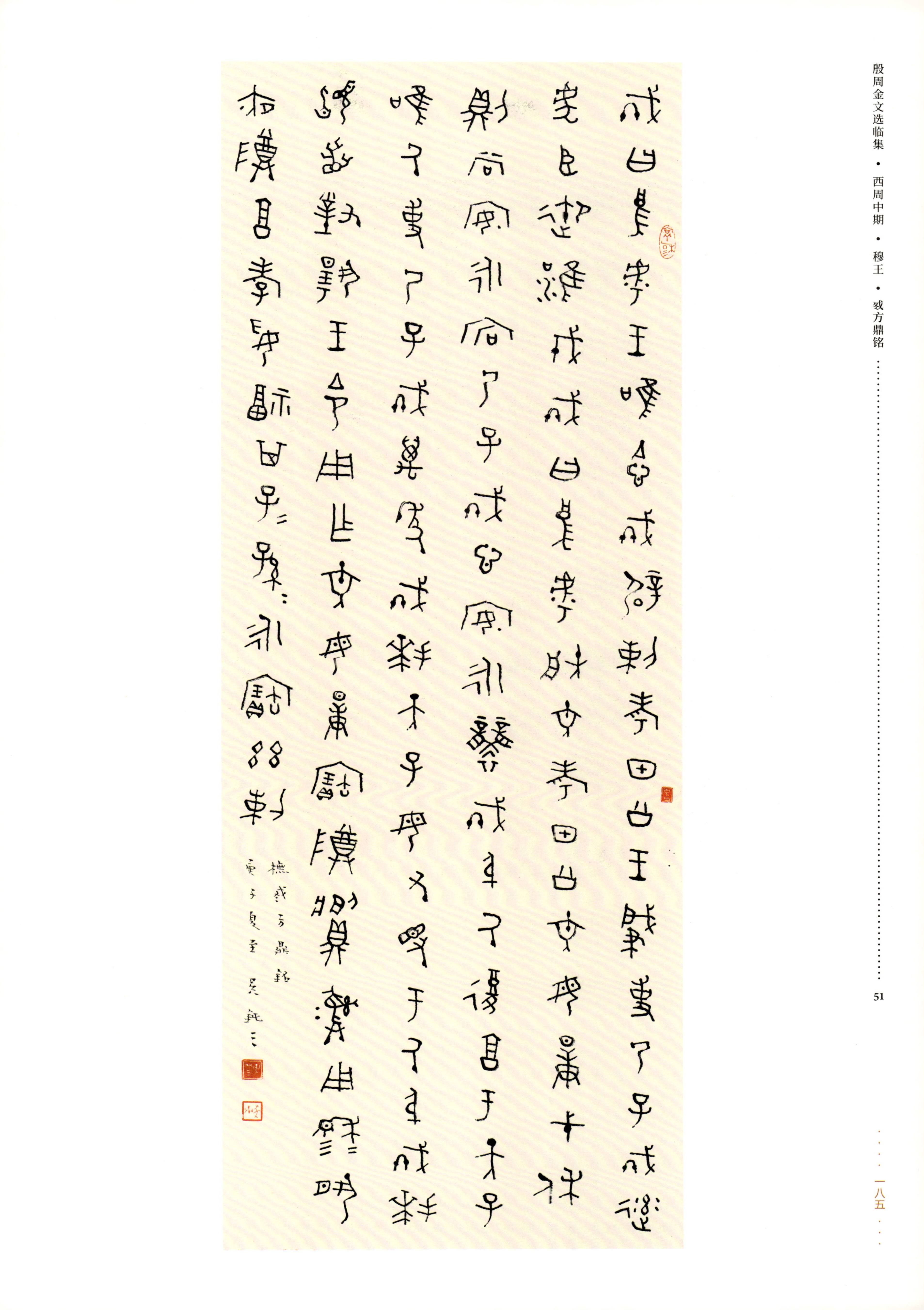

橅㺇方鼎铭

庚子夏至 吴锐三

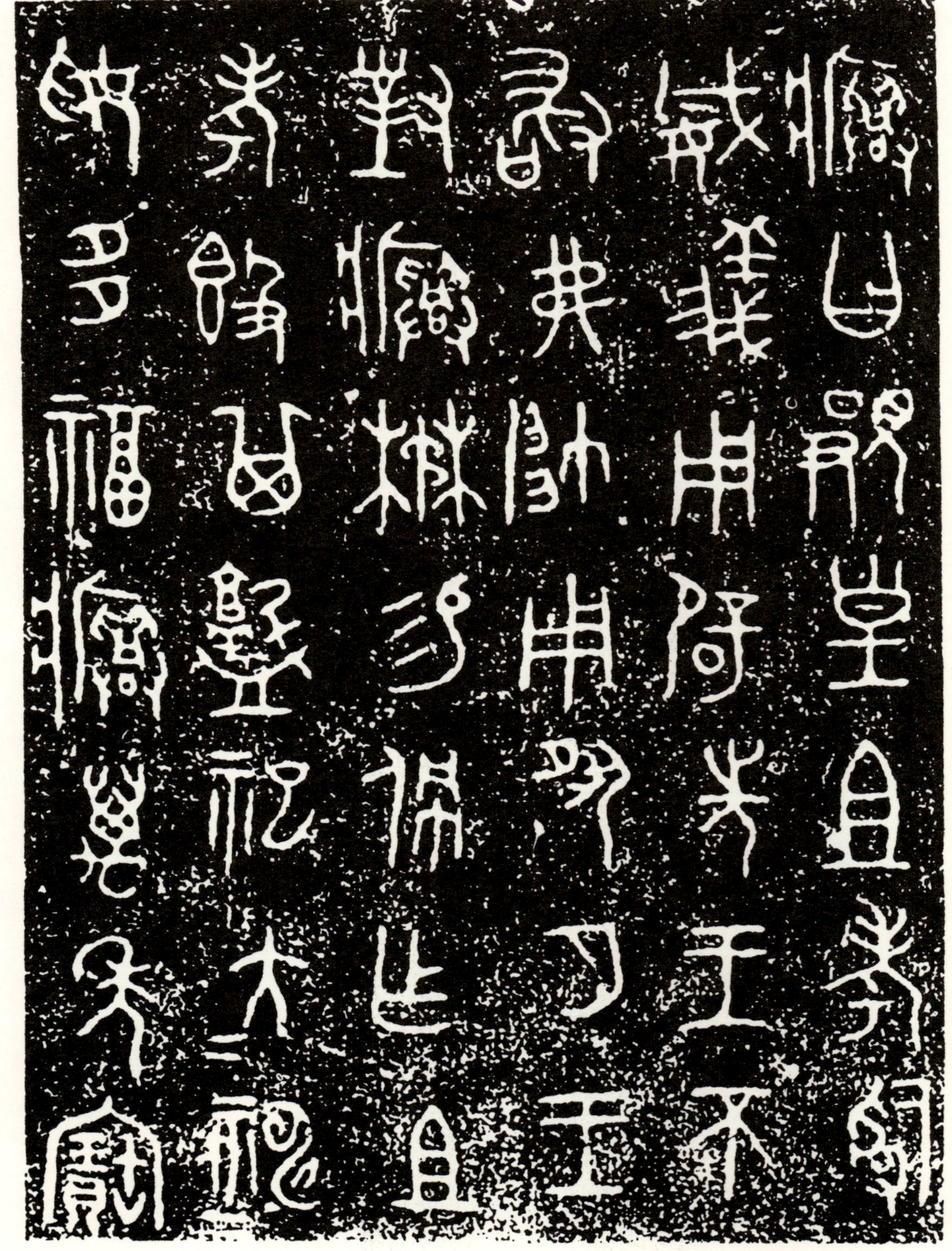

释文

㾓曰：“䫊显皇且（祖）考𤔲威义，用辟先王，不敢弗帅，用夙（夙）夕。”王对㾓楙（懋）易（赐）佩。乍且（祖）考𣪘（簋），其享祀大神，大神妥（绥）多福，㾓万年宝。

撫瘐簋銘

庚子清和月 鈍之

释文

隹（唯）四年二月既生霸戊戌，王才（在）周师录宫，各（格）大室，即立（位）。嗣（司）马共右（佑）瘨，王乎（呼）史年册易（锡）駊（裼）裦，虢（鞹）市攸勒，敢对扬天子休，用乍（作）文考宝簋，瘨其万年子子孙孙其永宝。□（族名）

橅瘐盨銘 己亥清明 卡三

释文

王征南淮尸夷，伐角濞（津），伐桐、遹，翏生从。执讯折首。孚戎器、孚金。用乍（作）旅盨，用对剌（烈）。翏生眔大嬶（媍）其百男百女千孙，其万年眉寿永宝用。

释文

用夨戮（践）散邑，乃即散用田。履：自濡涉以南，至于大沽（湖），一奉（封）。以陟，二奉（封），至于边柳、复涉濡，陟雩（越），歔䙴隟。以西，奉（封）于敽（敝）城。楮木，奉（封）于刍逨（仇），奉（封）于刍道，内（入）陟刍，登于厂湶，奉（封）诸桦、隟陵、刚（岗）桦。奉（封）于单道，奉（封）于原道，奉（封）于周道。以东，奉（封）于韓（棹）东彊（疆）。右还，奉（封）于履（郿）道。以南，奉（封）于储逨（仇）道。以西，至于难（鳿）莫。履井邑田。自根木道左 至于井邑，奉（封），道以东，一奉（封），还，以西一奉（封），陟刚（岗）三奉（封）。降以南，奉（封）于同道。陟州刚（岗），登桦，降棫二奉（封）。夨人有嗣（司）履田：鲜、且、敚、武父、西宫襄、豆人虞丂（考）、录（麓）贞、师氏右眚（省）、小门人䌛、原人虞艿、淮嗣（司）工虎、孝、䦉、丰父、难（鳿）人有嗣（司）荆丂（考），凡十又五夫。正履夨舍散田：嗣（司）土（徒）屰（逆）寅、嗣（司）马单𡎜、䩖人嗣（司）工骍君、宰德父；散人小予履田：戎、敚（微）父、教果父、襄之有嗣（司）橐、州𡨄（就）、焂从嚣，凡散有嗣（司）十夫。唯王九月，辰才（在）乙卯。夨卑（俾）鲜、且、𢍰、旅誓，曰：“我既付散氏田器，有爽，实余有散氏心贼，则爰千罚千，传弃之。”鲜、且、𢍰、旅则誓。迺卑（俾）西宫襄、武父誓，曰：“我既付散氏湿田、𤲞（畛）田，余有爽䜌（变），爰千罚千。”西宫襄、武父则誓。氒（厥）受（授）图，夨王于豆新宫东廷。氒（厥）左执䌰史正中（仲）农。

散氏盘又名矢人盘，出土于陕西凤翔县，内底铭文十九行三百五十七字，现藏台湾故宫博物院。铭文序述矢、散[illegible]文、原器铭文[illegible]庚子嘉平日[illegible]

55-1

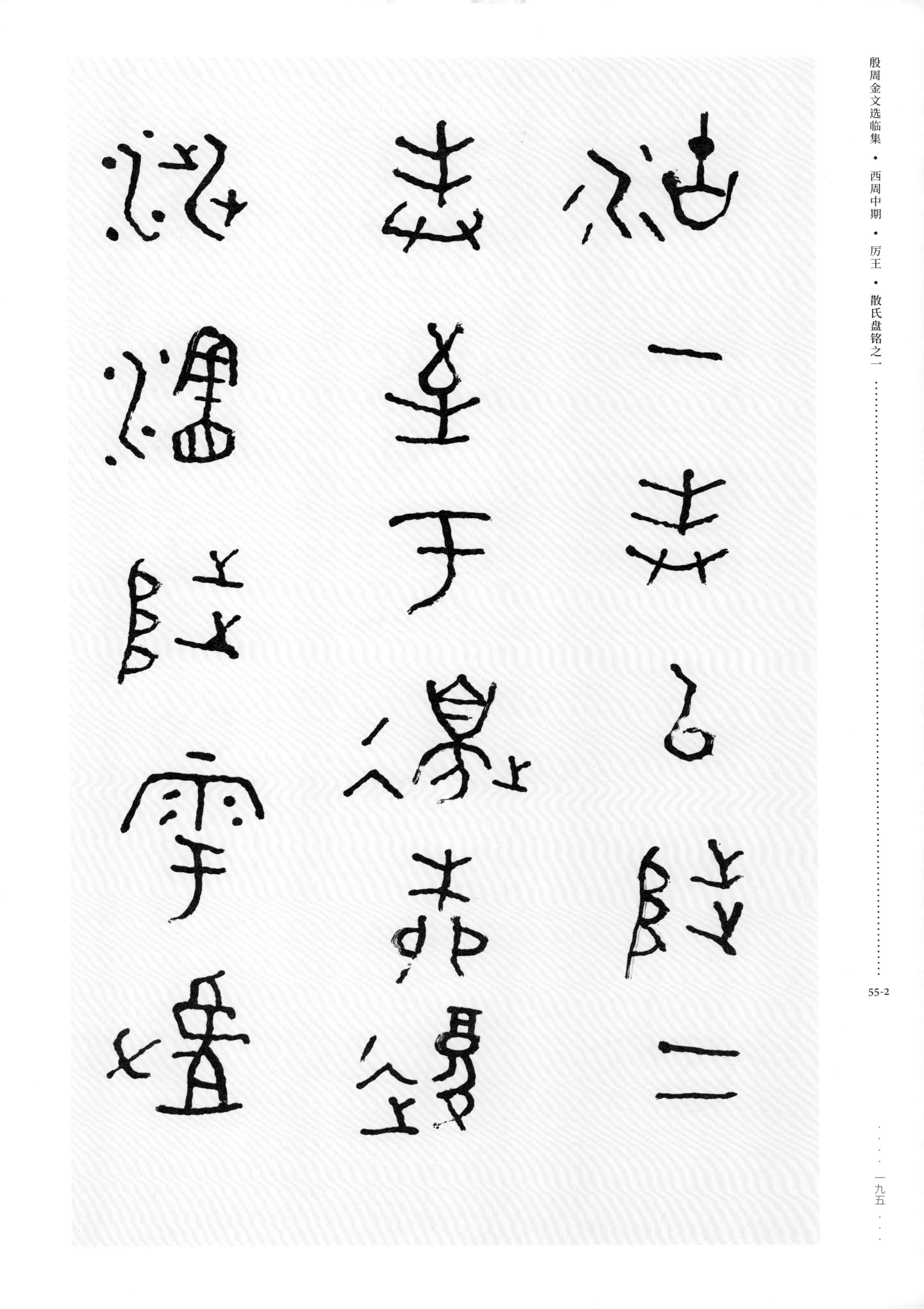

55-3

内陟芻登于厂

湶封割杆𨸏陵

剛杆封于𠂤道

55-4

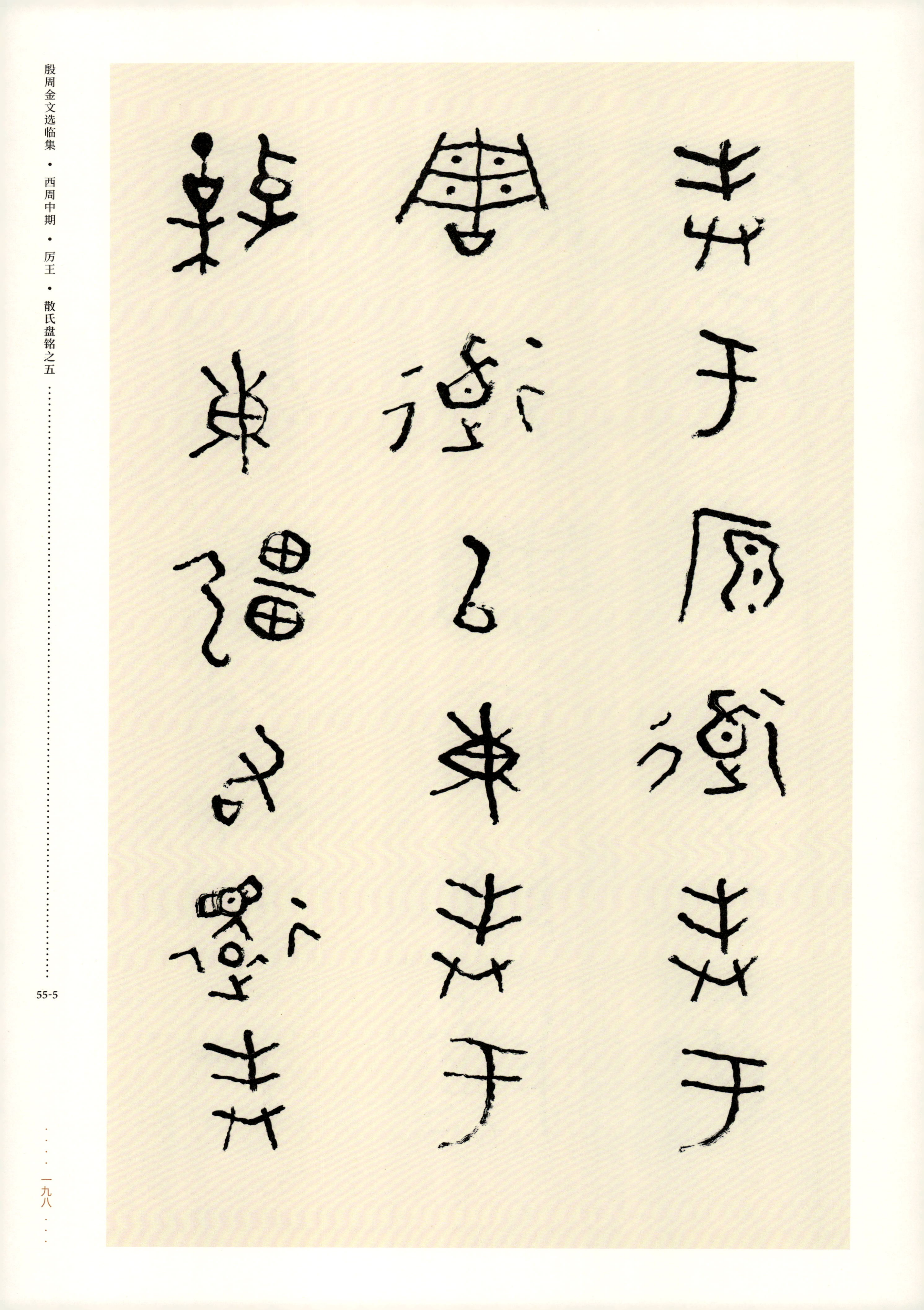

55-5

于眉道以南封

于𦭢逨道以西至

于堆莫眉井邑

55-7

陟剛三封降以

南封于同道陟

州剛登桁降棫

55-9

55-10

工虎孝龠豐父

琟人有司刑丂

凡十又五夫正眉

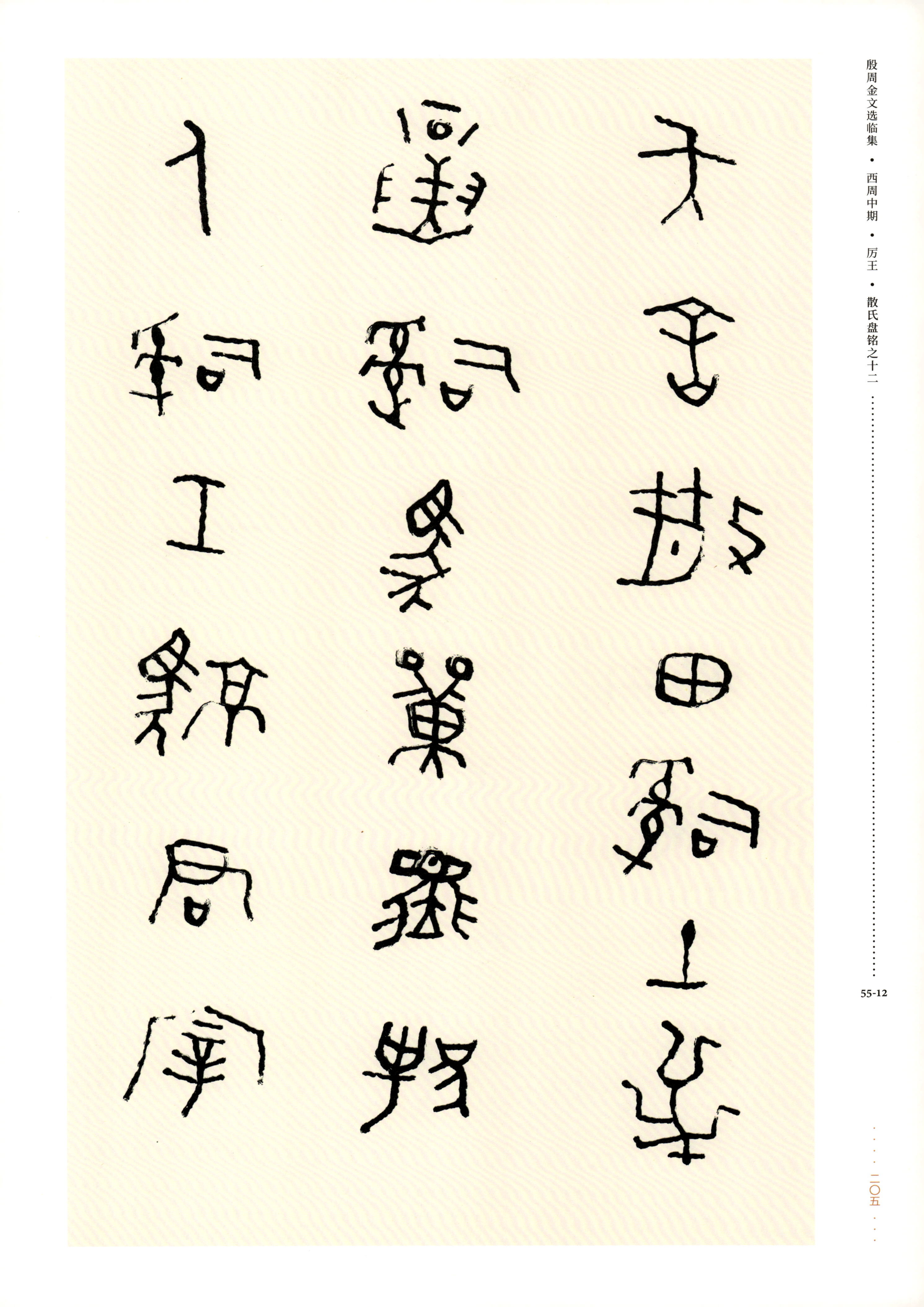

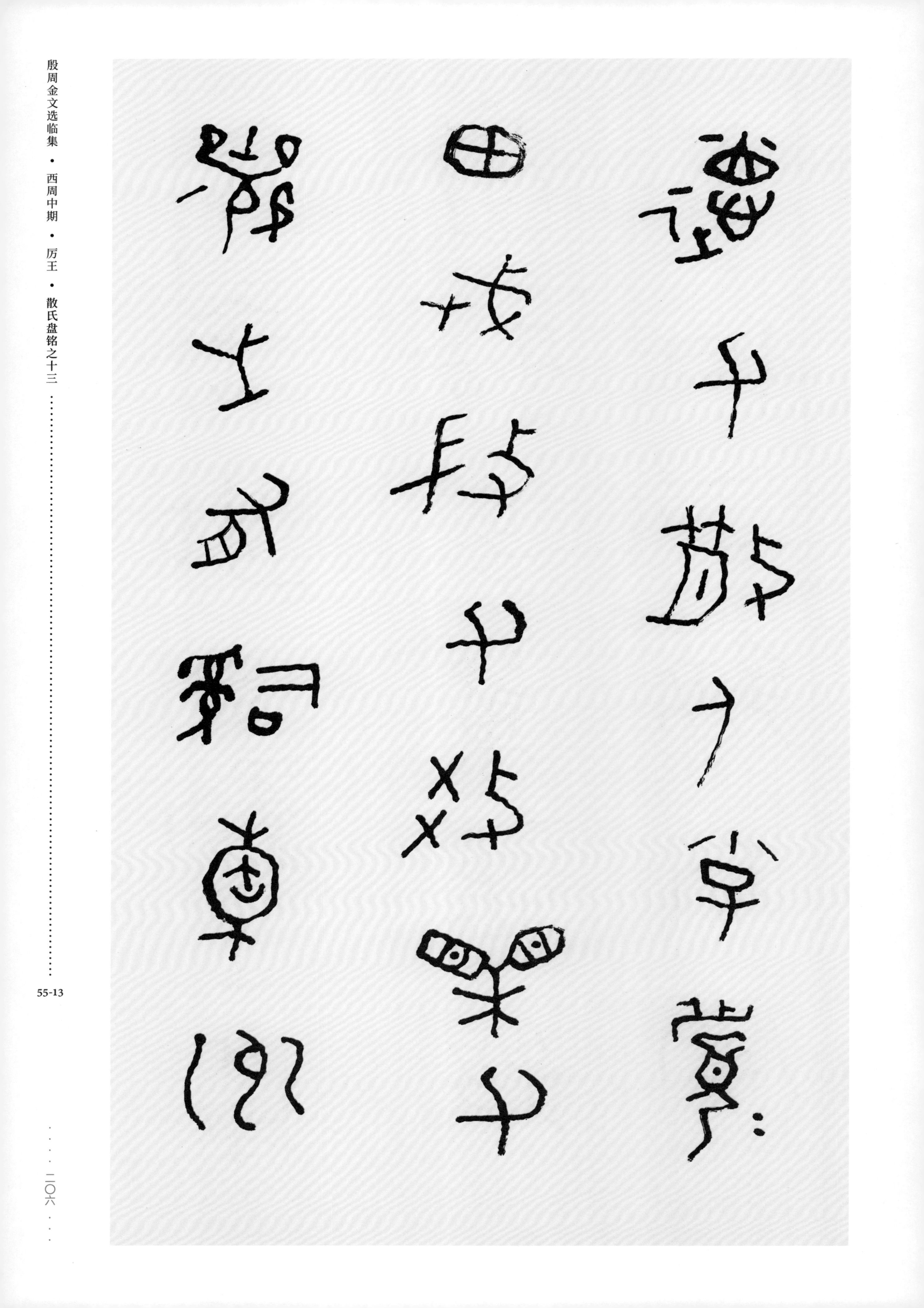

55-13

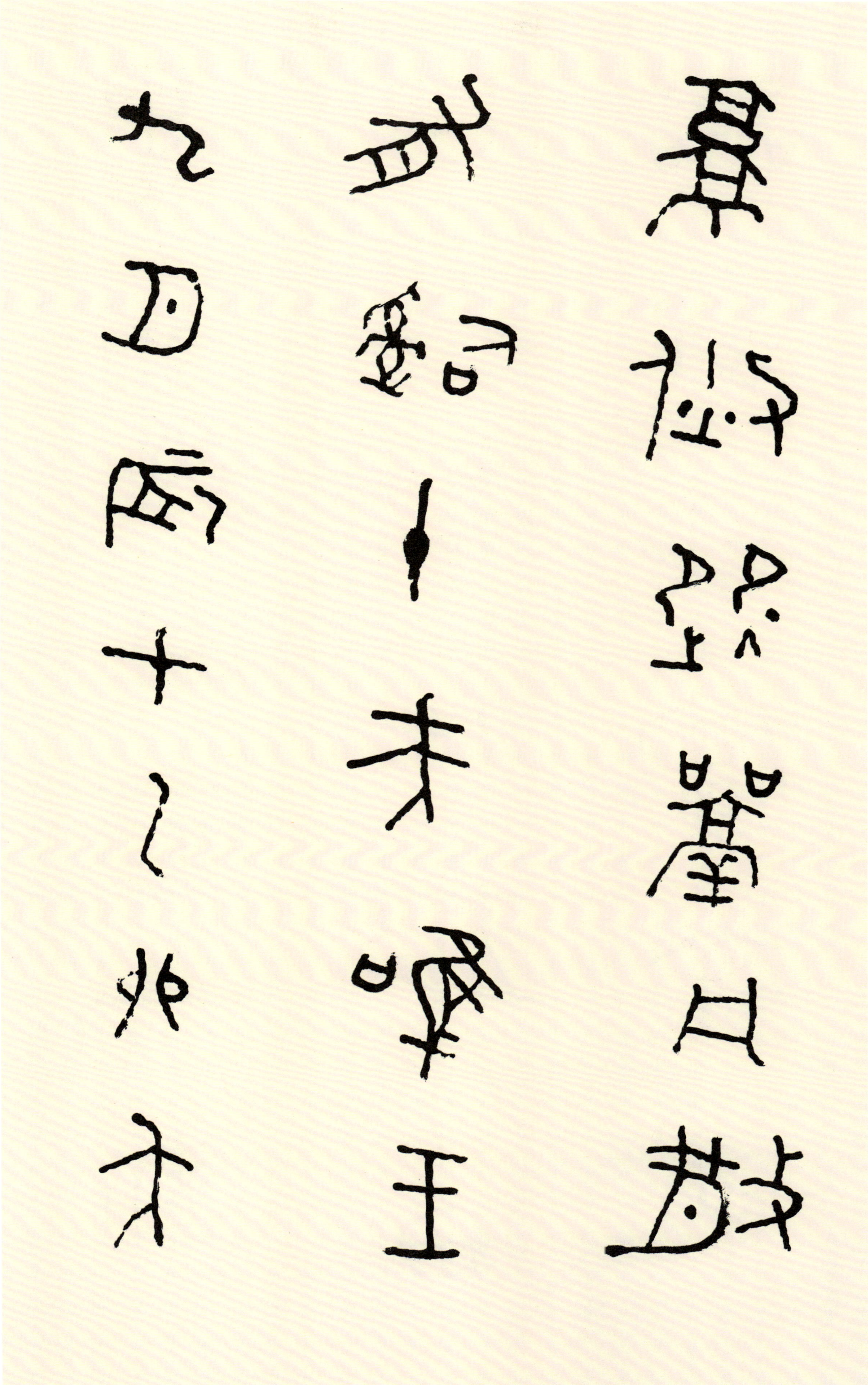

55-14

卑鮮且𩁹旅誓

曰我既付散氏田

器有爽實余有

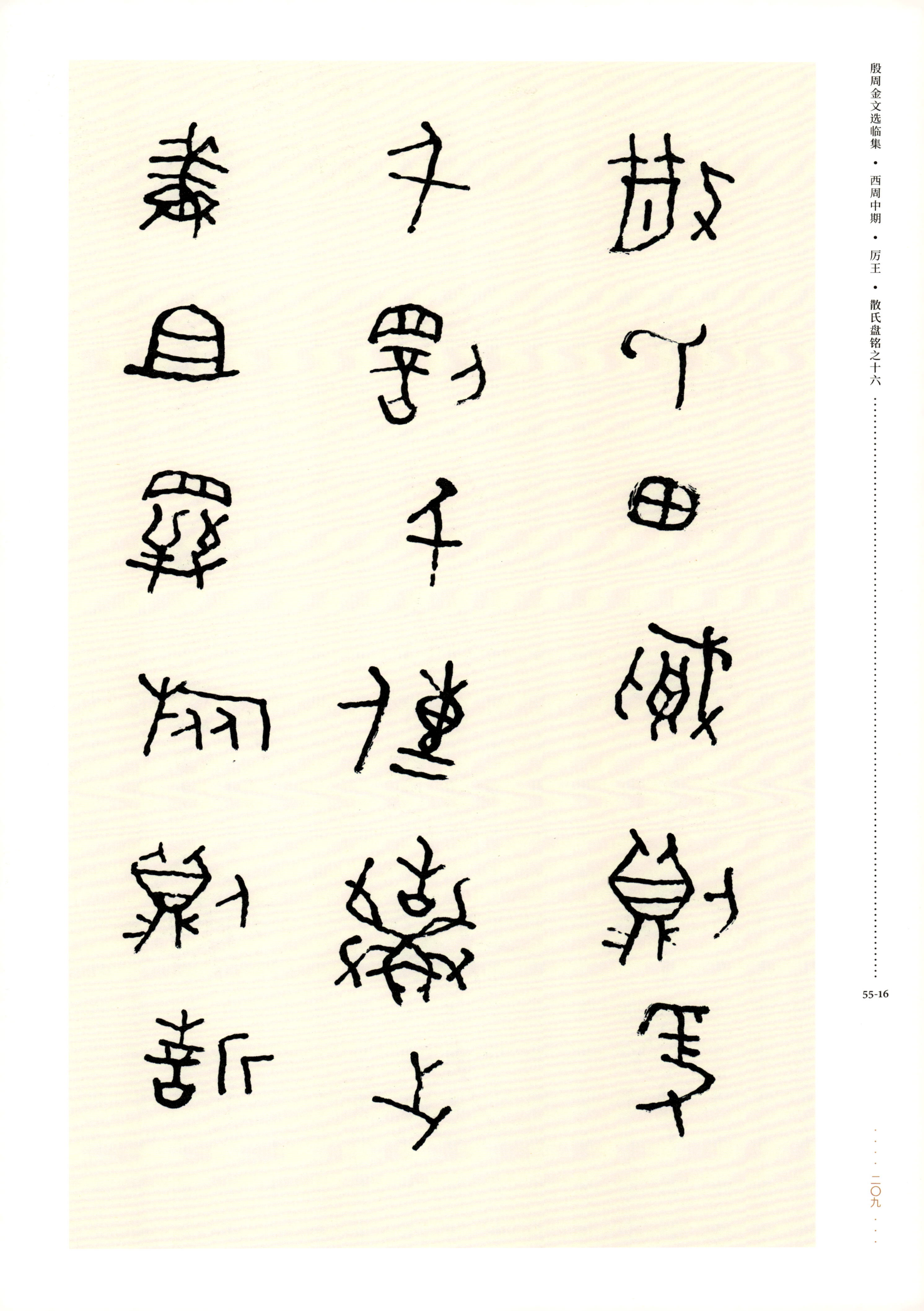

55-17

爽變爰千罰千

西宫襄武父則

誓厥受圖矢王

于豆新宫东廷

厥左执缨史正

中农

撫散氏盤銘

庚子新正鈍三

虢季子白盘

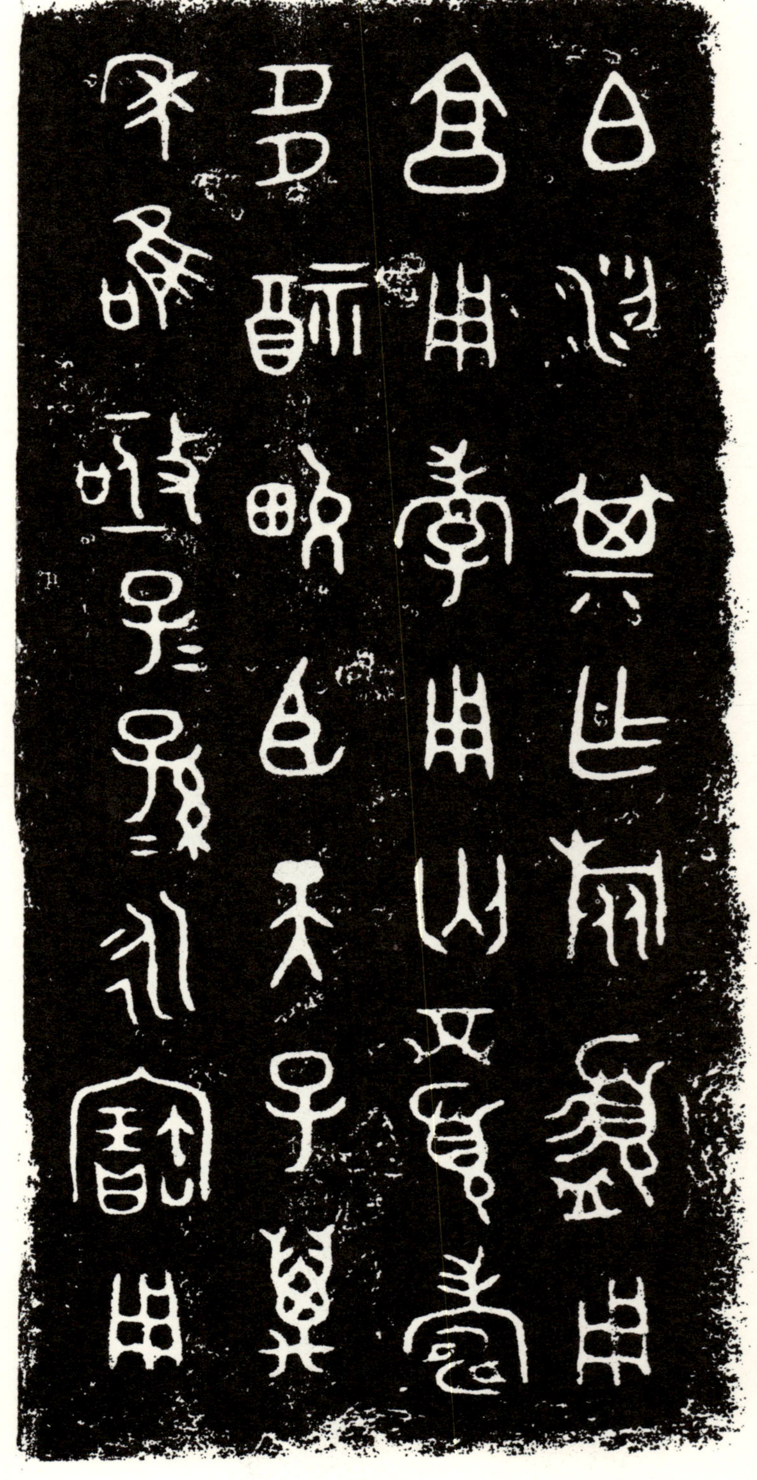

释文

白（伯）梁其乍（作）旅须（盨），用享用孝，用匄眉寿，多福，畯臣天子，万年唯亟（极），子子孙孙永宝用。

橅伯梁其盨銘己亥桃月七三

释文

史颂乍（作）鉇（匜），其万年子子孙孙永宝用。

史頌作匜，其萬年子子孫孫永寶用

橅史頌匜銘 己亥 友三

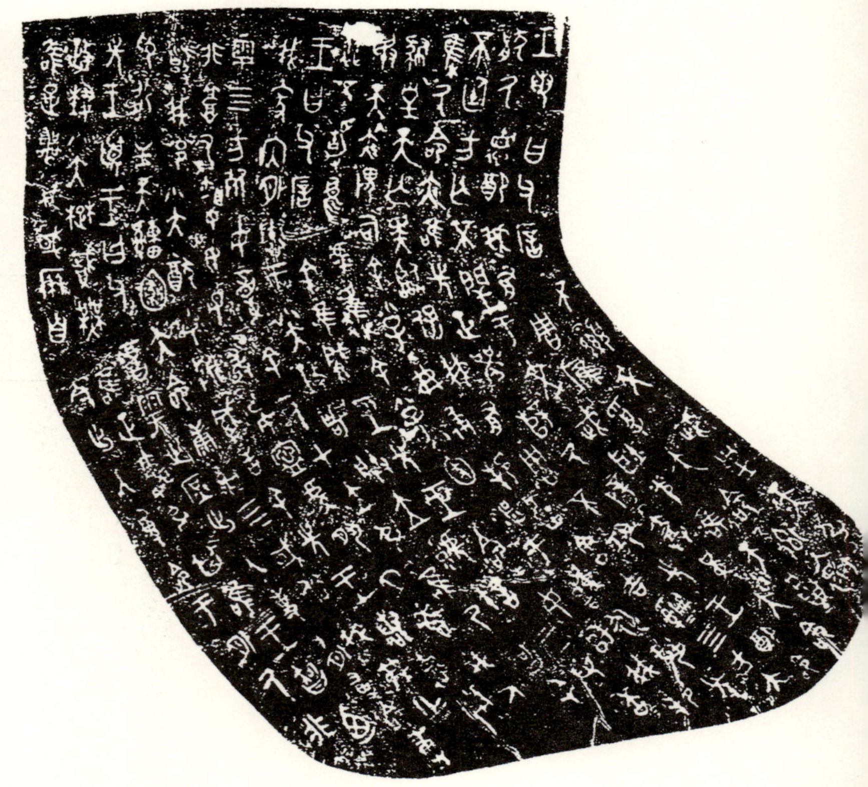

释文

王若曰：父厝，不（丕）显文武，皇天引猒（厌）氒（厥）德，配我有周，膺受大命，率褱（怀）不廷方，亡不闬覲于文、武耿光。唯天将集氒（厥）命，亦唯先正襄辪（乂）氒（厥）辟，爵（劳）堇（谨）大命。肆皇天亡昊（斁），临保我有周，不（丕）巩先王配命。旼（旻）天疾畏（威），司（嗣）余小子弗彶（及），邦将害（曷）吉？𦣻𦣻四方，大从（纵）不静（靖）。乌虖（呼）！趯余小子圂溷湛于囏（艰），永恐先王。曰：父厝，余唯肇巠（经）先王命，命女（汝）辪（乂）我邦我家内外，惷（惷）于小大政，甹（屏）朕立（位）。虩（赫）许上下若否，雩（與）四方死（尸）母（毋）童（动）。余一人才（在）位，引唯乃智（知），余非庸又有闻（昏）。女（汝）母（毋）敢妄（荒）宁，虔夙夕叀（惠）我一人，雝（雍）我邦小大猷，母（毋）折臧（缄），告余先王若德，用印（仰）卲（昭）皇天，醽（申）圞（紹）（绍）大命，康能四或（国），俗（欲）我弗乍（作）先王忧。王曰：父厝，雩之庶出入事于外，尃（敷）命尃（敷）政，艺小大楚赋。无唯正闻（昏），引其唯王智，乃唯是丧我或（国）。厤（历）自今，出入尃（敷）命于外，氒（厥）非先告父厝，父厝舍命，母（毋）又敢惷（惷），尃（敷）命于外。王曰：父厝，今余唯醽（申）先王命，命女（汝）亟一方，囩（弘）我邦我家。女（汝）顀于政，勿雍□庶□□。母（毋）敢龏（拱）橐（苞），乃敄（侮）鳏寡。善效乃友正，母（毋）敢（湛）于酉（酒）。女（汝）母（毋）敢家（坠），才（在）乃服，圞绍（夙）夕敬念王畏（威）不睗（易）。女（汝）母（毋）弗帅用先王乍（作）明井（型），俗（欲）女（汝）弗以乃辟圅（陷）于囏（艰）。王曰：父厝，已！曰：彶（及）兹卿事寮，大史寮于父即尹，命女（汝）䵼嗣（司）公族雩参（三）有嗣（司）：小子、师氏、虎臣，雩（与）朕亵事，以乃族干（捍）吾王身，取賷卅（三十）寽。易（赐）女（汝）鬯邑一卣、郻（祼）圭鬲（瓒）宝、朱市、悤黄（珩）、玉环、玉瑹、金车、桼縟較（较）、朱鞹鞃靳、虎冟（幎）熏裡、右厄（轭）、画轉、画轎、金甬（筩）、遣（错）衡、金嶂（踵）、金豙（軶）、约盛、金簟第、鱼葡（箙）、马四匹、攸（鋚）勒、金嚾、金雁（膺）、朱旂二铃。易（赐）女（汝）兹弁（賸），用岁用政（征）。毛公厝对扬天子皇休，用乍（作）尊鼎，子子孙孙永宝用。

58-1

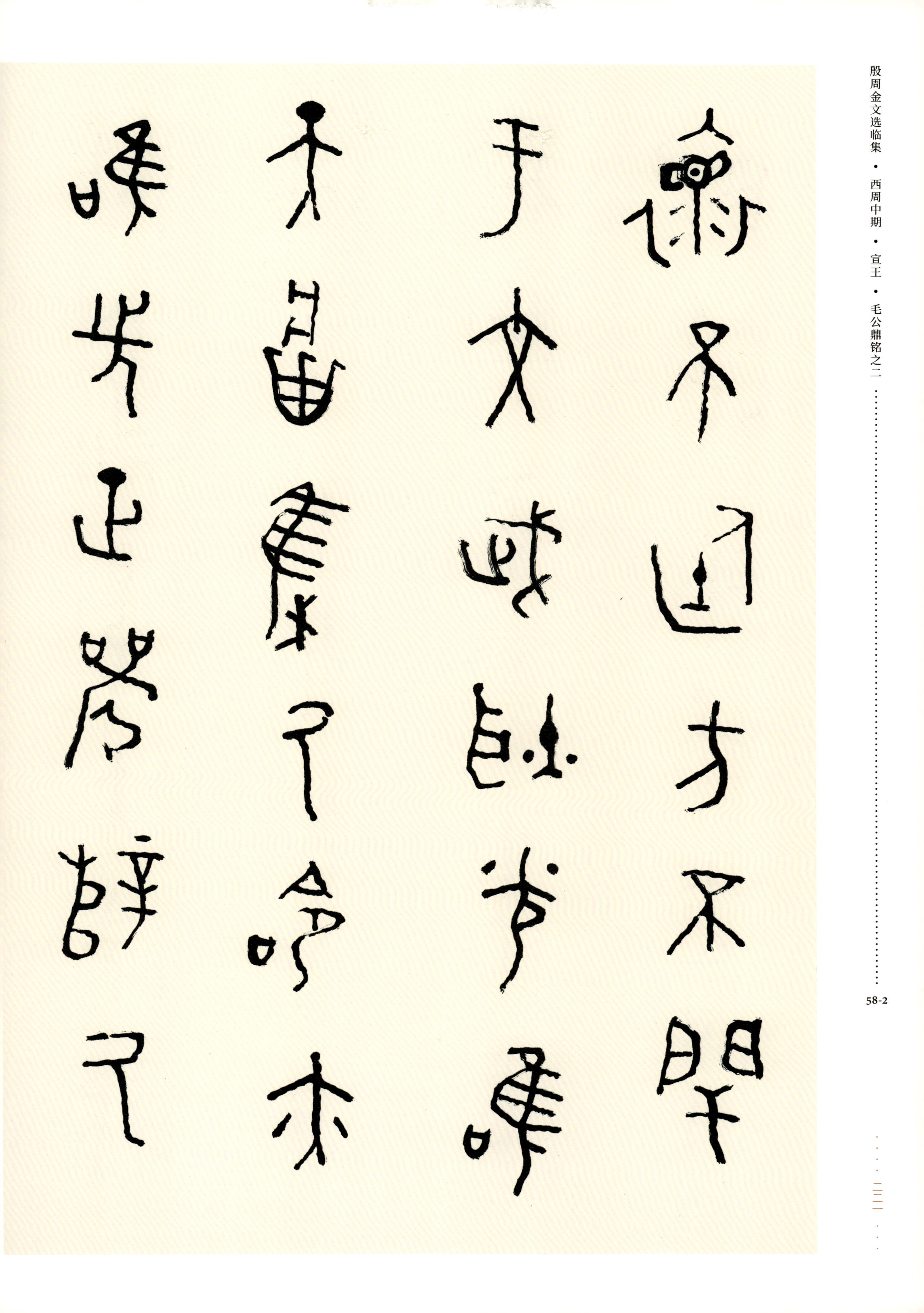

58-2

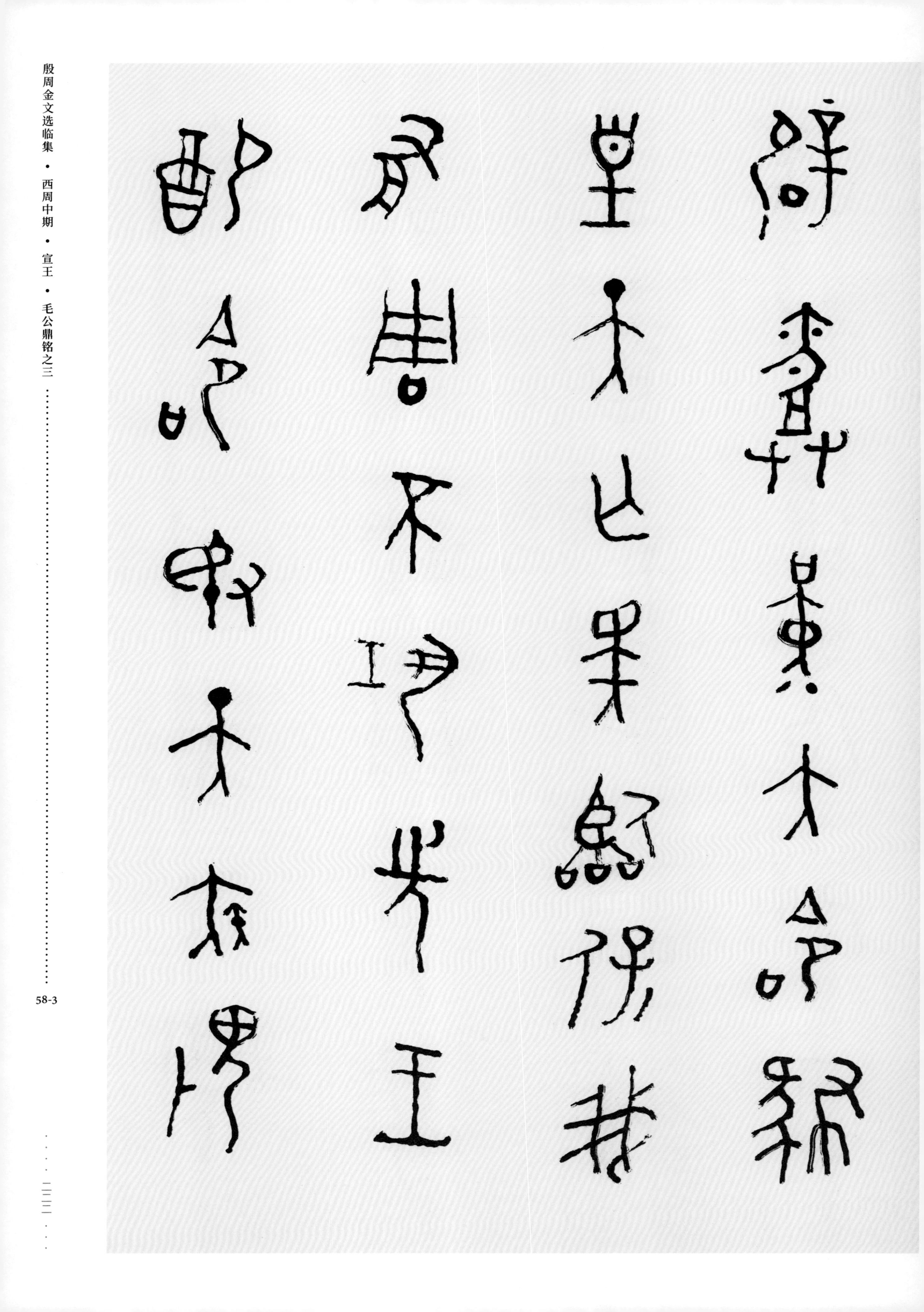

58-3

58-4

58-5

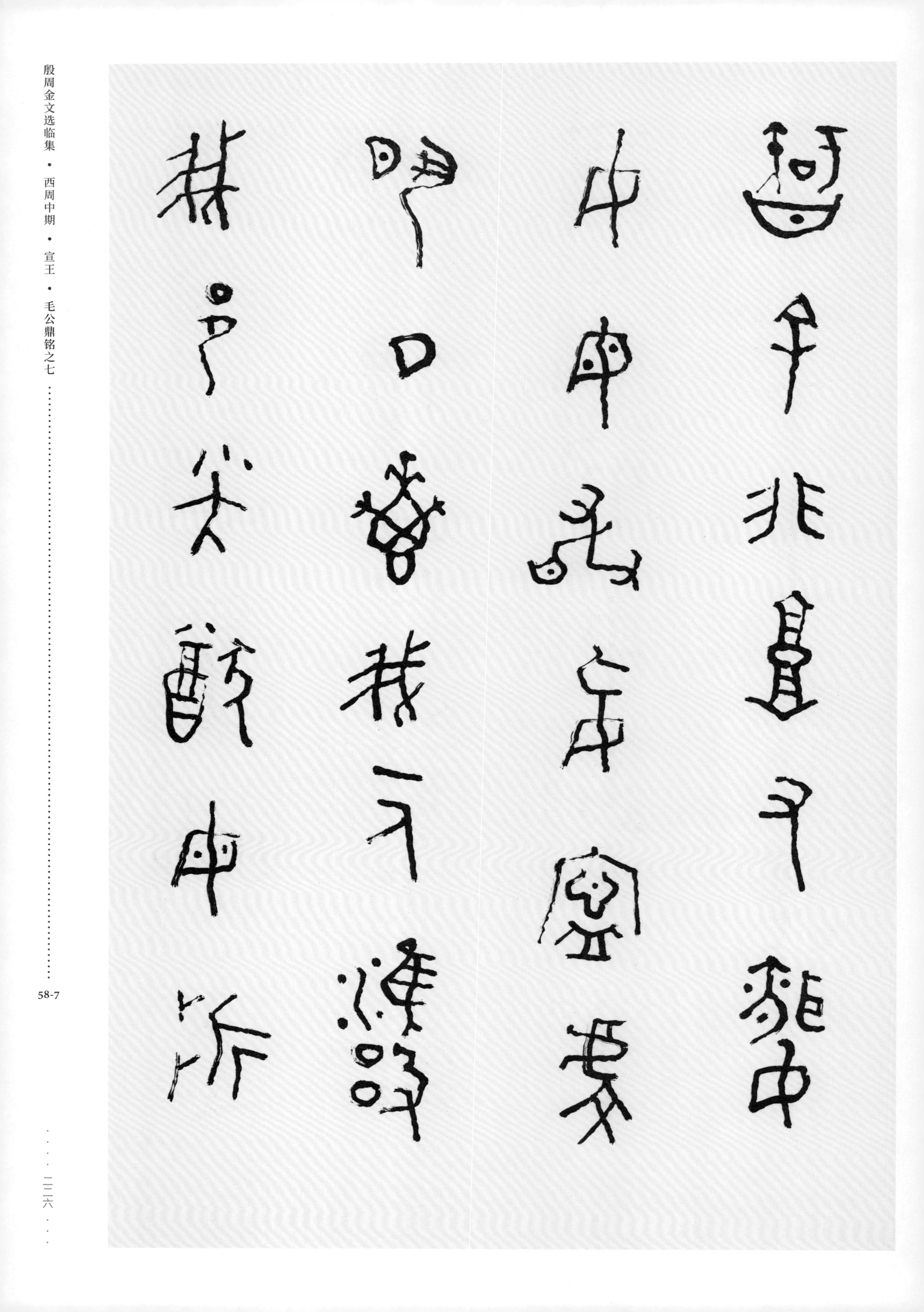

58-7

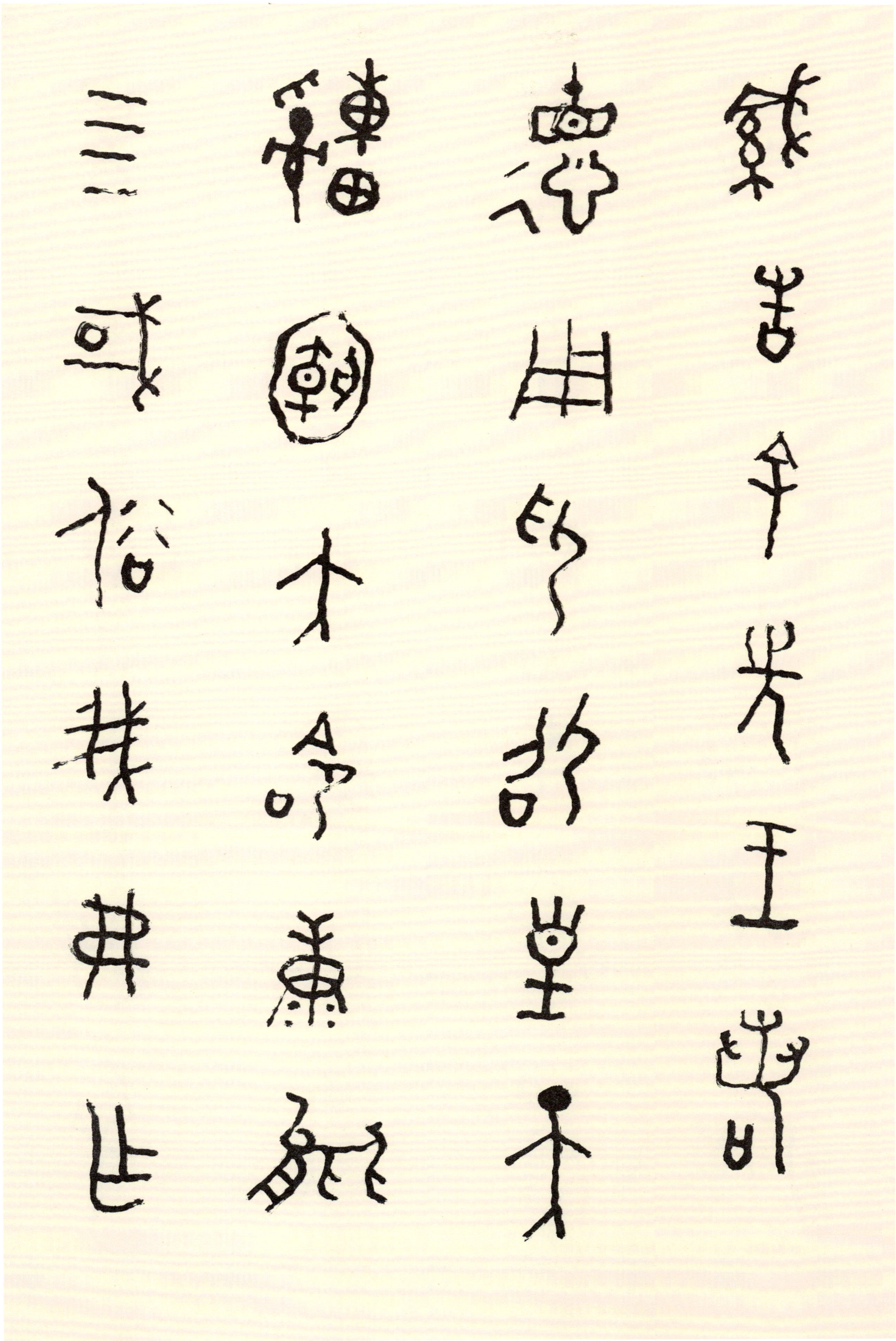

緘告余先王若
德用卬卲皇天
緟恪大命康能
亖或俗我弗乍

58-9

58-10

58-11

58-12

女毋弗帥用先王

作明井俗女弗以

乃辟圅于艱王曰

父厝已曰及茲

58-15

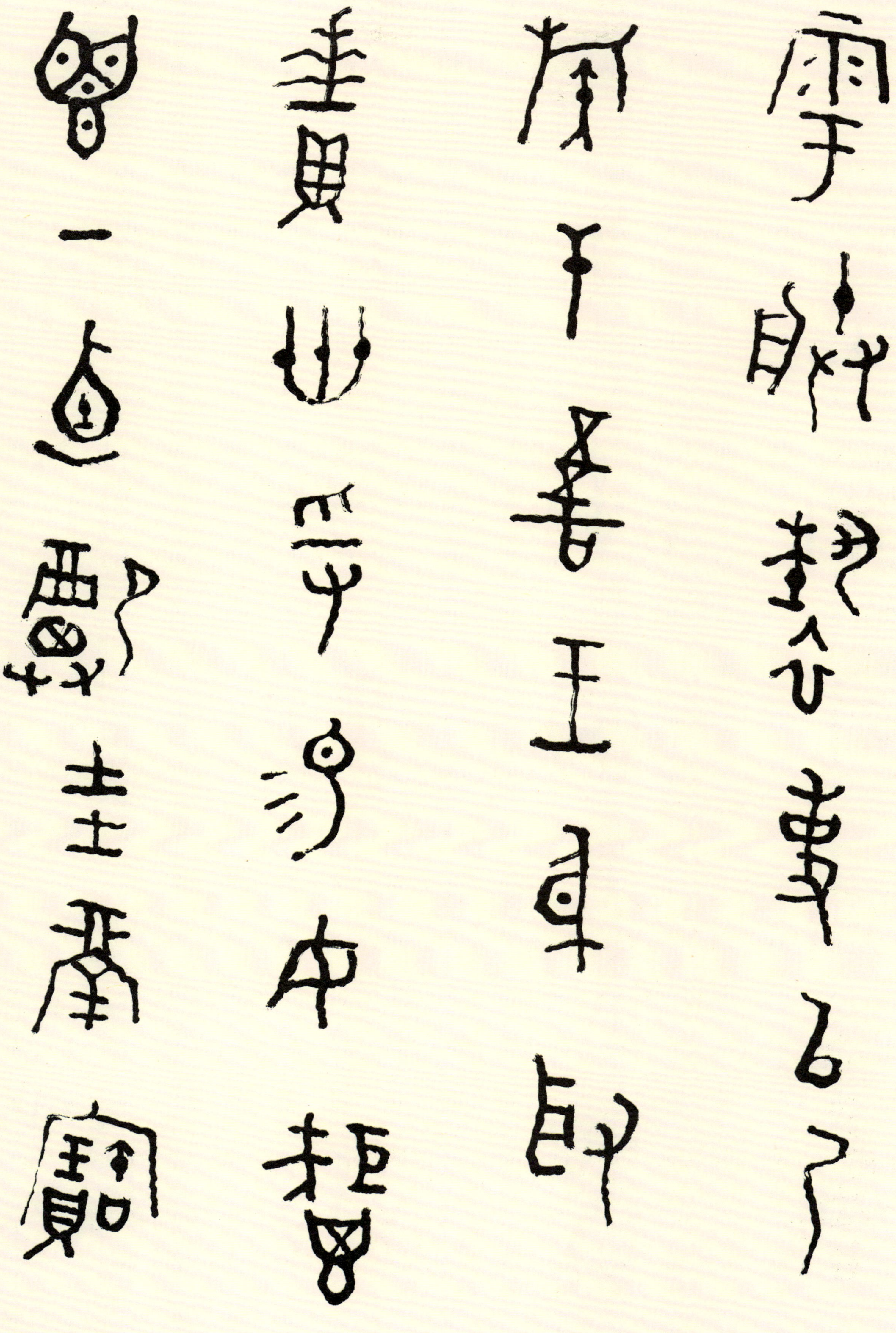

58-16

58-17

58-18

58-19

皇休用乍尊

鼎子子孫孫永

寶用

臨毛公鼎銘

庚子嘉平月吴鈍二

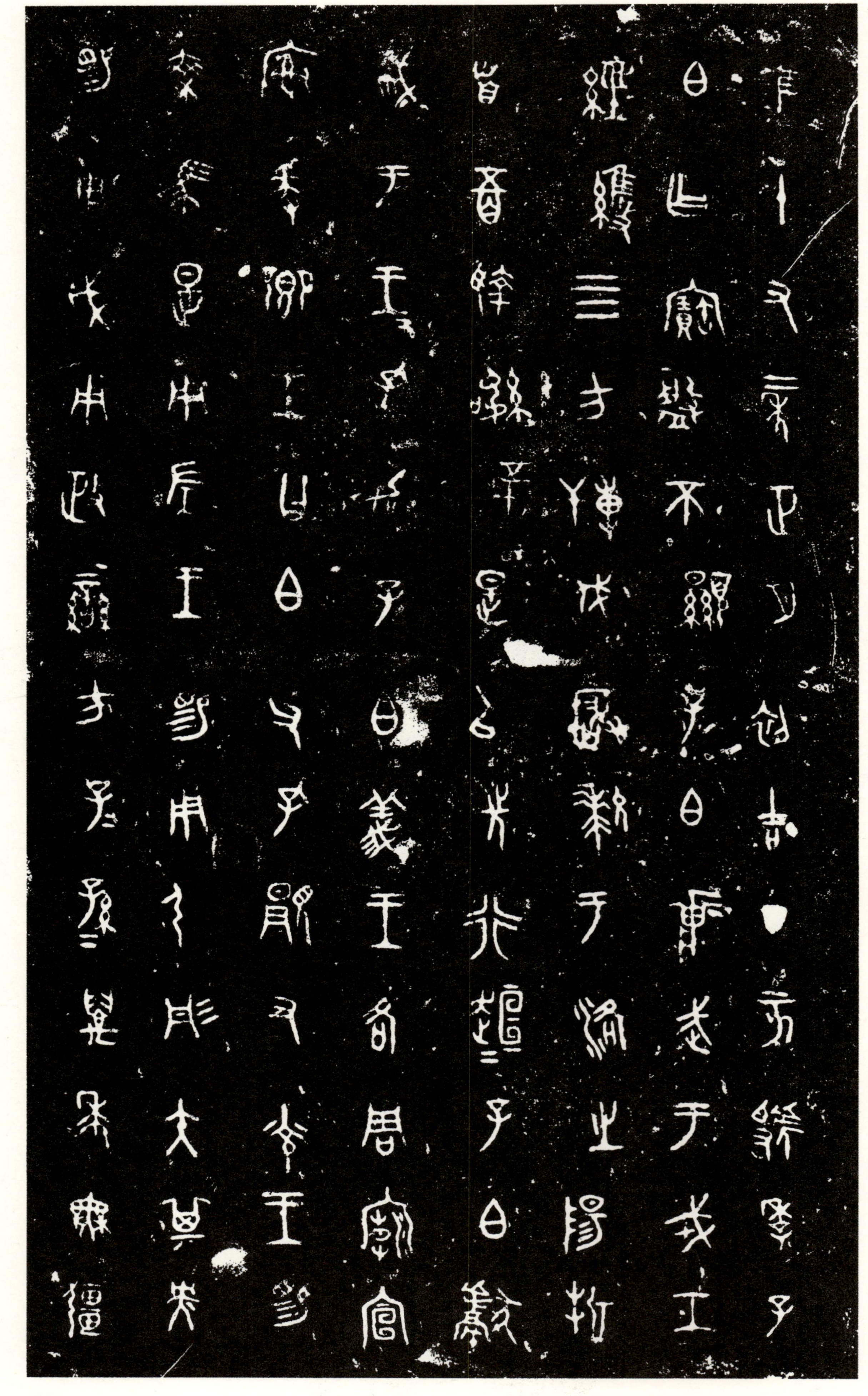

释文

隹（唯）十又二年正月初吉丁亥，虢季子白乍（作）宝盘。不（丕）显子白，壮武于戎工（功），经緌（维）四方。博（搏）伐厰（玁）執（狁），于洛之阳。折首五百，执讯五十，是以先行。趄（桓）趄（桓）子白，献聝于王。王孔加子白义，王各（格）周庙宣榭爰乡（飨）。王曰："白（伯）父，孔覭又（有）光。"王賜（赐）乘马，是用左（佐）王；賜（赐）用弓彤矢，其央；賜（赐）用戉（钺），用政（征）蠻（蛮）方。子子孙孙，万年无疆。

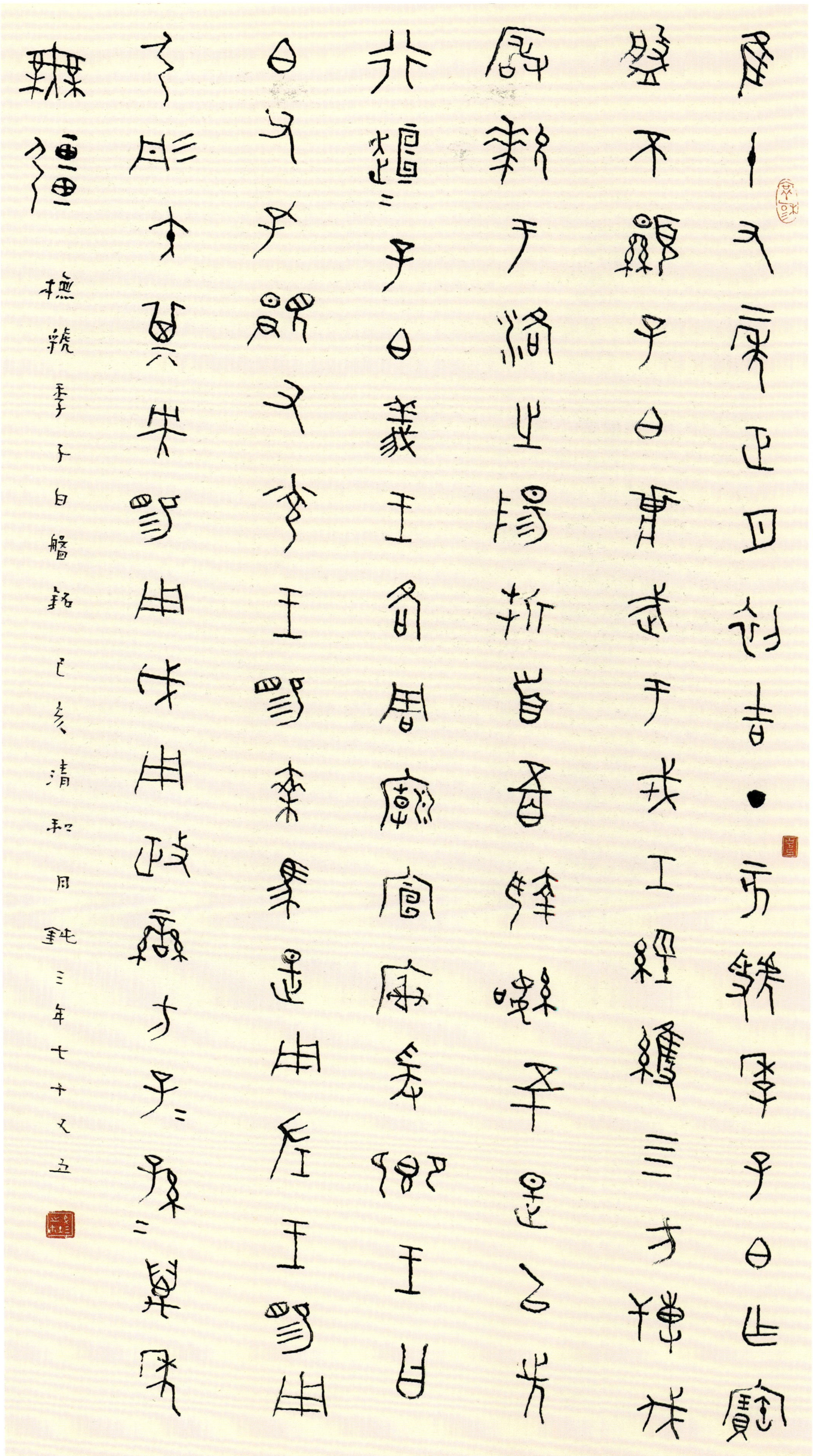

隹十又二年正月初吉丁亥虢季子白乍寶盤丕顯子白壯武于戎工經維四方搏伐玁狁于洛之陽折首五百執訊五十是以先行桓桓子白獻馘于王王孔加子白義王各周廟宣榭爰饗王曰白父孔顯又光王賜乘馬是用左王賜用弓彤矢其央賜用戉用政蠻方子子孫孫萬年無疆

橅虢季子白盤銘 己亥清和月 鈍三年七十又五

释文

虢季氏子緅（组）乍簋，其万年无疆，子子孙孙永宝用亯（享）。

臨虢季氏子組簋銘 乇

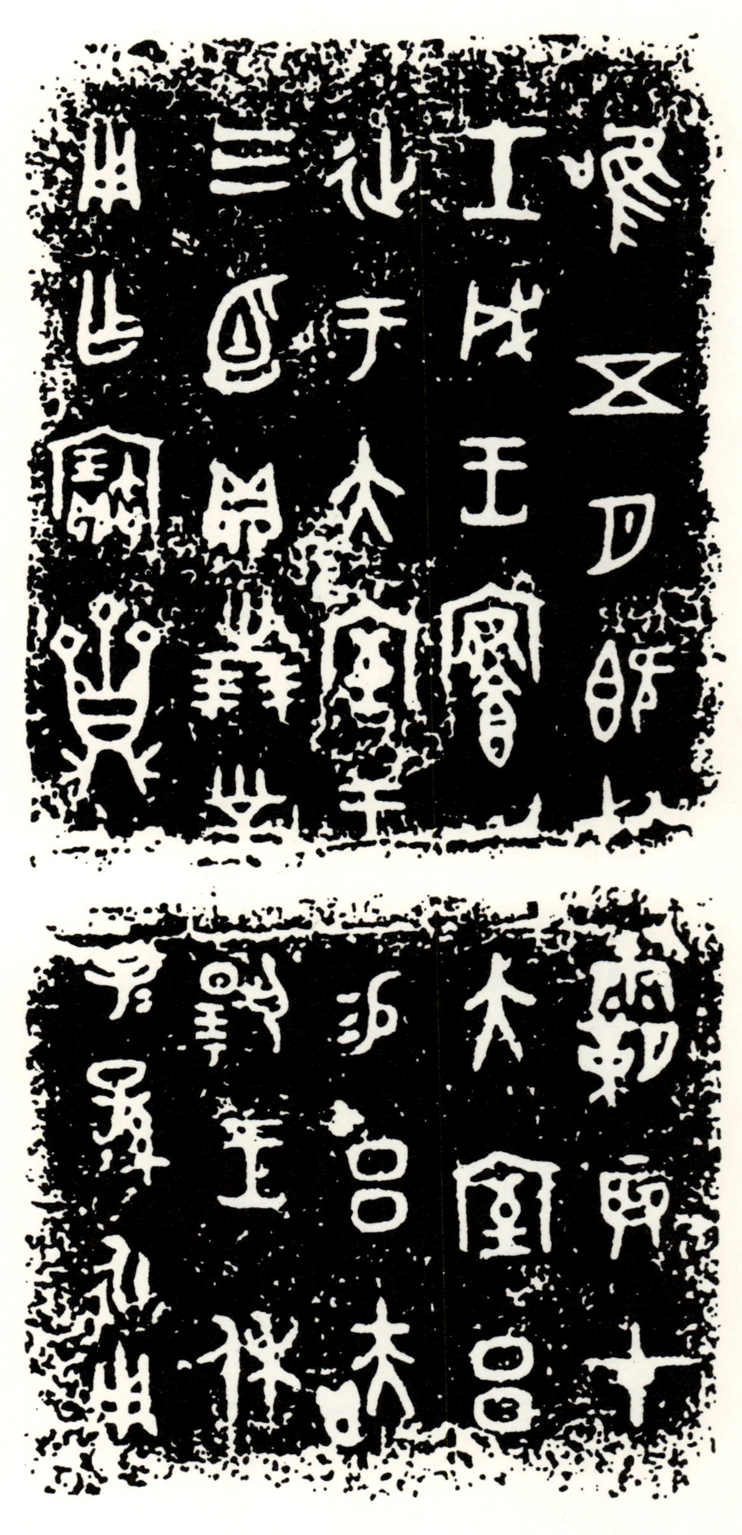

释文

唯五月既死霸辰才（在）壬戌王餈（于）大室，吕 征（延）于大室王易（赐）吕鬯三卣，貝卅朋。對覭（扬）王休，用乍（作）宝鼒，子子孙永用。

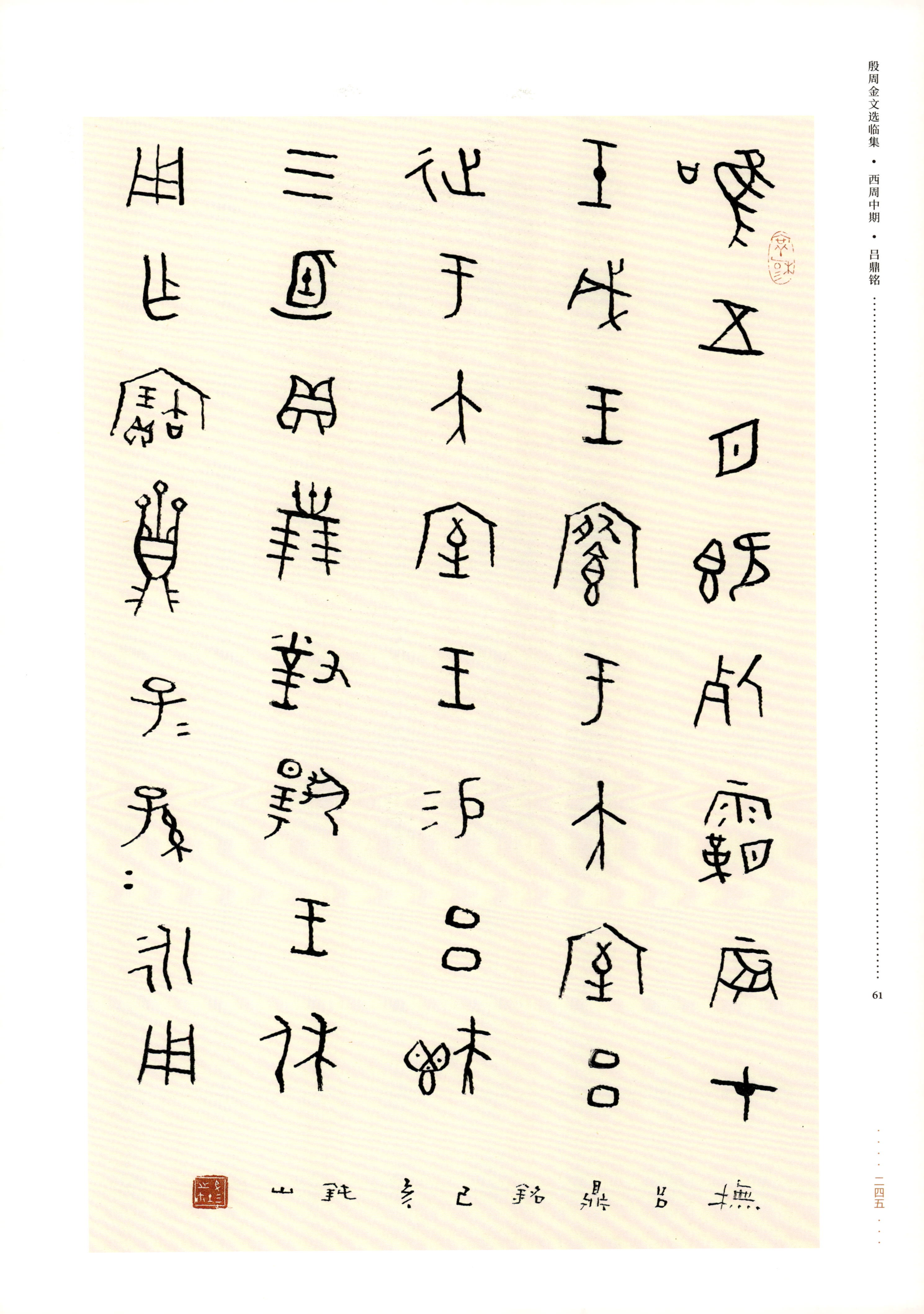

撫呂鼎銘己亥鈍山

释文

隹（唯）八月初吉壬午，井（邢）南白（伯）乍鄭季姚好尊簋，其迈（万）年子子孙孙永宝，日用享考（孝）。

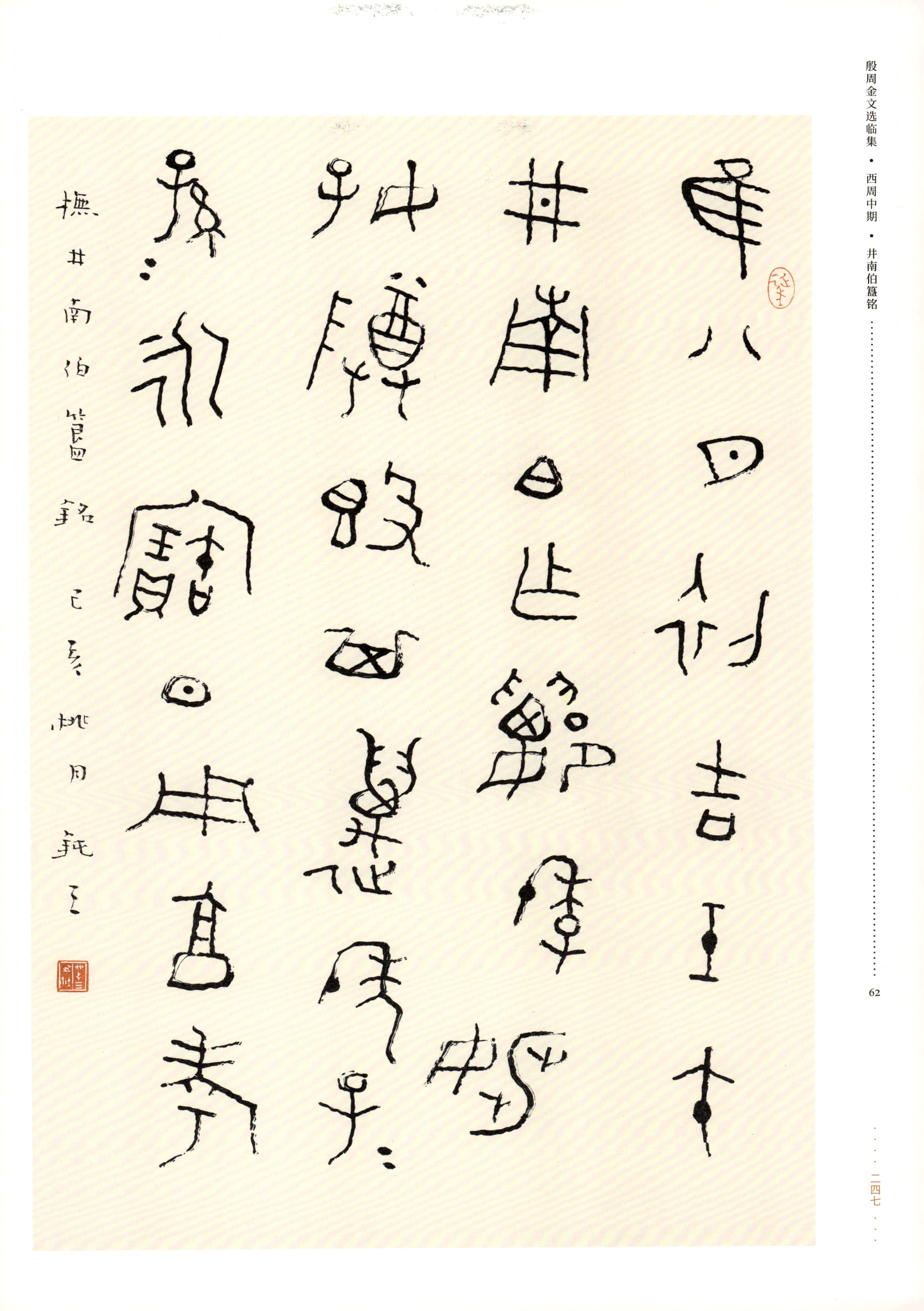

撫井南伯簋銘 己亥桃月鈍之

释文

隹（唯）七年十月既生霸，王才（在）周般宫。旦，王各（格）大室。井白（伯）入右趞曹，立（位）中廷，北卿（乡），易（赐）趞曹载市、絅黄（衡）、䜌。趞曹稽首敢对扬天子休，用乍（作）宝鼎，用卿（飨）倗（朋）友。

撫七年趞曹鼎銘 乙亥立夏 七三

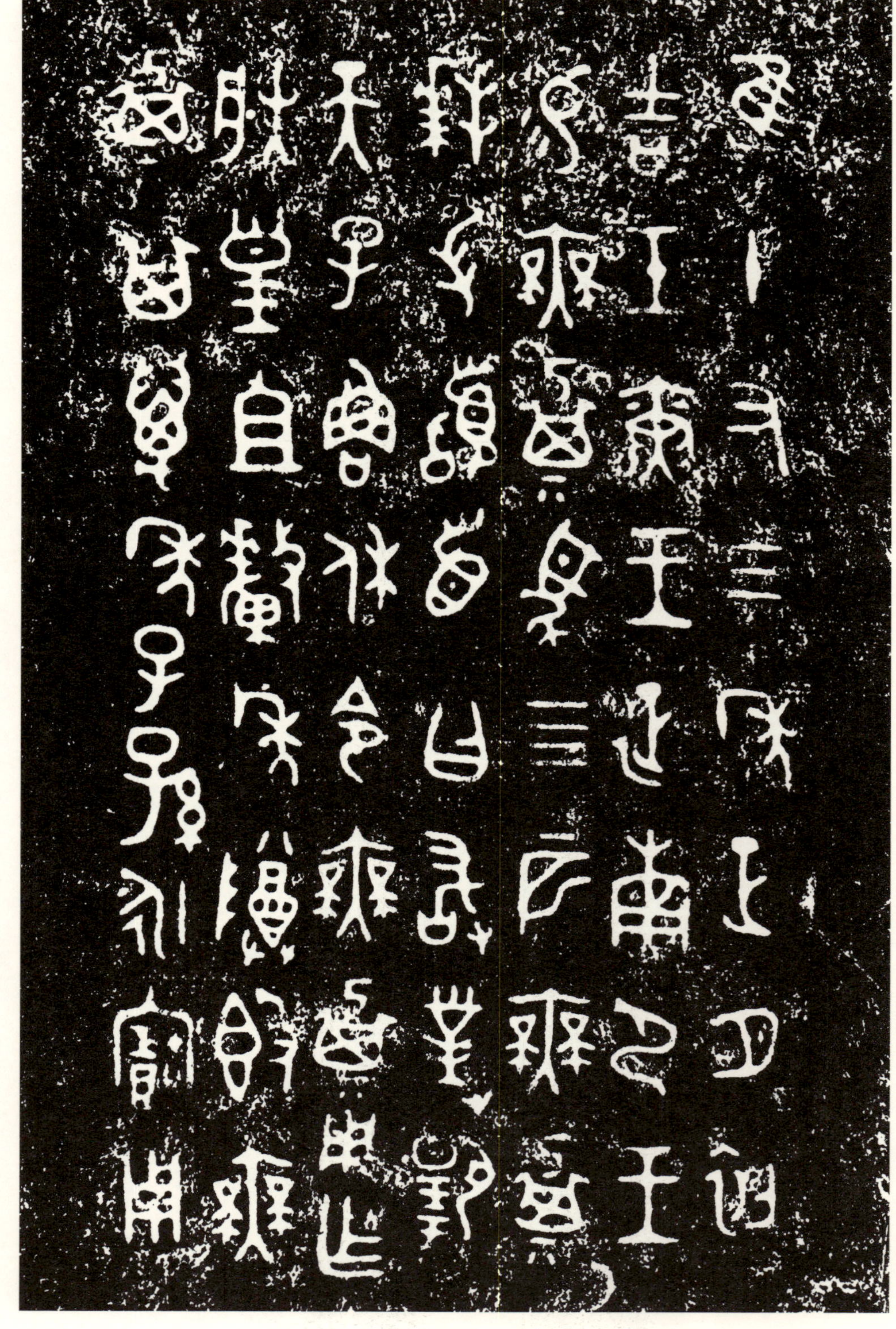

释文

隹（唯）十又三年正月初吉壬寅，王征南尸（夷），王易（赐）无曩马四匹。无曩拜手韻（稽）首，曰：敢对扬天子鲁休令。无曩用乍（作）朕皇且（祖）釐季尊簋。无曩其万年子孙永宝用。

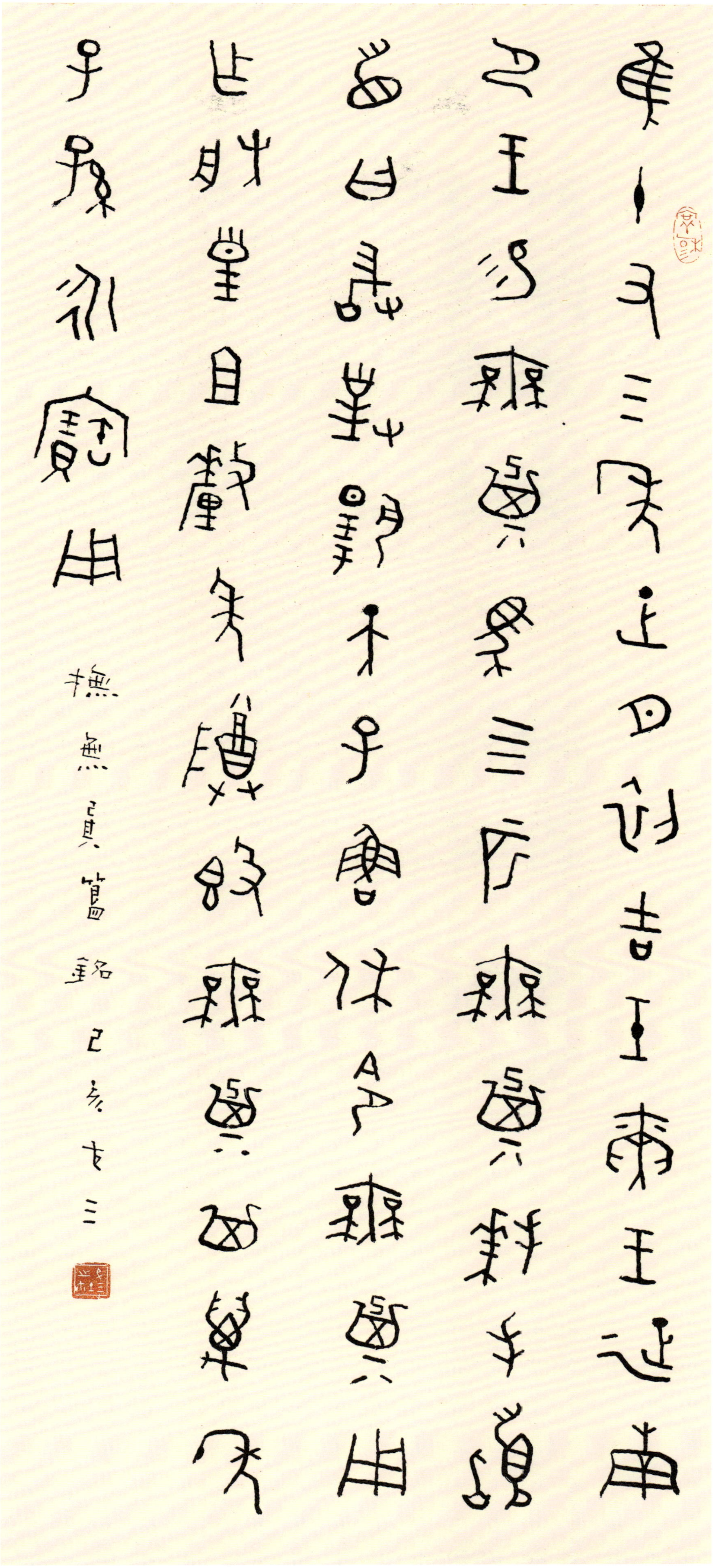

隹十又三年正月初吉壬寅王征南
尸王易無㠱馬四匹無㠱拜手稽
首曰敢對揚天子魯休令無㠱用
乍朕皇且釐季尊簋無㠱其萬年
子孫永寶用

撫無㠱簋銘 己亥 七三

释文

隹（唯）三月初吉，格伯乍（作）晋姬宝簋，子子孙孙其永宝用。

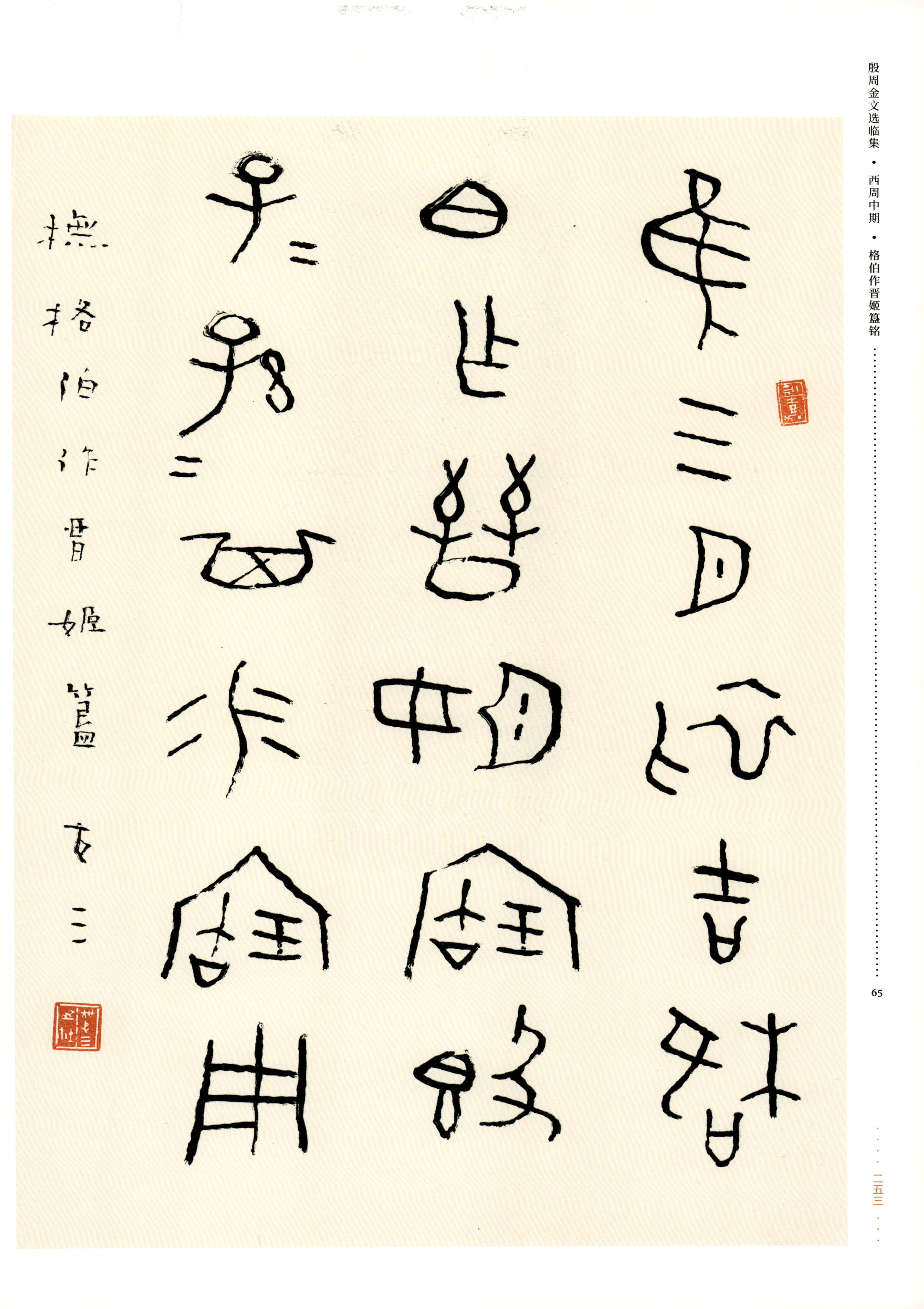

橅格伯作晋姬簋 友三

释文

荣子旅乍（作）且（祖）乙宝彝，子孙永宝。

橅榮子旅作且乙甗銘 吴飞三

释文

隹（唯）正月初吉丁亥，王各（格）于康宫，仲倗父内（入）又（右）楚，立中廷。内史尹氏册命楚赤雝市（韍）、綠（銮）旂，取遄五寽，嗣弁（芳）啚（鄙）官内师舟。楚敢捧拜手韻（稽）首，疐扬天子不（丕）显休，用乍（作）尊簋，其子子孙孙万年永宝用。

释文

叔䵼父乍（作）䧹姬旅簋。其夙夜用享孝于皇君，其万年永宝用。

撫叔噩父簋銘 屯山

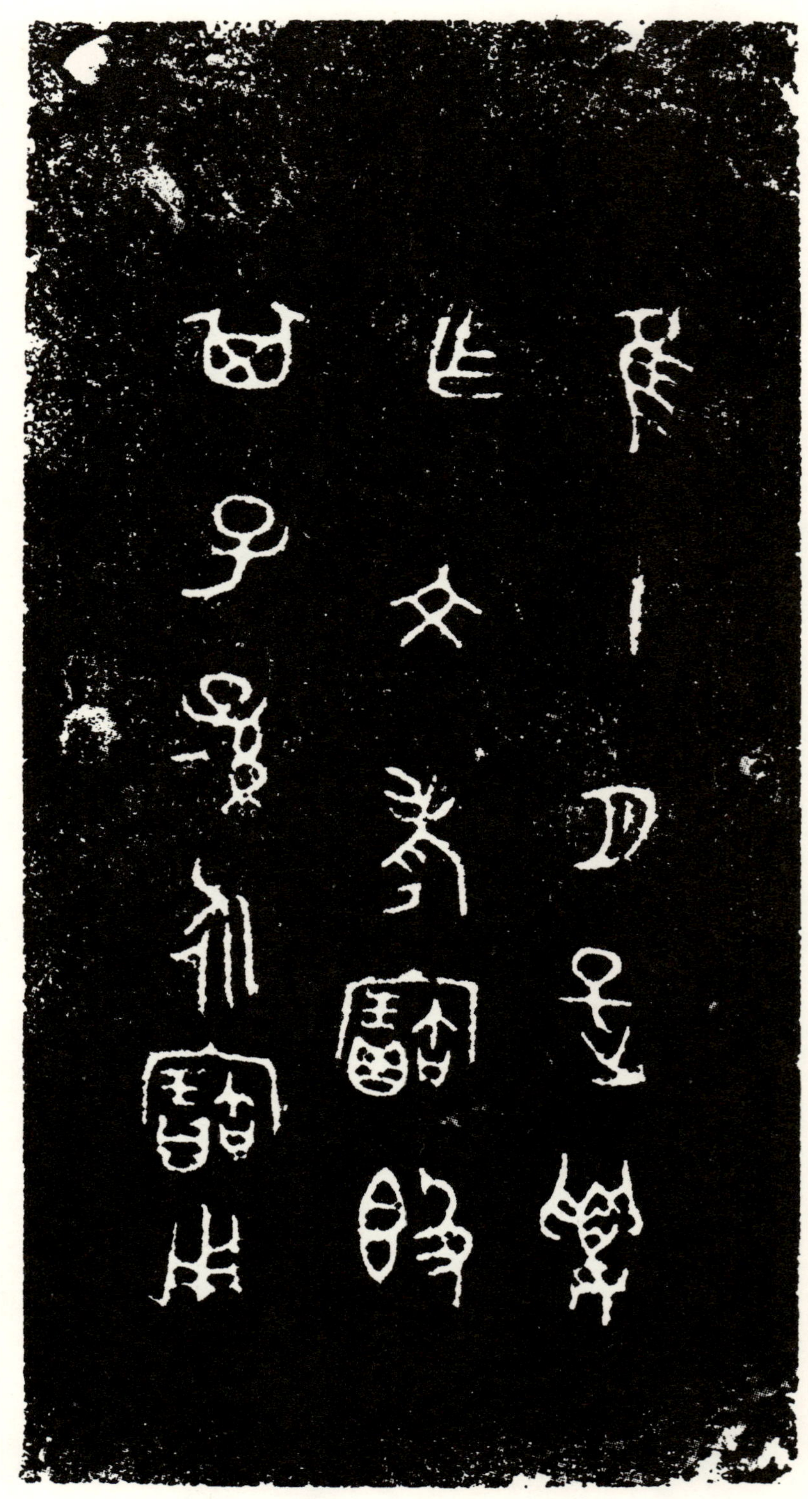

释文

隹（唯）十月，是要乍（作）文考宝簋，其子孙永宝用。

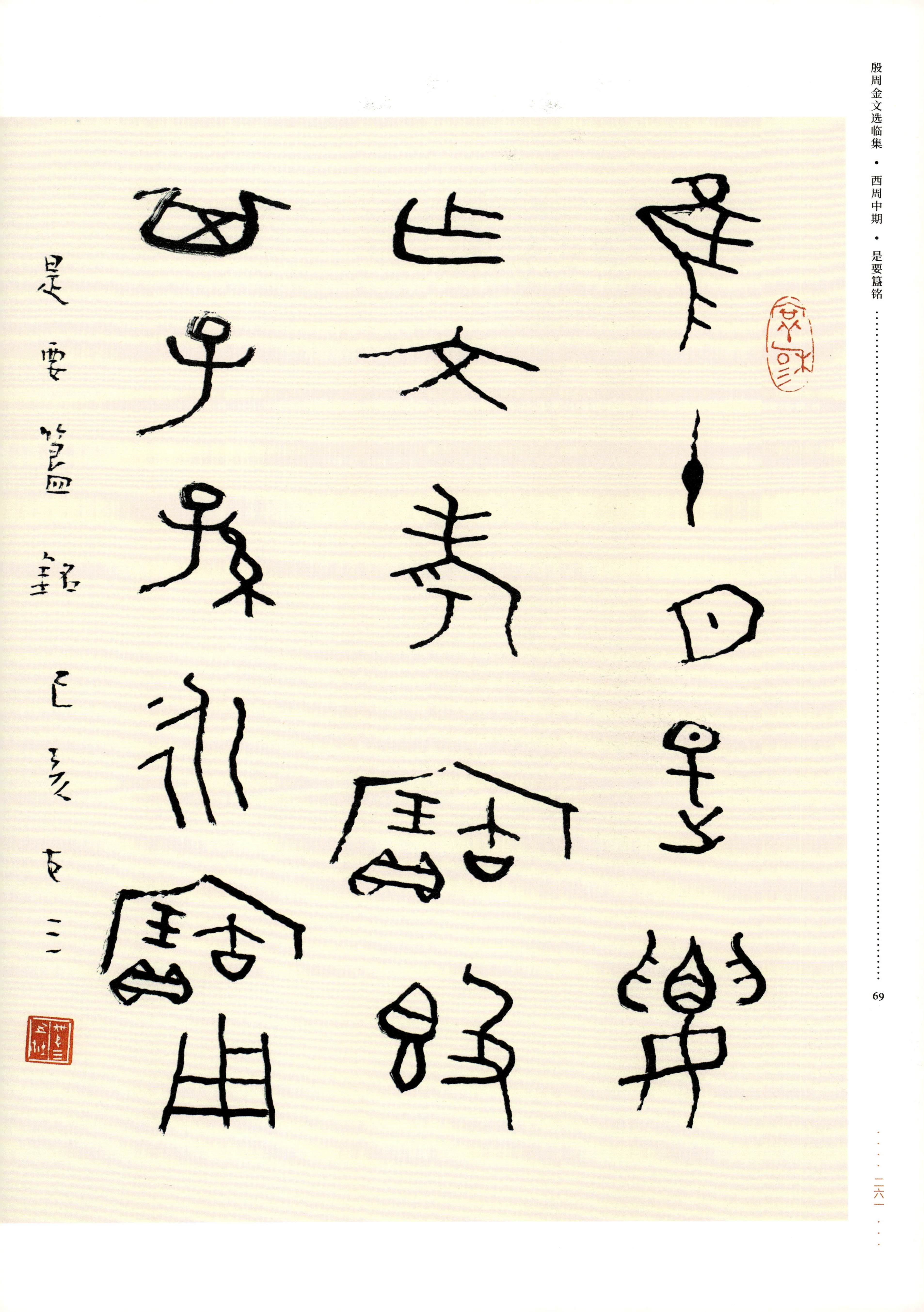

是要簋铭 己亥 吉三

释文

唯九月初吉庚午，公叔初见（觐）于卫，贤从，公命事，晦贤百晦（亩）䊀，用乍（作）宝彝。

橅賢簋銘 己亥新正十三

毛 公 鼎

西周晚期

释文

散车父乍（作）□姞饙簋，其万年子子孙永宝。

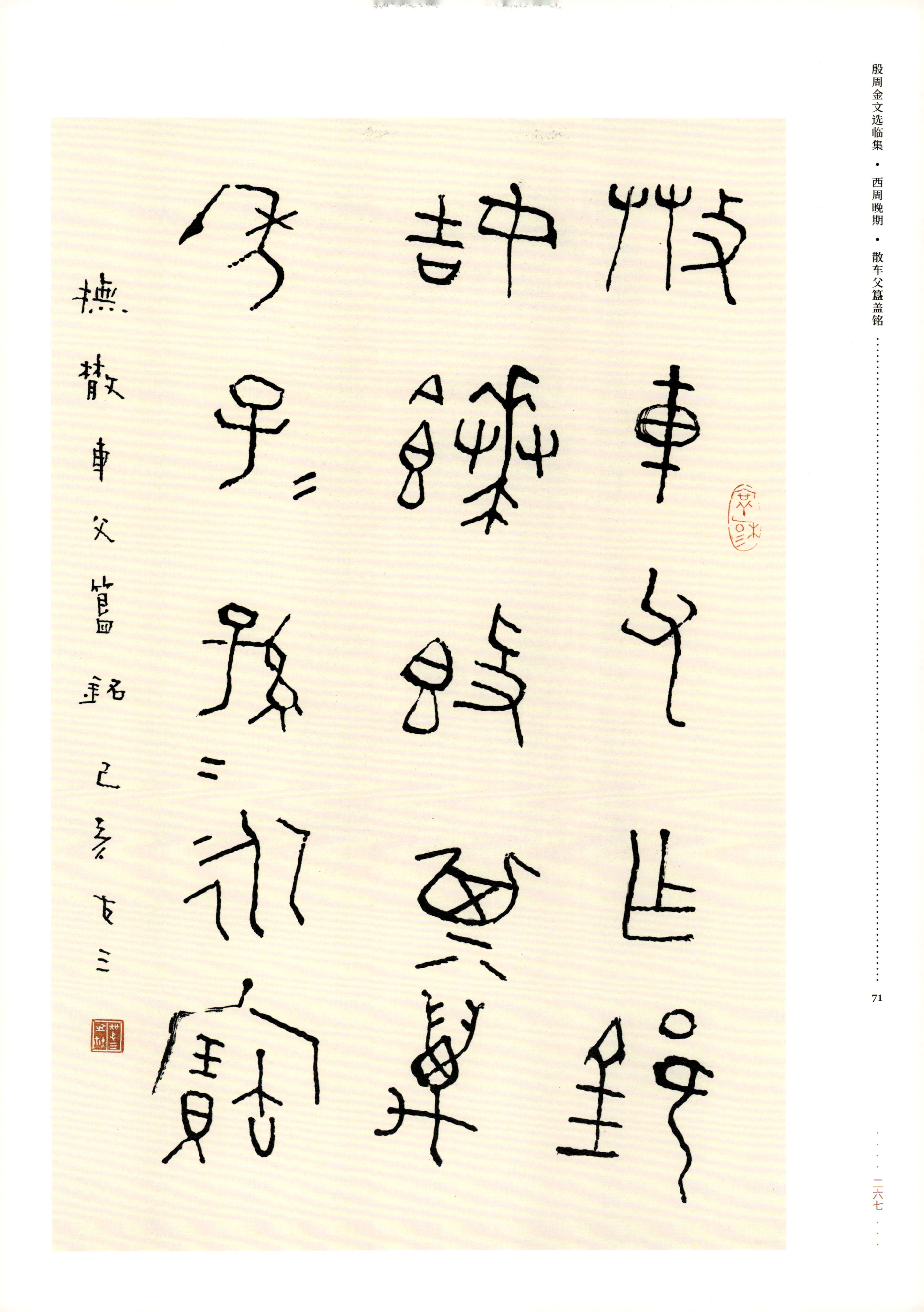

撫散車父簋銘 己亥 友三

释文

弔（叔）䟿父乍（作）朕文母剌（烈）考尊簋，子孙永宝用。

臨叔㱿父簋銘 長三

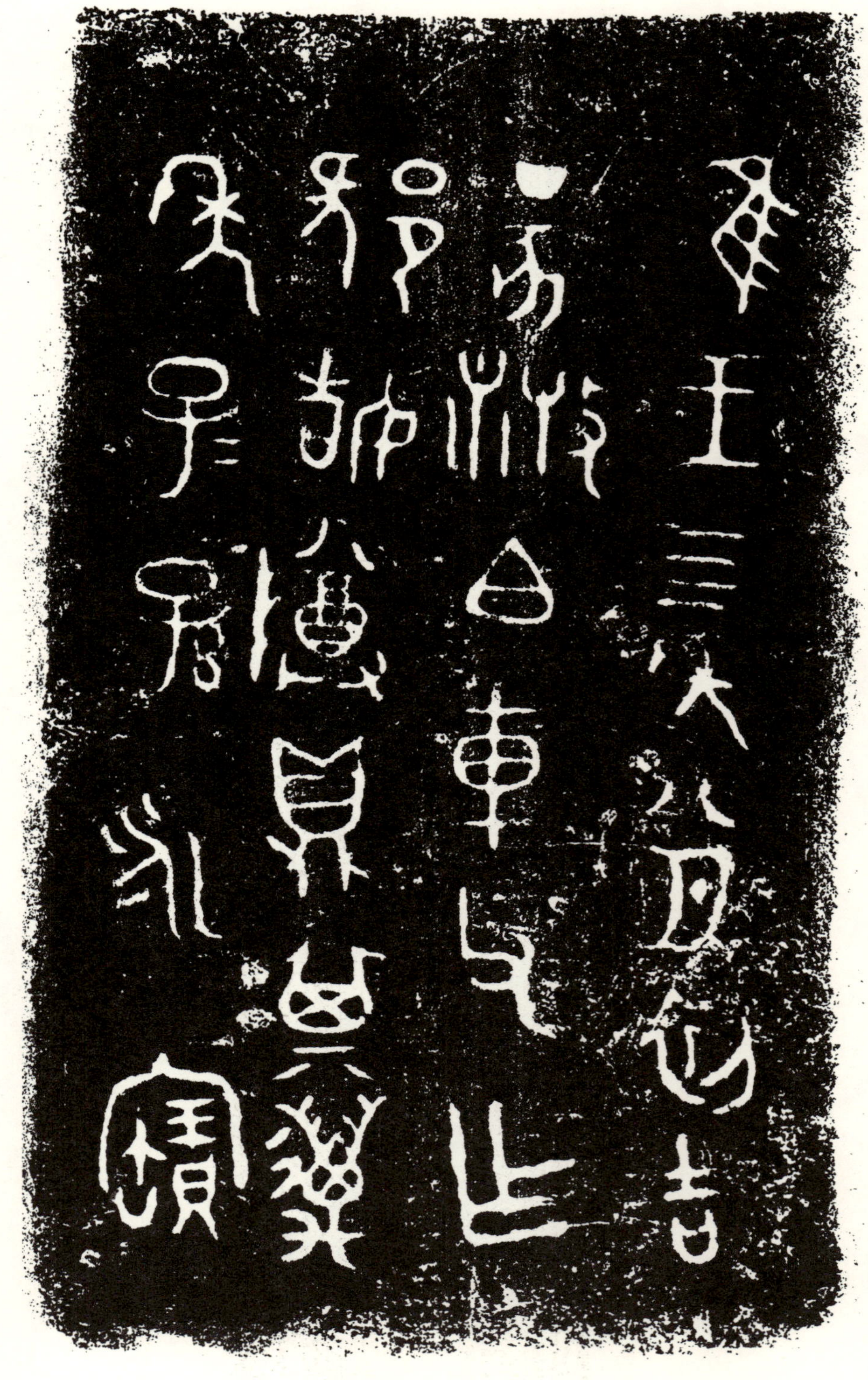

释文

隹（唯）王四年八月初吉丁亥。㪚（散）白（伯）車父乍（作）邪姞障鼎。其僃（万）年子子孙孙永宝。

隹王亖年八月初吉
丁亥散白車父乍
井姞尊鼎其萬
年子=孫=永寶

撫
伯車文鼎銘 庚子 鈍之

释文

隹九月初吉甲寅，尹弔（叔）命射嗣賓，乃事东逴其工，乃事述。遣念于帝君子兴，用天尹之寵，弋穫射曆，易余金。用乍朕皇考隮壶，其徧（万）年子子孙孙用宝用。

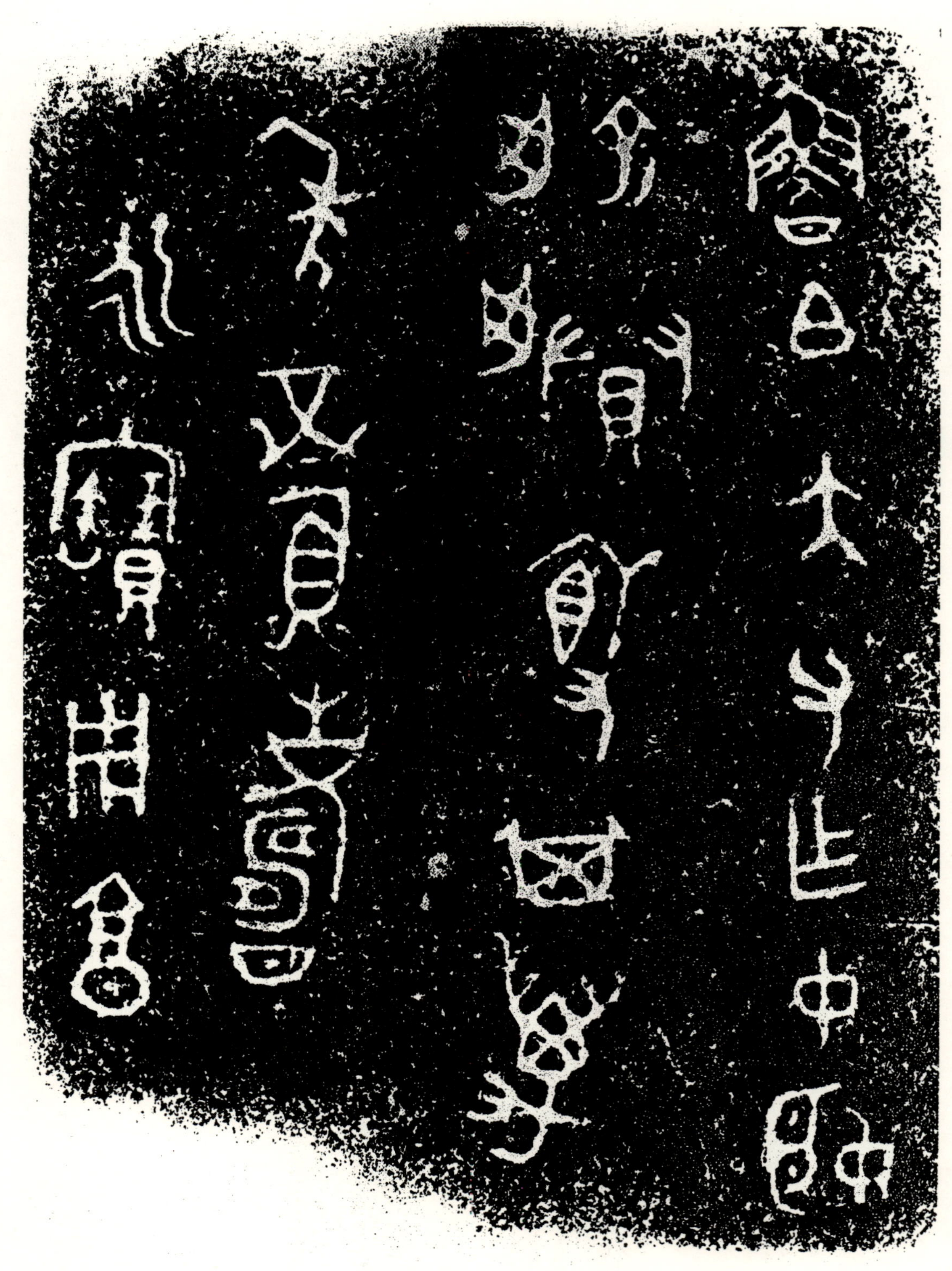

释文

鲁白（伯）大父乍（作）中（仲）姬俞賸（媵）簋，其万年眉寿永宝永亯（享）。

橅鲁伯大父簋铭

庚子

钝三

释文

函（函）皇父乍（作）琱（周）娟（妘）般（盘）盉障（尊）器簋具，自豕鼎降十又日簋八，两（罍）、两鍑（壶），琱（周）娟其迈（万）年子子孙孙永宝用。

橅函皇父簋蓋銘　庚子嘉平月吳鈍三書

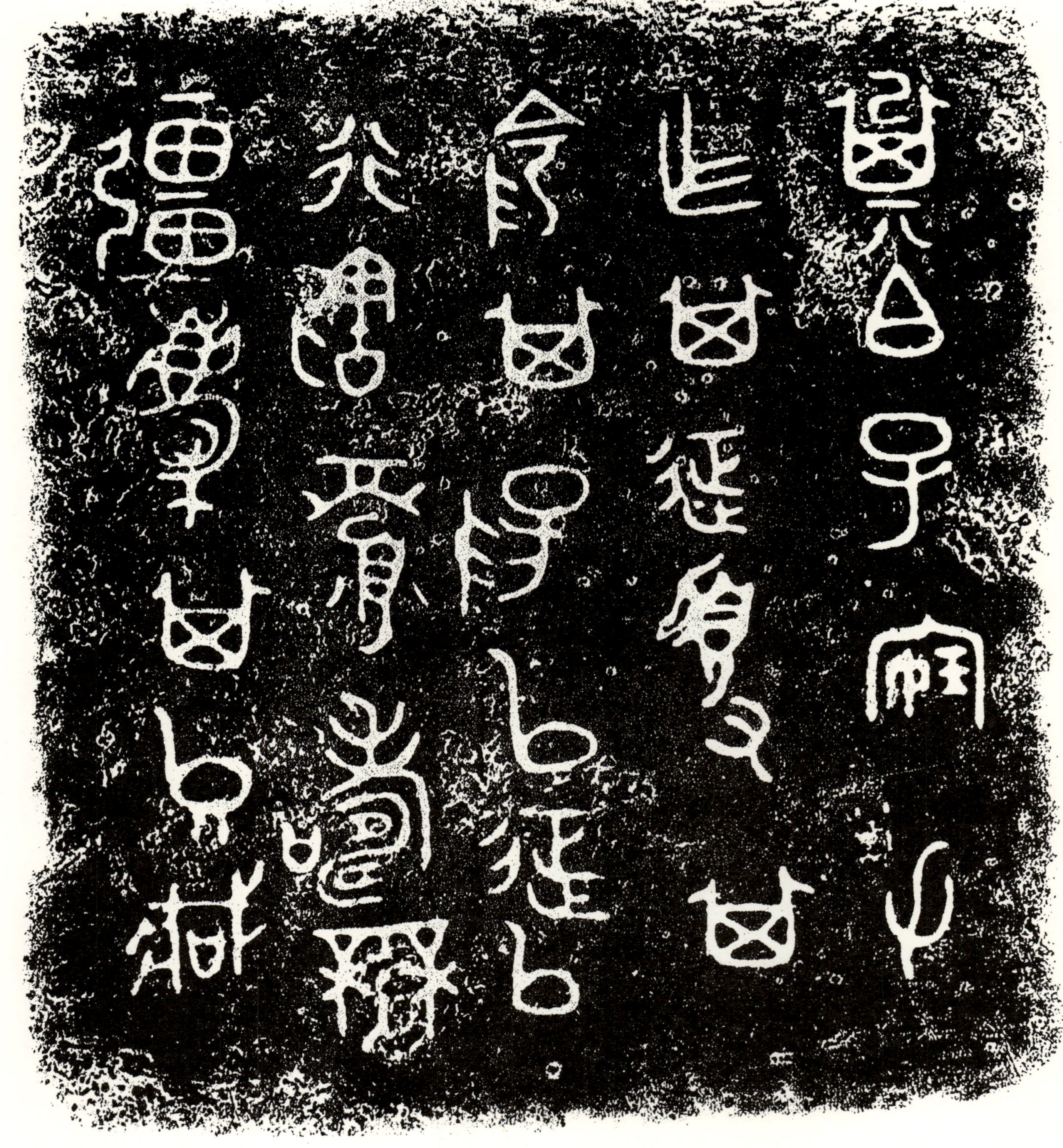

释文

曩（纪）白（伯）子庭父乍其延（征）盨，其阴其阳，以延（征）以行，割（匄）眉寿无疆，庆其允臧。

曩伯子庭父作其征盨其阴其阳以征以行割眉寿无疆庆其以臧

橅曩伯子庭父盨铭 庚子 钝三

释文

史颂乍（作）鉇（匜），其万年子子孙孙永宝用。

臨史頌匜銘 鈍三

释文

虢季氏子緵（组）乍（作）簋，其万年无彊（疆），子子孙孙永宝用亯（享）。

橅虢季氏子組簋蓋銘　寅下月　榴釓三

释文

鲁白（伯）大父乍（作）中（仲）姬俞賸（媵）簋，其万年眉寿永宝用亯（享）。

橅魯伯大父簋銘 庚子 鈍三

释文

雍乍（作）母乙尊鼎，其万年子孙孙永宝用。

臨雝母乙鼎銘 己亥 友三

释文

譱（膳）夫吉父乍（作）盂，其偶（万）年子子孙孙永宝用。

善夫吉父作盂其萬年子子孫孫永寶用

撫善夫吉父盂銘

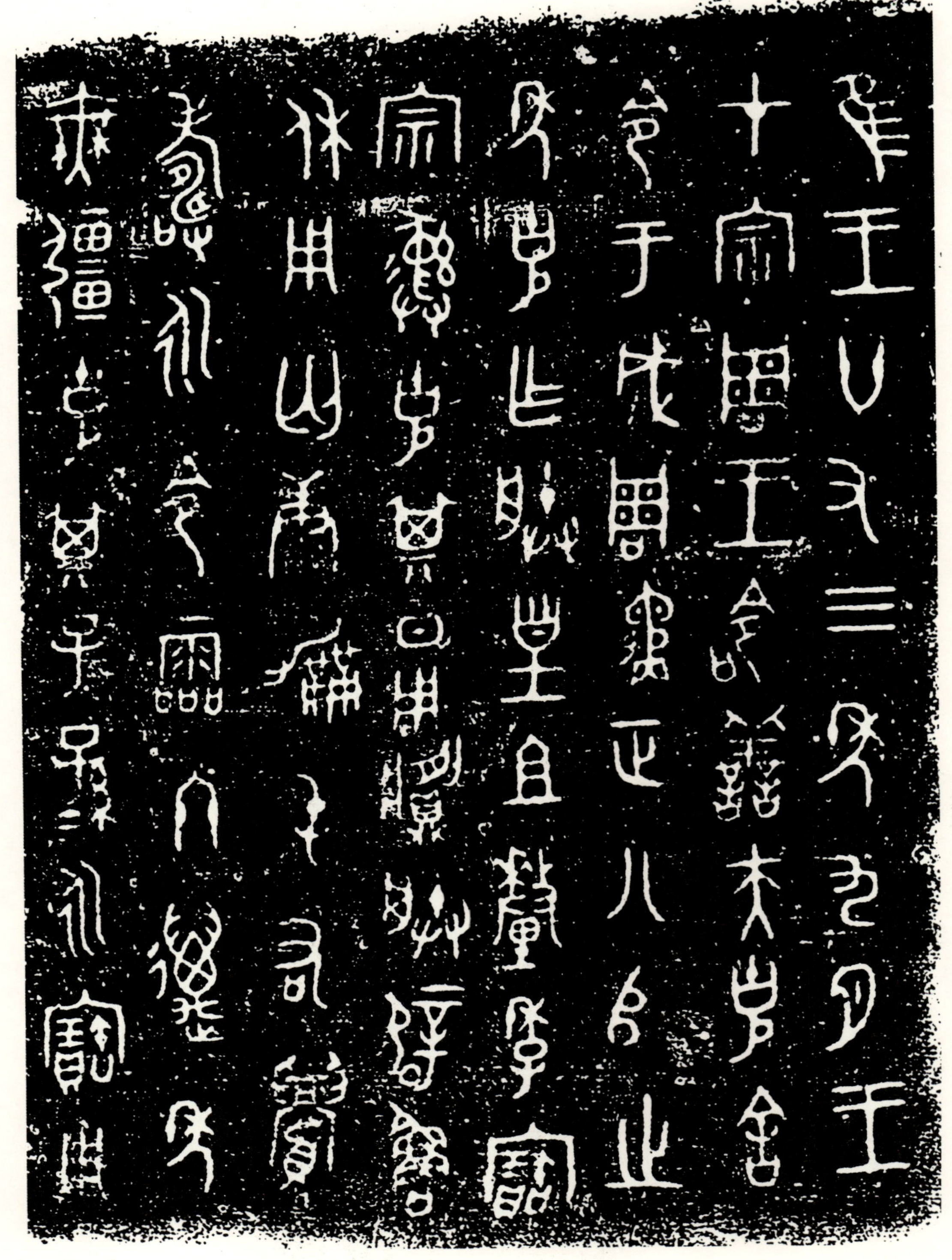

释文

隹（唯）王廿又三年九月，王才（在）宗周。王命善夫克舍令于成周遹正八𠂤（师）之年，克乍（作）朕皇且（祖）釐季宝宗彝。克其日用𩰫朕辟鲁休，用匃康勵屯（纯）右（佑），瀪（眉）寿永令灵终。迈（万）年无疆，克其子子孙孙永宝用。

隹王廿又三年九月王在宗周王命善夫

克舍令于成周遹正八師之年克乍朕

皇且釐季寶宗彝克其日用䵼朕

辟魯休用匄康勵屯右眉壽永令霝

冬萬年無疆克其子子孫孫永寶用

橅小克鼎銘　乙亥清和月吳鈍時年七十又五

83-1

隹王廿又三年九
月王才宗周王命
善夫克舍令于成

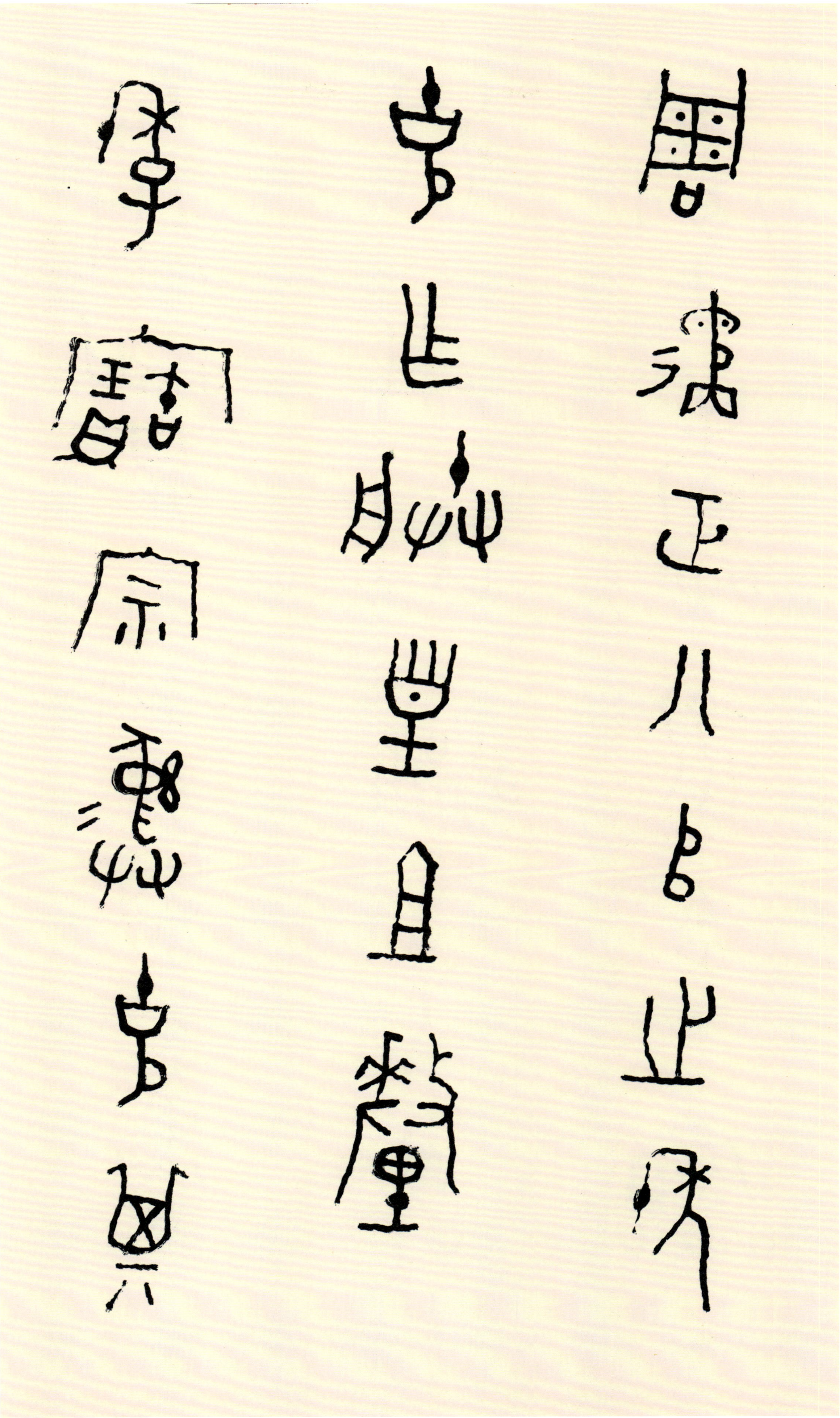

83-2

83-3

終萬年無疆克
其子子孫孫永寶用

臨小克鼎銘
庚子清和月 吳鈺之

释文

隹（唯）十又一月既生霸庚戌，奠（郑）虢中乍（作）宝簋，孙孙子子孙孙彶（及）永用。

85

释文

曼龏父乍（作）宝盨，用享孝宗室，其万年无疆，子子孙孙永宝用。

橅曼龏父盨銘 己亥桃月 鈍三

释文

杜白（伯）乍（作）宝盨，其用享孝于皇申（神）且（祖）考，于好倗（朋）友，用桒寿，匄永令，其万年永宝用。

杜伯作宝盨其用
享孝于皇神祖考于
好朋友用祈寿匄永
命其万年永宝用

橅杜伯盨铭 己亥新正 长三

小 克 鼎

春秋·战国·秦·汉时期

释文

隹（唯）正月初吉丁亥，长子□臣择其吉金，乍其子孟之母媵匿（簠），其眉寿万年无期，子子孙孙永保用之。

臨長子口臣簠銘 己亥屯三

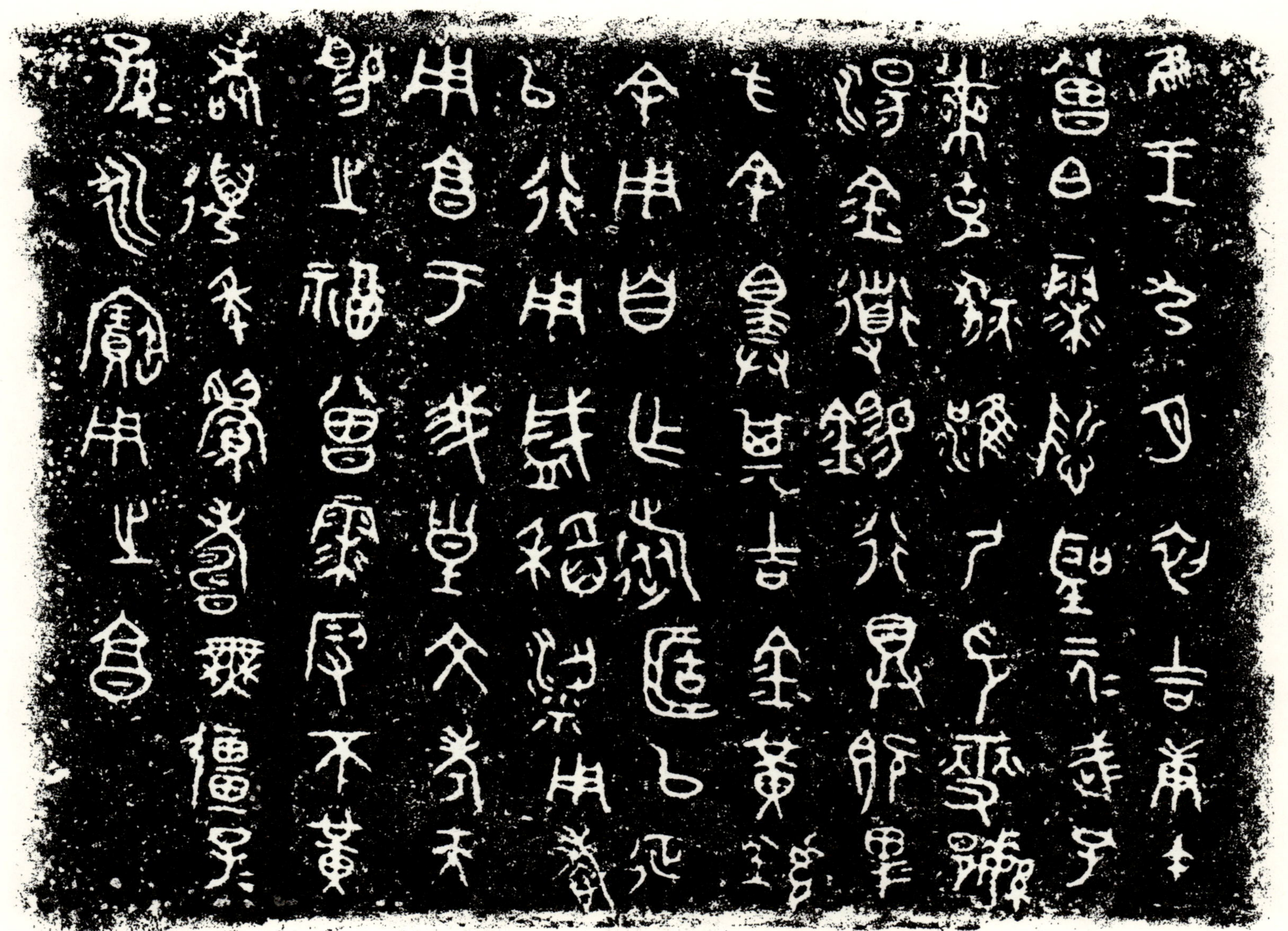

释文

隹王九月初吉庚午，曾白霥悊圣元武，元武孔黹（致），克狄（剔）淮尸（夷）、印（抑）燮繁汤、金道锡得、具（俱）既卑（俾）方（滂）。余择其吉金黄鏞，余用自乍（作）旅匿（簠），以征以行，用盛稻梁，用飬用享于我皇文考，天睗（賜）之福，曾霥叚（遐）不黄耇迈（万）年，釁（眉）寿无疆，子子孙孙永宝用之享。

撫上鄀府簠銘 辛丑清和月 鈍三

释文

杞白（伯）每亡乍（作）鼄（邾）媸宝簋，子子孙孙永宝用享。

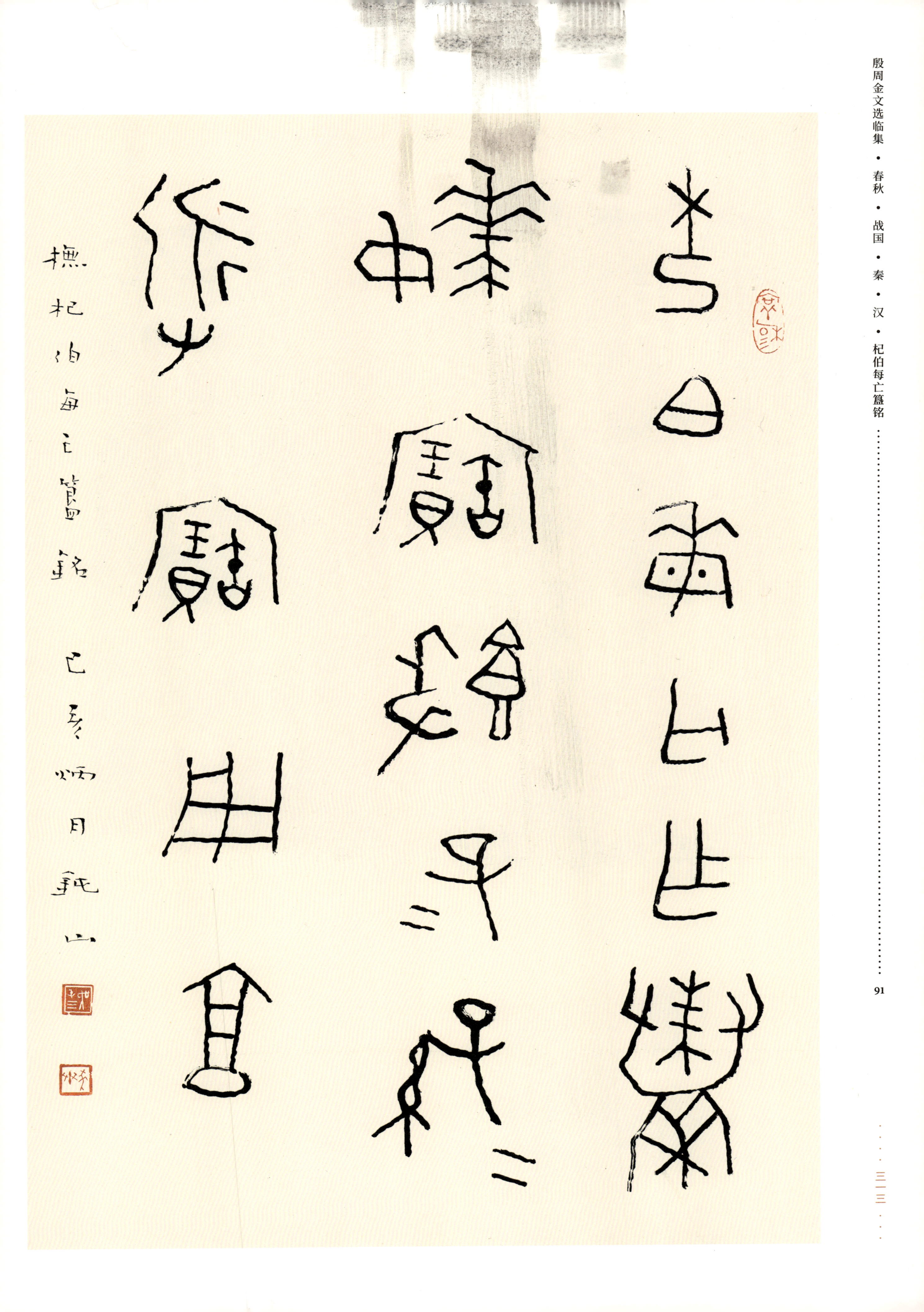

撫杞伯每亡簋銘

己亥炳月鈍山

释文

宋牆（庄）公之孙趞亥自乍（作）会膾鼎，子子孙孙永寿用之。

宋莊公之孫
趣亥自乍會
鼎子=孫=永壽
用之

撫趣亥鼎銘
庚子榴月鈍三

释文

隹（唯）正月初吉丁亥，黄孙须颈子白（伯）亚臣，自乍𬭚，用政（征），用祈眉寿，万年无疆，子孙永宝是尚。

撫伯亞臣鐳銘

己亥清和月屯三

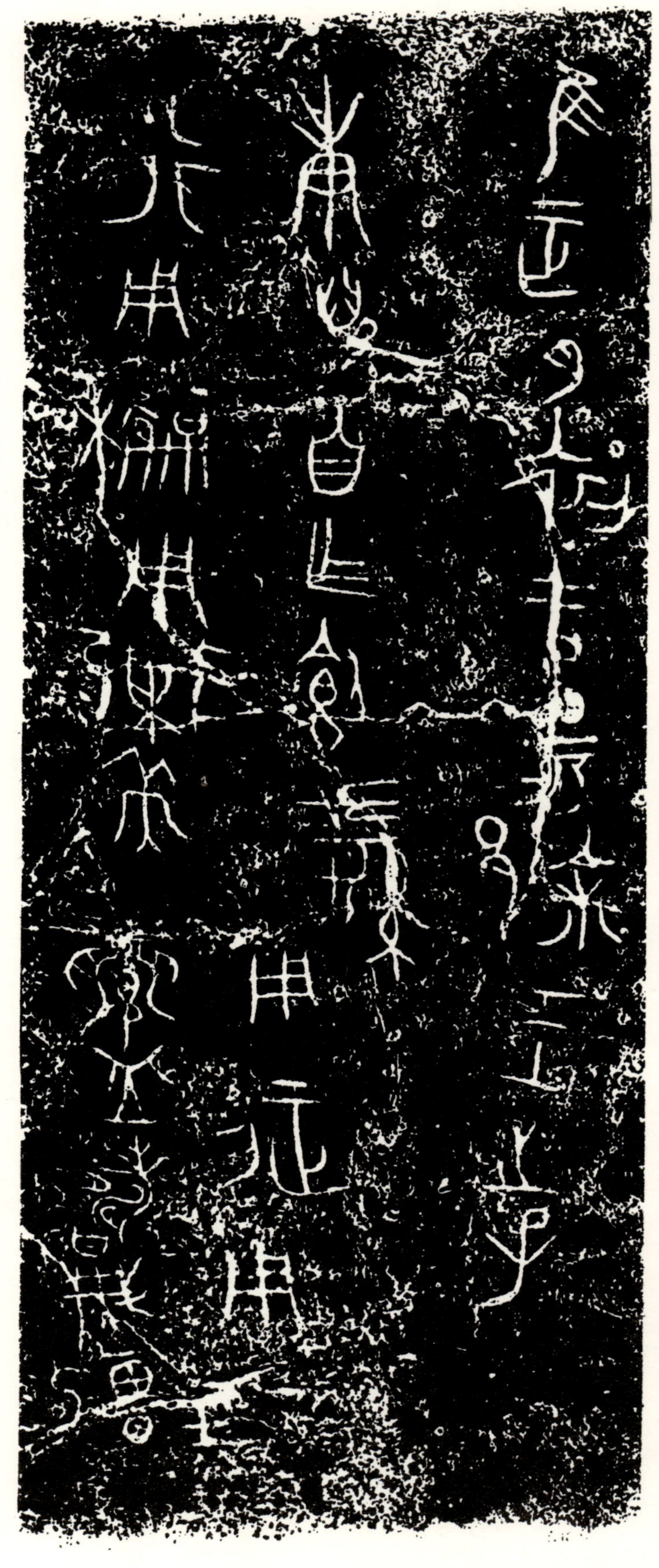

释文

隹（唯）正月初吉丁亥，郐（徐）王之子庚儿，自乍（作）飤緐，用征用行，用龢用鬻，眉寿无疆。

橅庚兒鼎銘 己亥清和月吳鈍工

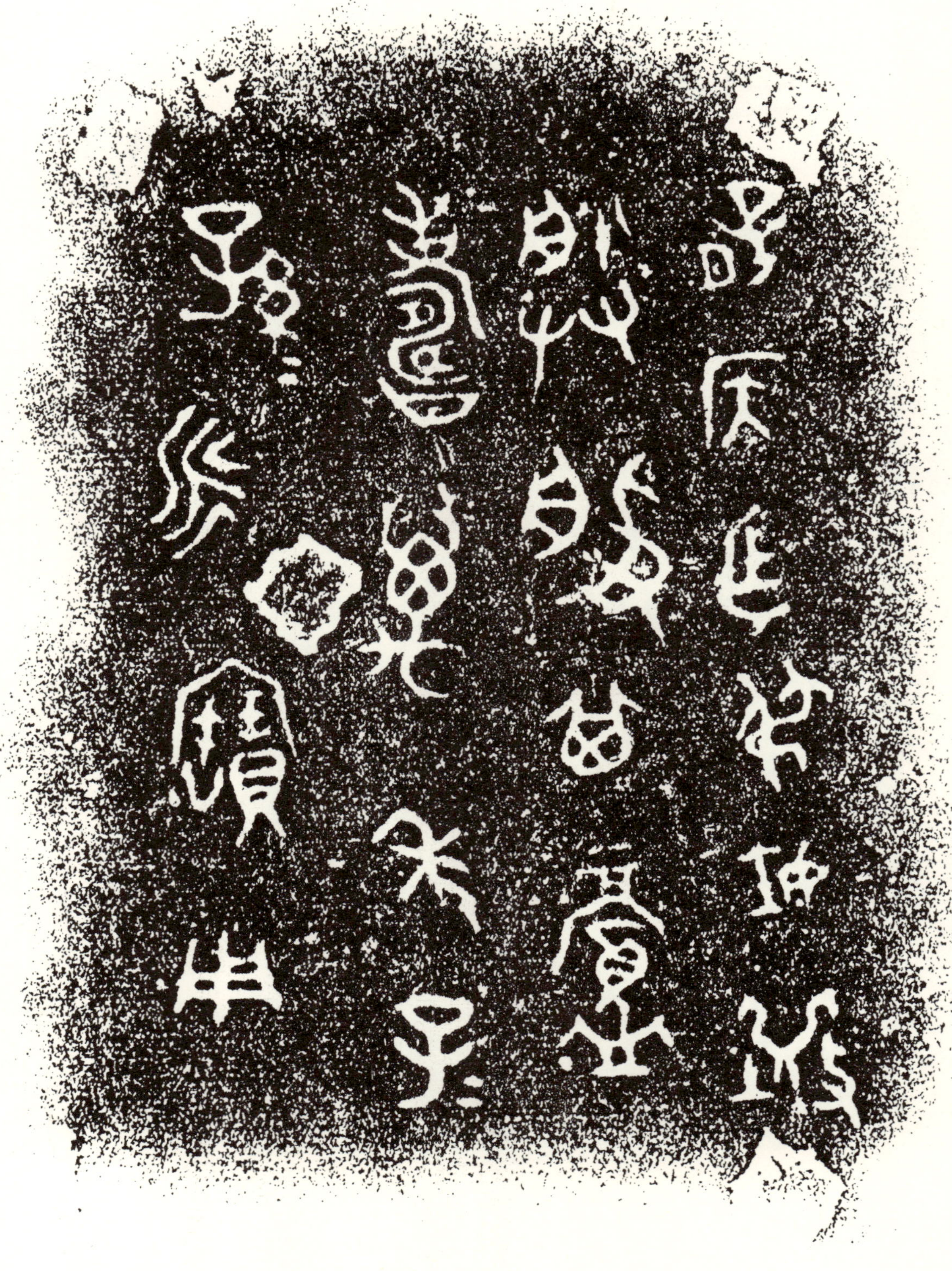

释文

薛侯乍弔（叔）妊襄朕（盘），其眉寿万年，子子孙孙永宝用。

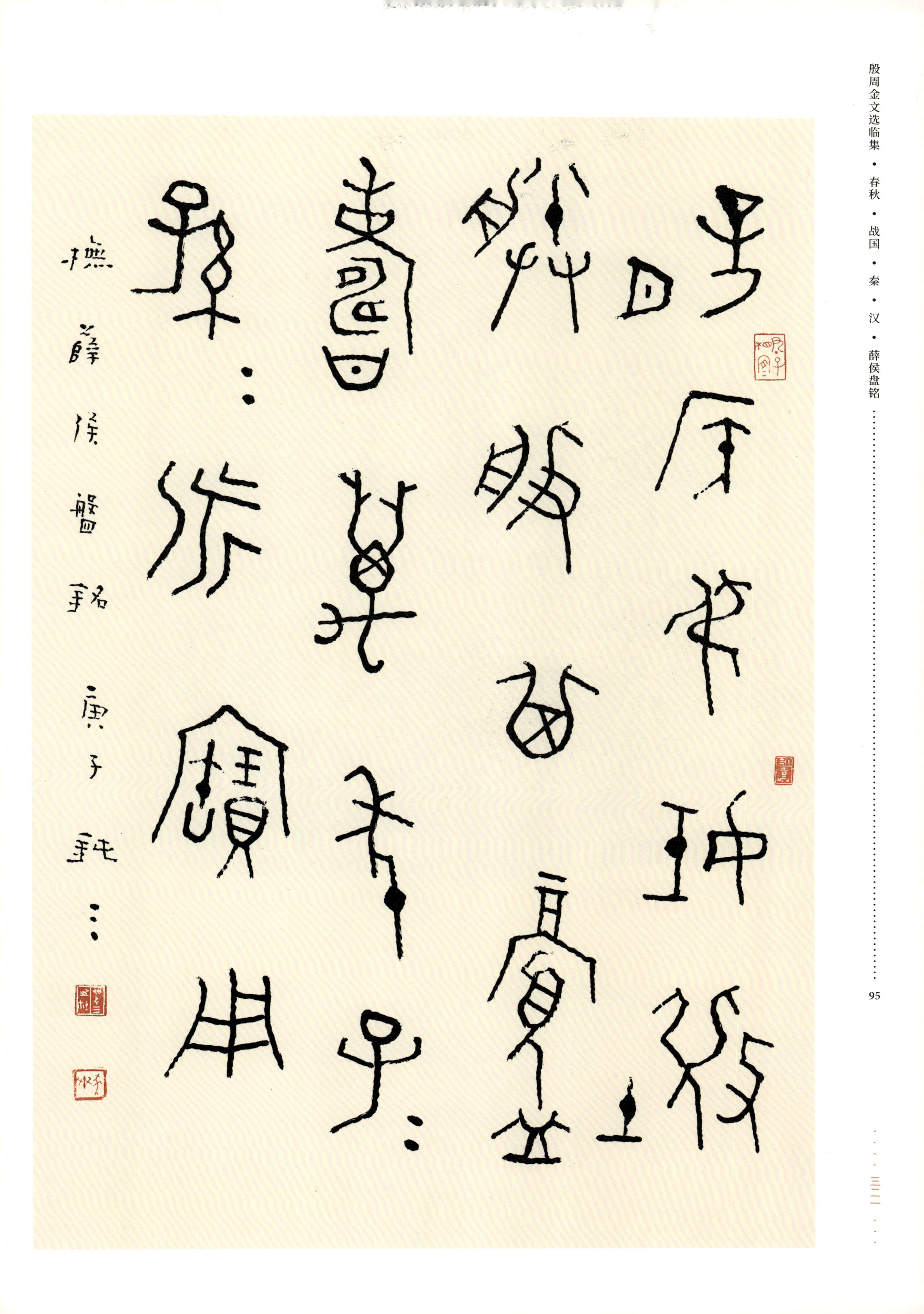

橅薛侯盤銘 庚子 鈍

释文

杞白（伯）母（敏）亡乍鼄（邾）婞（曹）宝壶，其万年眉寿，子子孙永宝用享。

释文

单子白（伯）乍弔（叔）姜旅盨，其子子孙孙万年永宝用。

释文

□山奢虎铸其宝簠，子孙永宝用。

橅山奢虎簠蓋銘 庚子 鈍三

释文

隹番□白（伯）者君自乍宝（盘），其万年子子孙永宝用享。

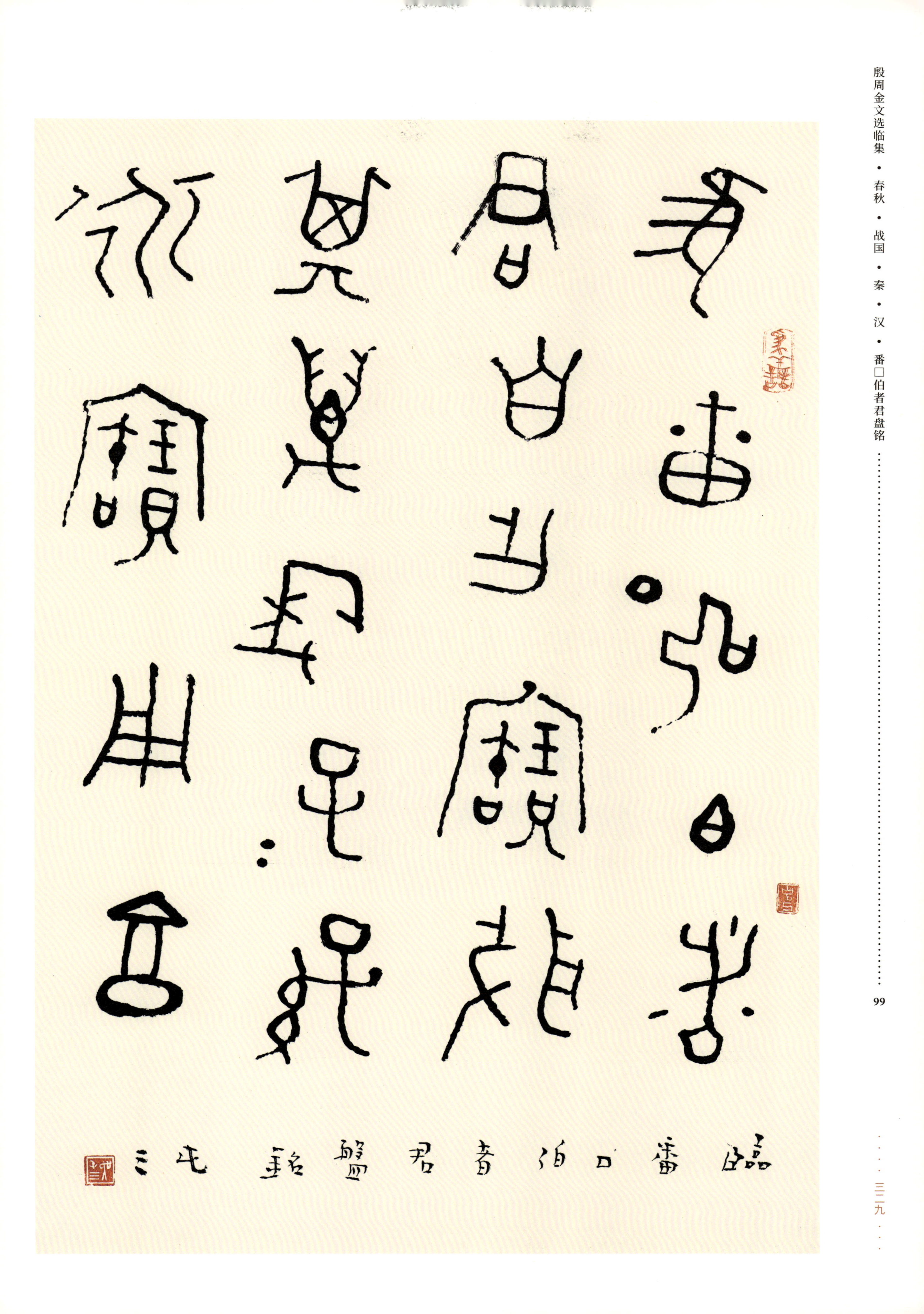

臨番□伯者君盤銘

释文

鲁白（伯）愈父乍（作）鼄（邾）姬□朕（朕）盥也（匜），其永宝用。

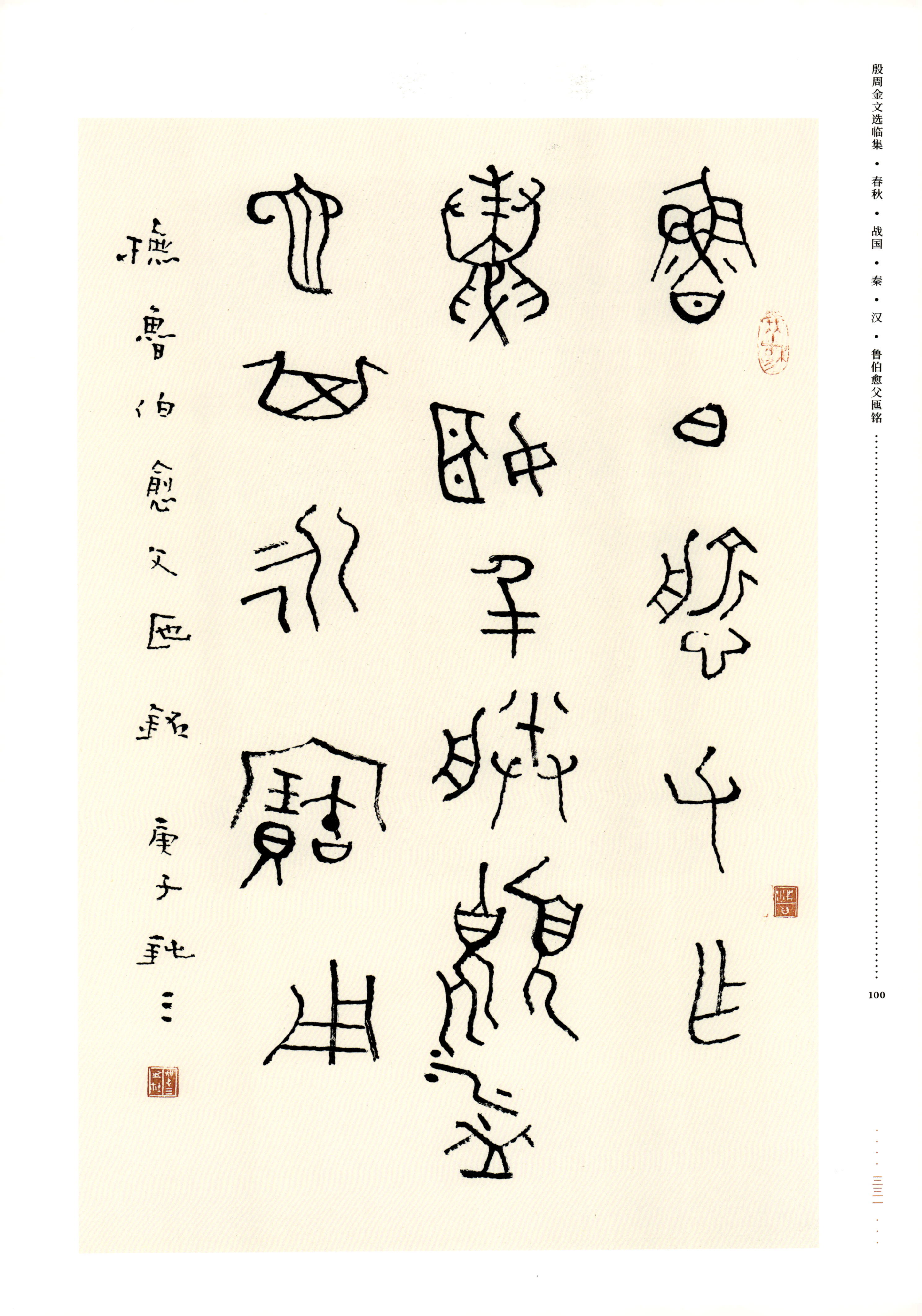

橅鲁伯愈父匜铭 庚子秋 三

释文

隹正月初吉丁亥，敶（陈）侯乍孟姜㛄（痟）塍（媵）匡（簠），用旂（祈）眉寿万年无疆，永寿用之。

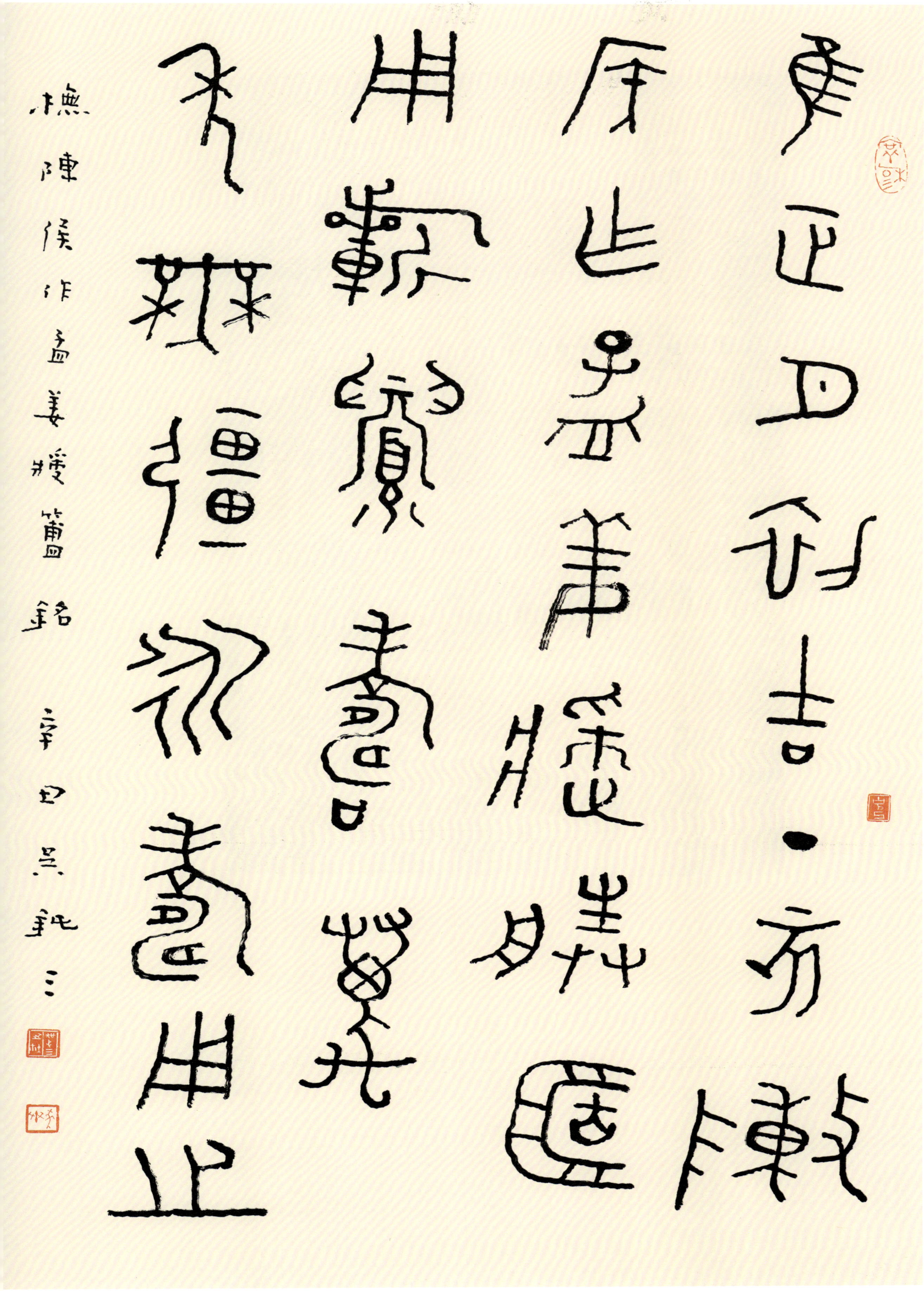

隹正月吉丁亥敶
侯乍孟姜媵簠
用旂眉壽萬
年無疆永壽用之

橅陳侯作孟姜媵簠銘 辛丑吴鈍三

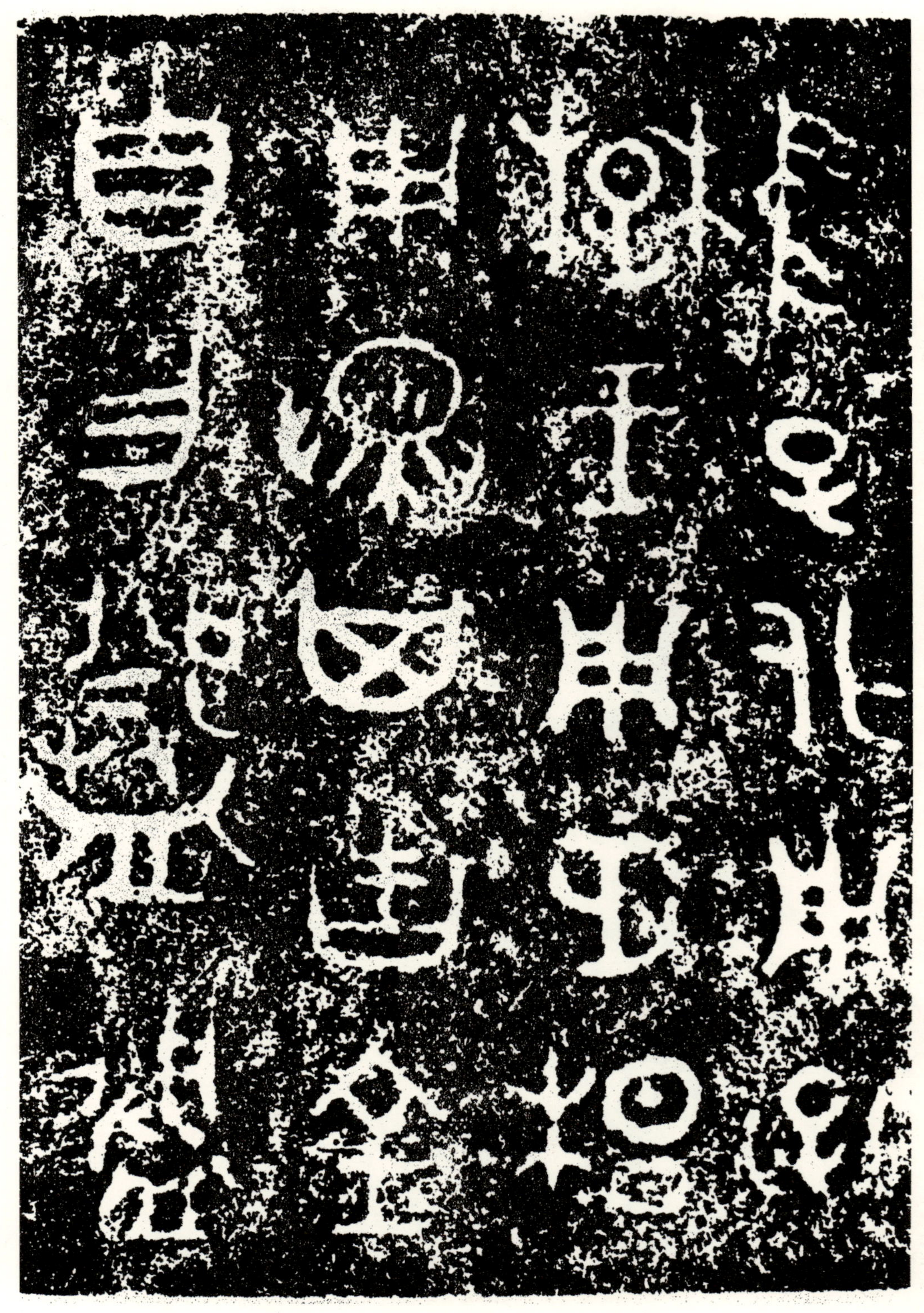

释文

中子化用保楚王，用正（征）梠（莒），用择其吉金，自乍（作）浣盘。

臨中子化盤銘 庚子 鐵三

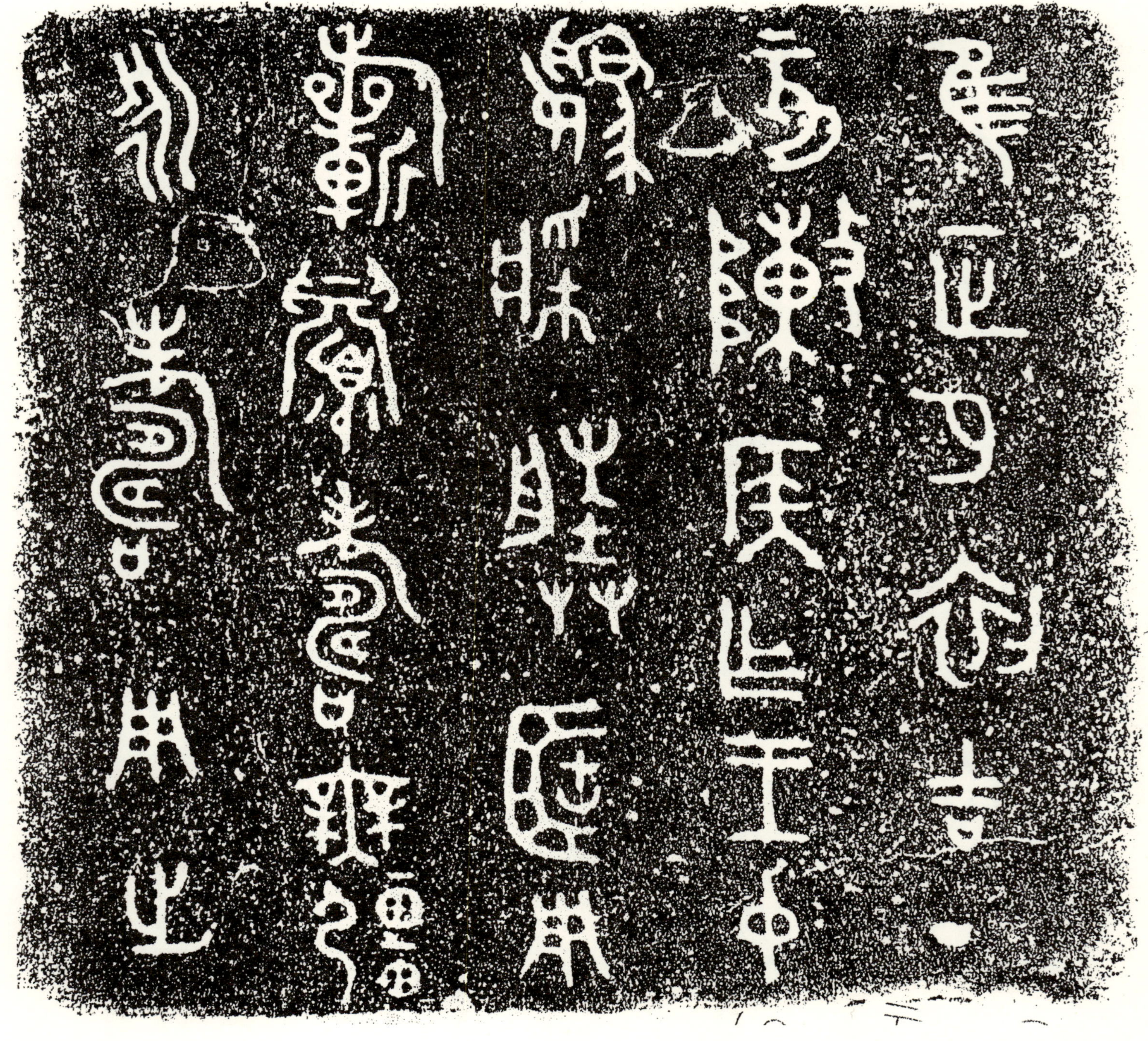

释文

隹正月初吉丁亥，陳（陈）侯乍王中（仲）嬀𡢁賸（媵）簠用（祈）眉寿无疆，永寿用之。

橅王中嬀𫞚簠銘 [illegible]鈍 三

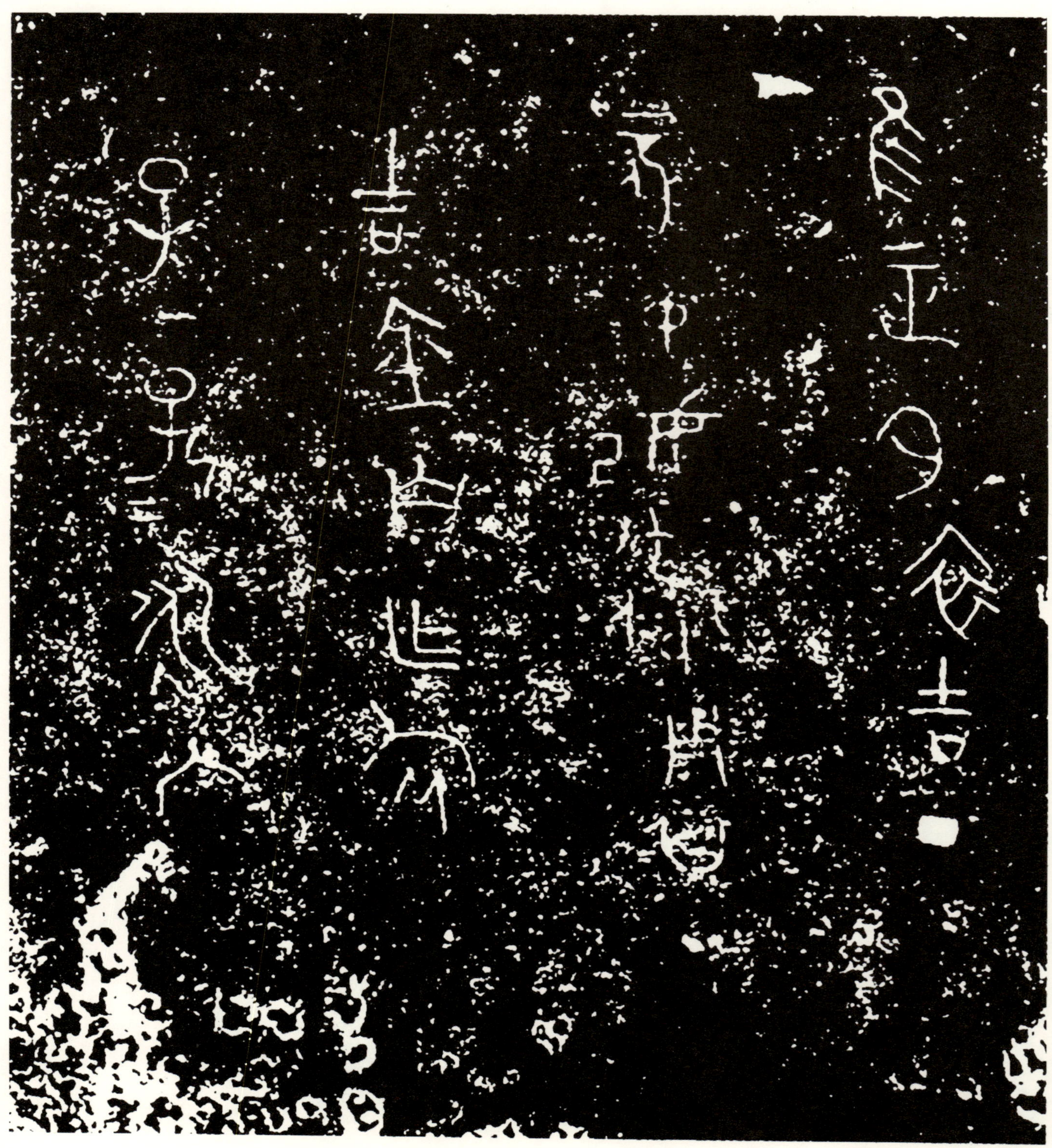

释文

隹正月初吉丁亥中改卫用其吉金，自乍旅匿（簠），子子孙孙永宝。

臨仲改衛簠銘

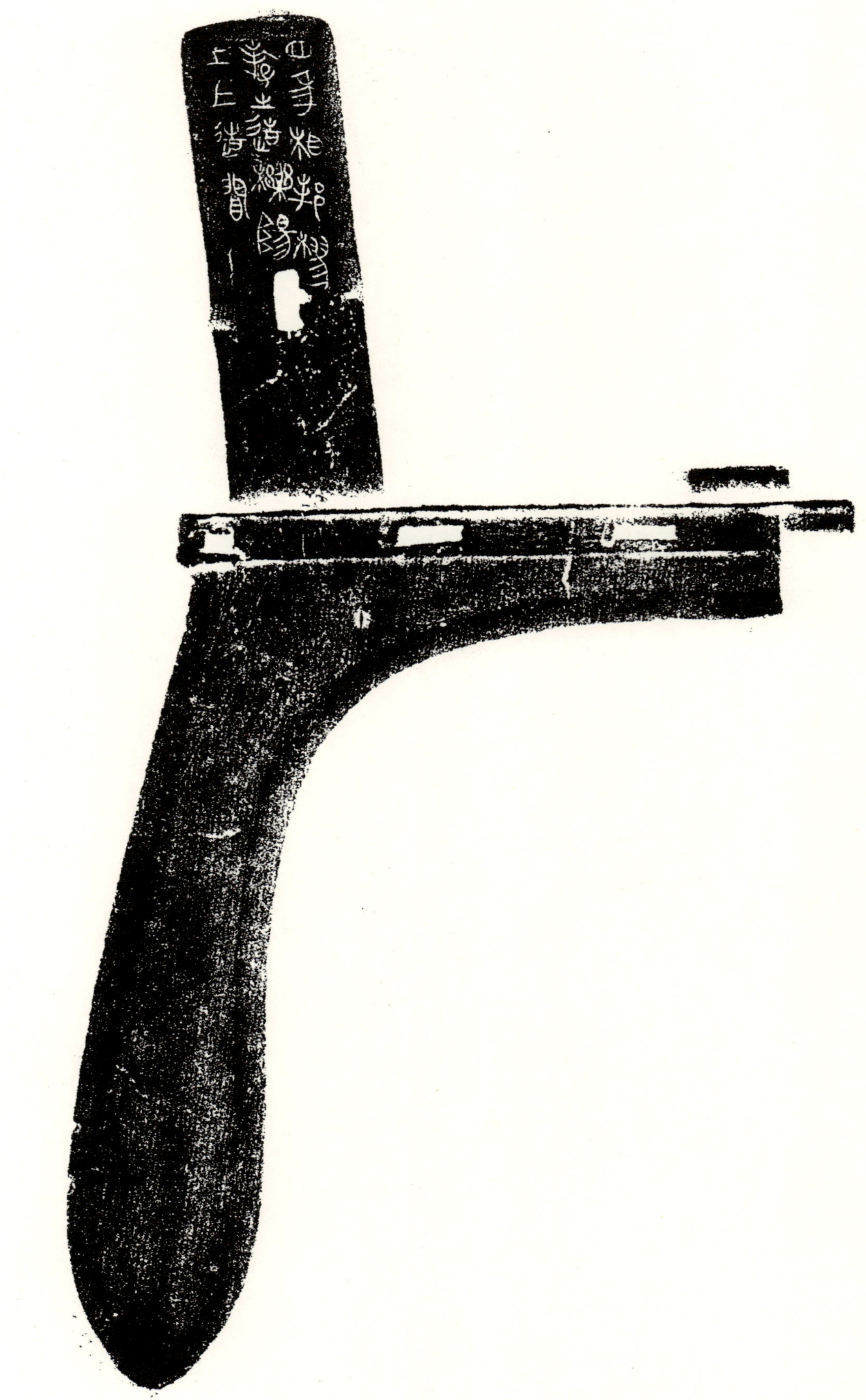

释文

四年，相邦樛斿之造，栎阳工上造間。

四年相邦樛斿之造櫟陽工上造間

橅四年相邦樛斿戈銘 庚子蒲田鈍三

释文

四年相邦吕不韦造高工龠丞申工地。

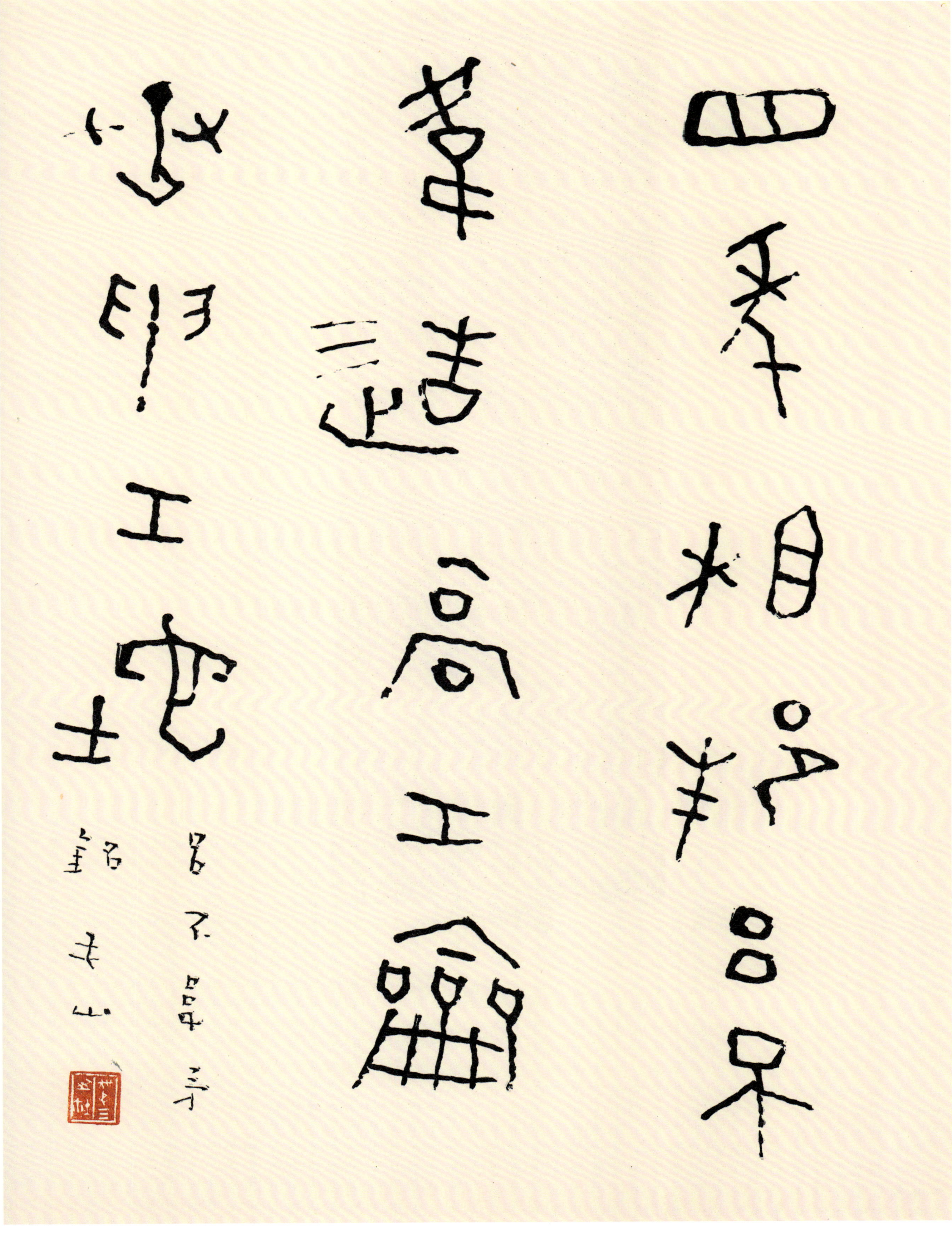

四年相邦吕不
韦造高工龠
丞申工地

吕不韦矛
铭 寿山

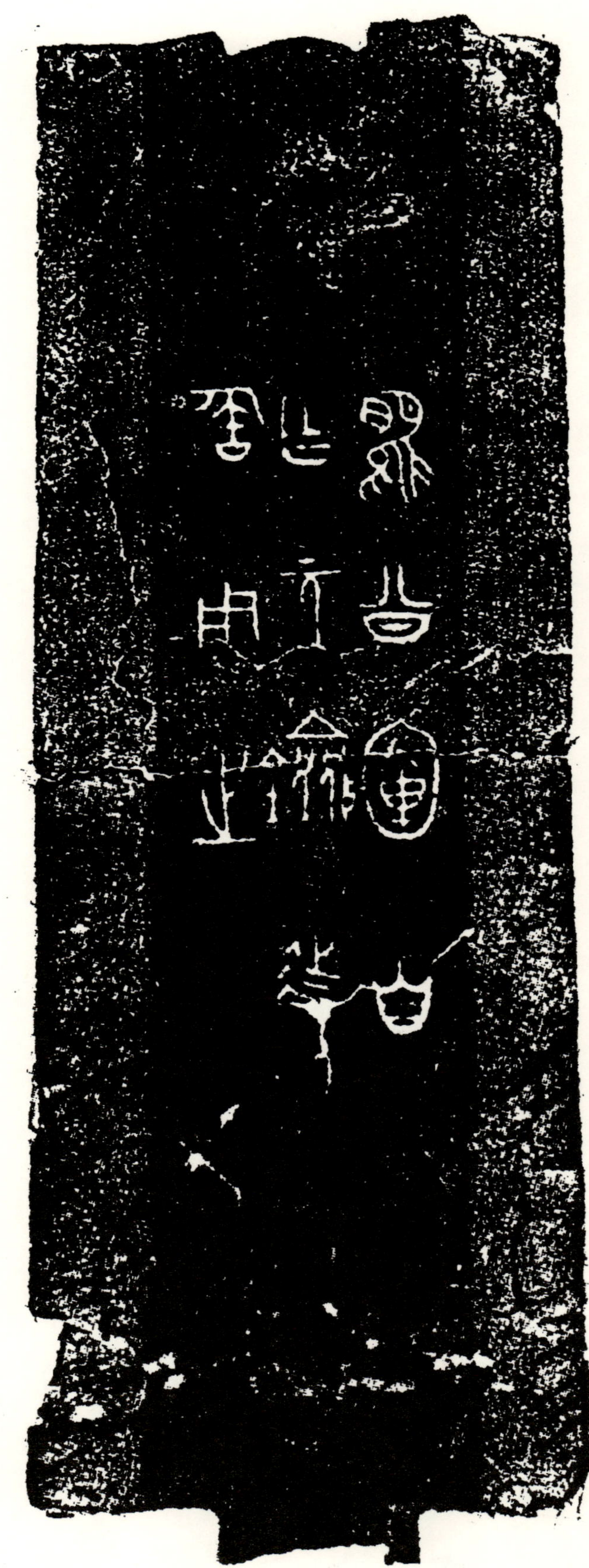

释文

鴅公圃自乍（作）元剑，延匋（宝）用之。

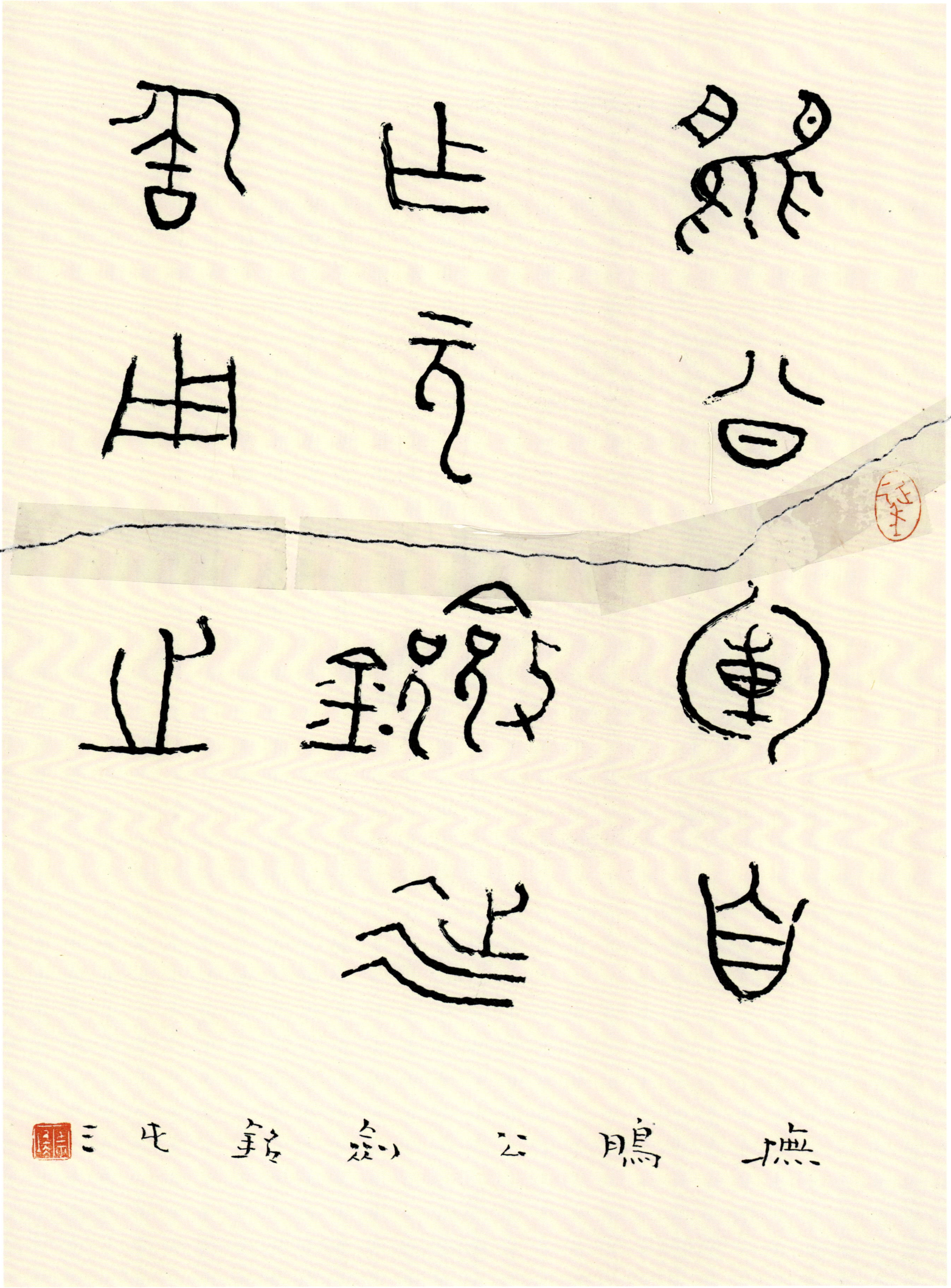

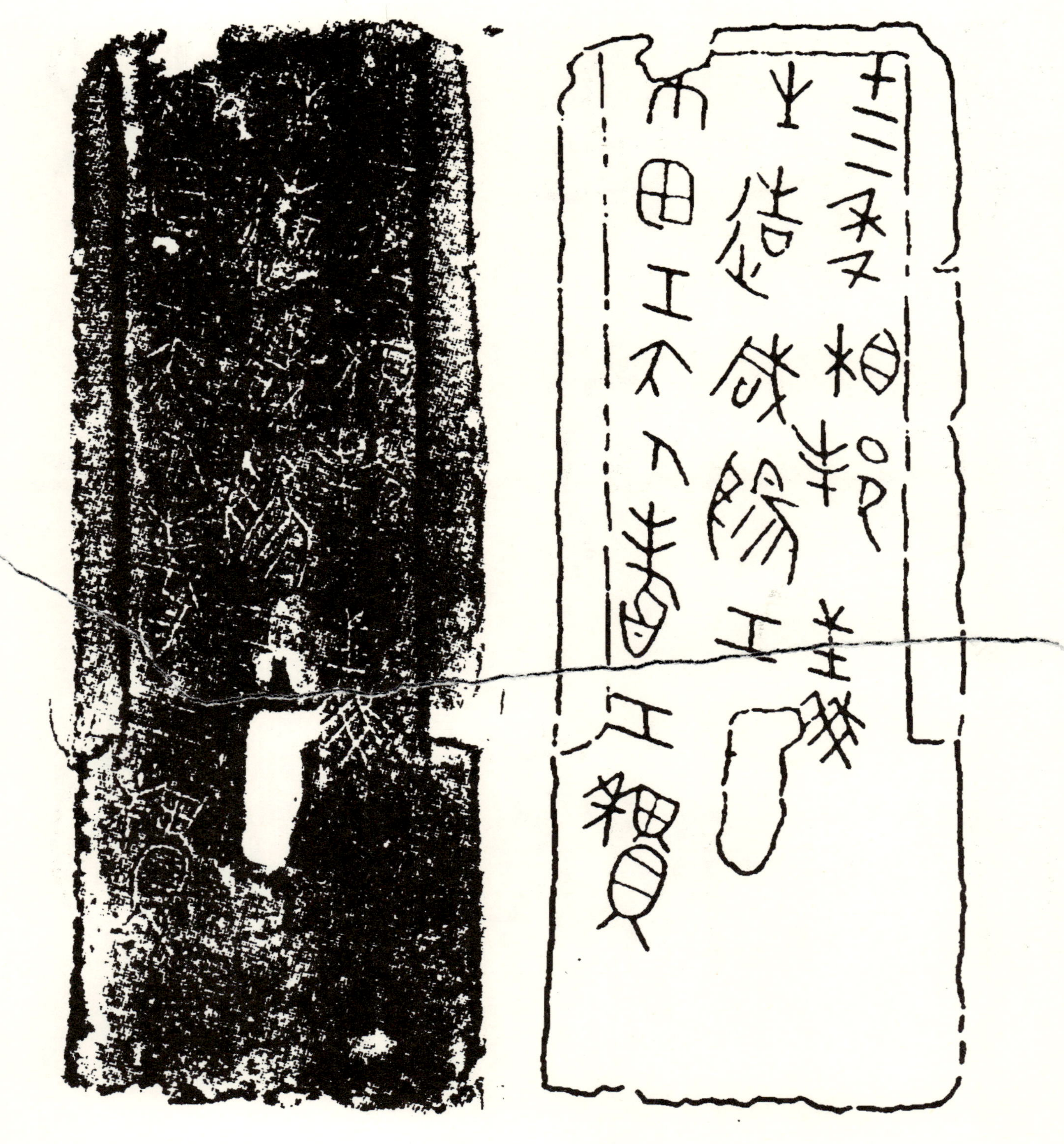

释文

十三年，相邦义之造，咸阳工师田、工大人耆、工穨。属邦詔吏。

十三年相邦義之造咸陽工師田工大人耆工穨[illegible]

臨十三年相邦義戈銘

庚子榴月鈍三

释文

廿六年，皇帝尽并兼天下诸侯，黔首大安，立号为皇帝，乃诏丞相状、绾，法度量则不壹歉疑者，皆明壹之。

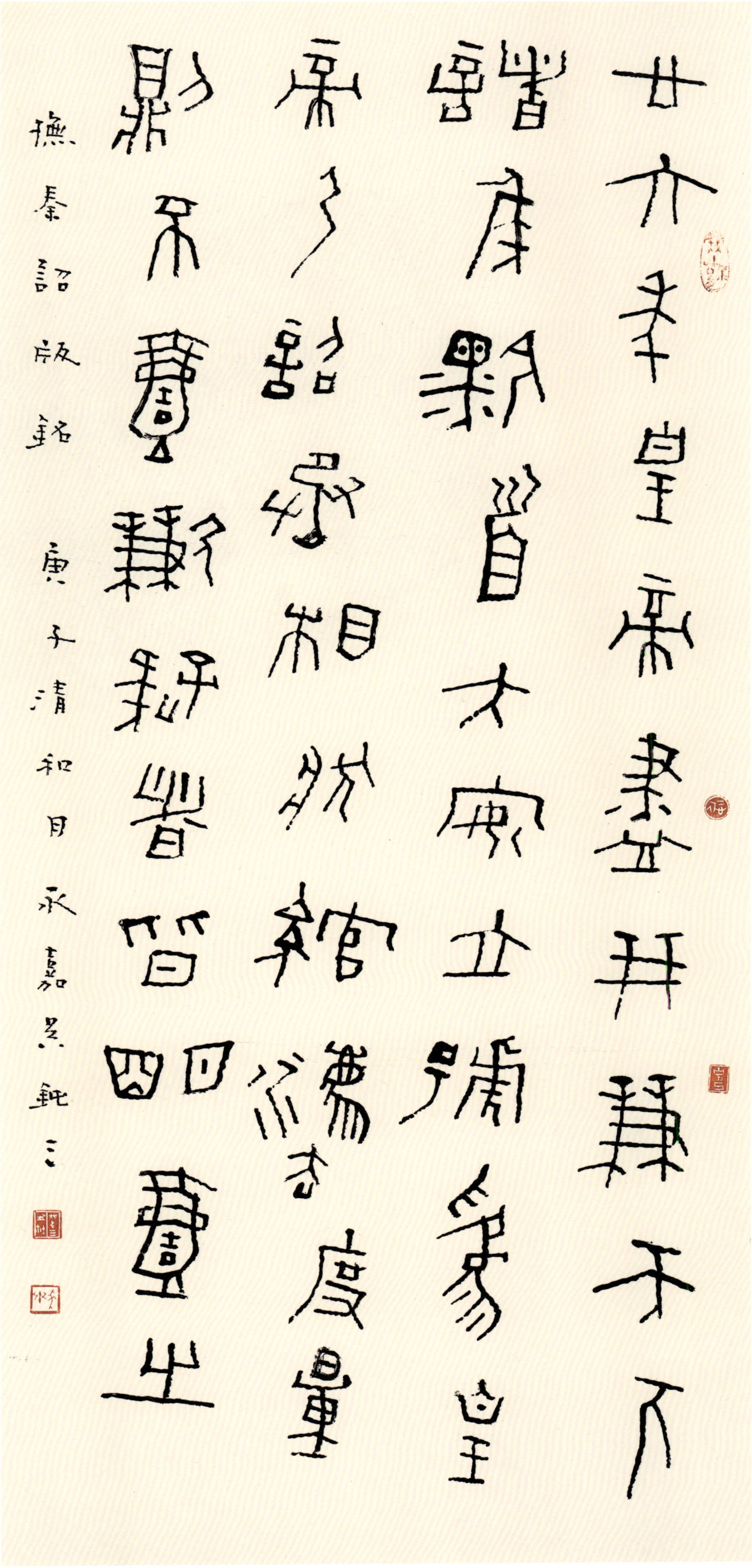
廿六年皇帝盡并兼天下
諸侯黔首大安立號為皇
帝乃詔丞相狀綰法度量
則不壹歉疑者皆明壹之
橅秦詔版銘

释文

廿六年，皇帝尽并兼天下诸侯，黔首大安，立号为皇帝，乃诏丞相状、绾，法度量则不壹歉疑者，皆明壹之。

廿六年皇帝盡并兼天下諸侯黔首大安立號爲皇帝乃詔丞相狀

释文

元年制诏丞相斯、去疾，法度量尽始皇帝为之，皆有刻辞焉。今袭号，而刻辞不称始皇帝，其于久远也，如后嗣为之者，不称成功盛德。刻此诏故刻左，使毋疑。

元年制诏丞相斯去疾法度量尽始皇帝为之皆有刻辞焉今袭号而刻辞不称始皇帝其于久远也如后嗣为之者不称成功盛德刻此诏故刻左使毋疑

橅秦二世诏铭 庚子榴月吴钝三

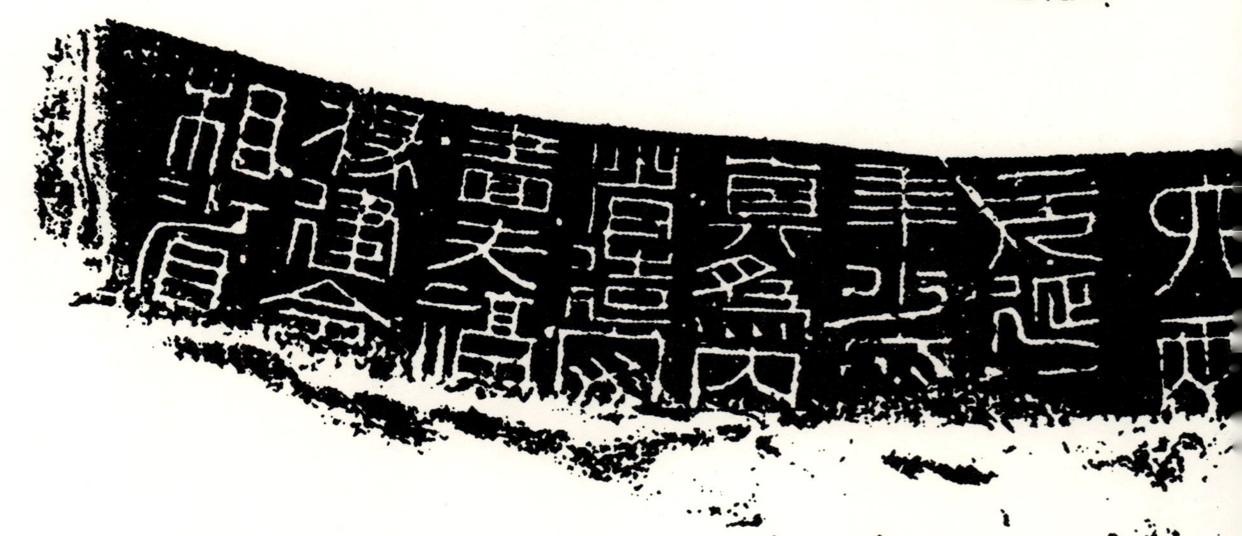

释文

寿成第廿至卅，寿成室铜鼎，容一斗二升并重十二斤六两。元延二年，少府真为内者造，守啬夫福掾建令相省。

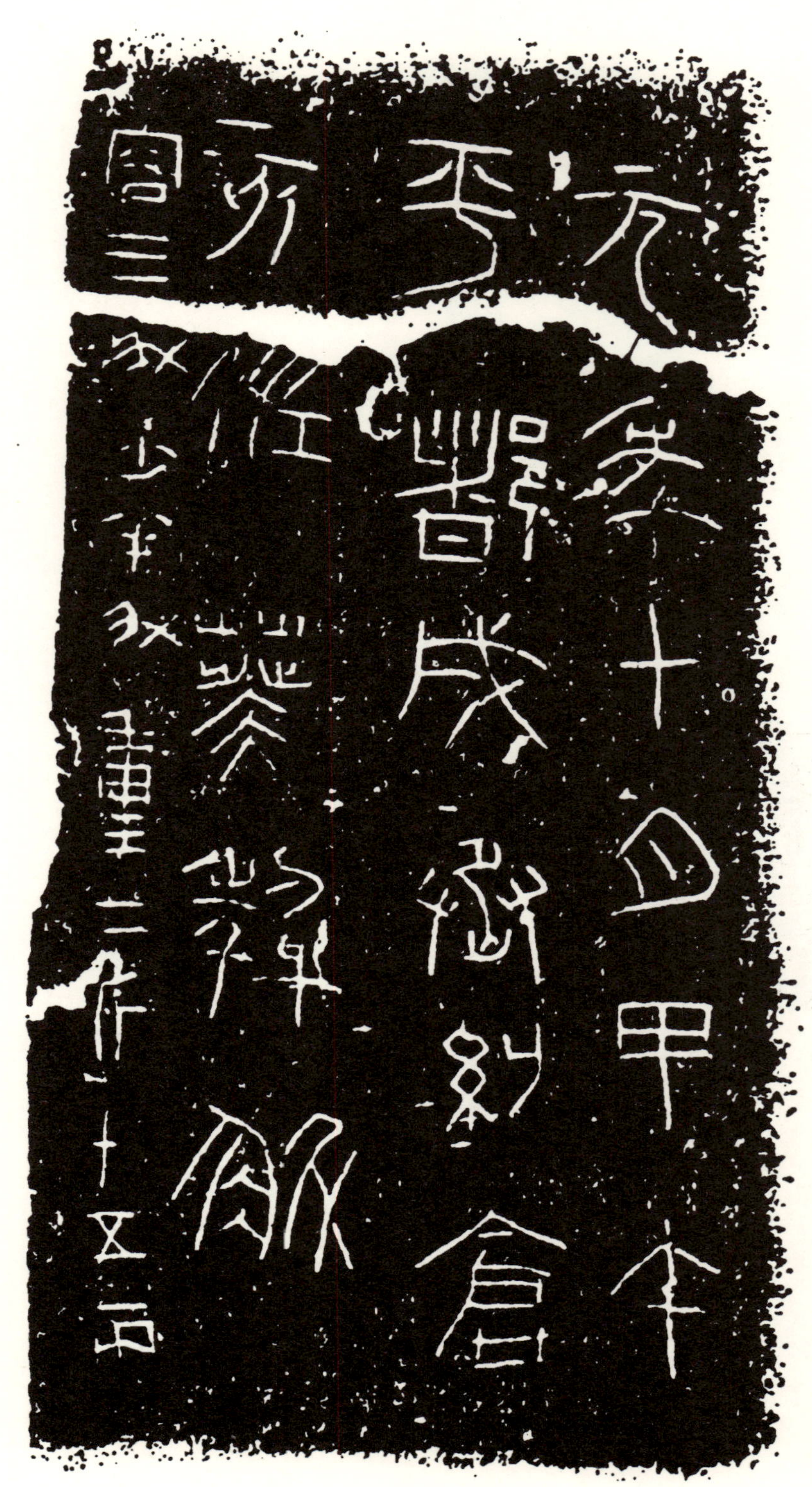

释文

元年十月甲午，平都戍丞纠仓，亥佐蔡犁斛，容三升少半升重二斤十五两。

漢平都銅斛量銘 乙未 先三

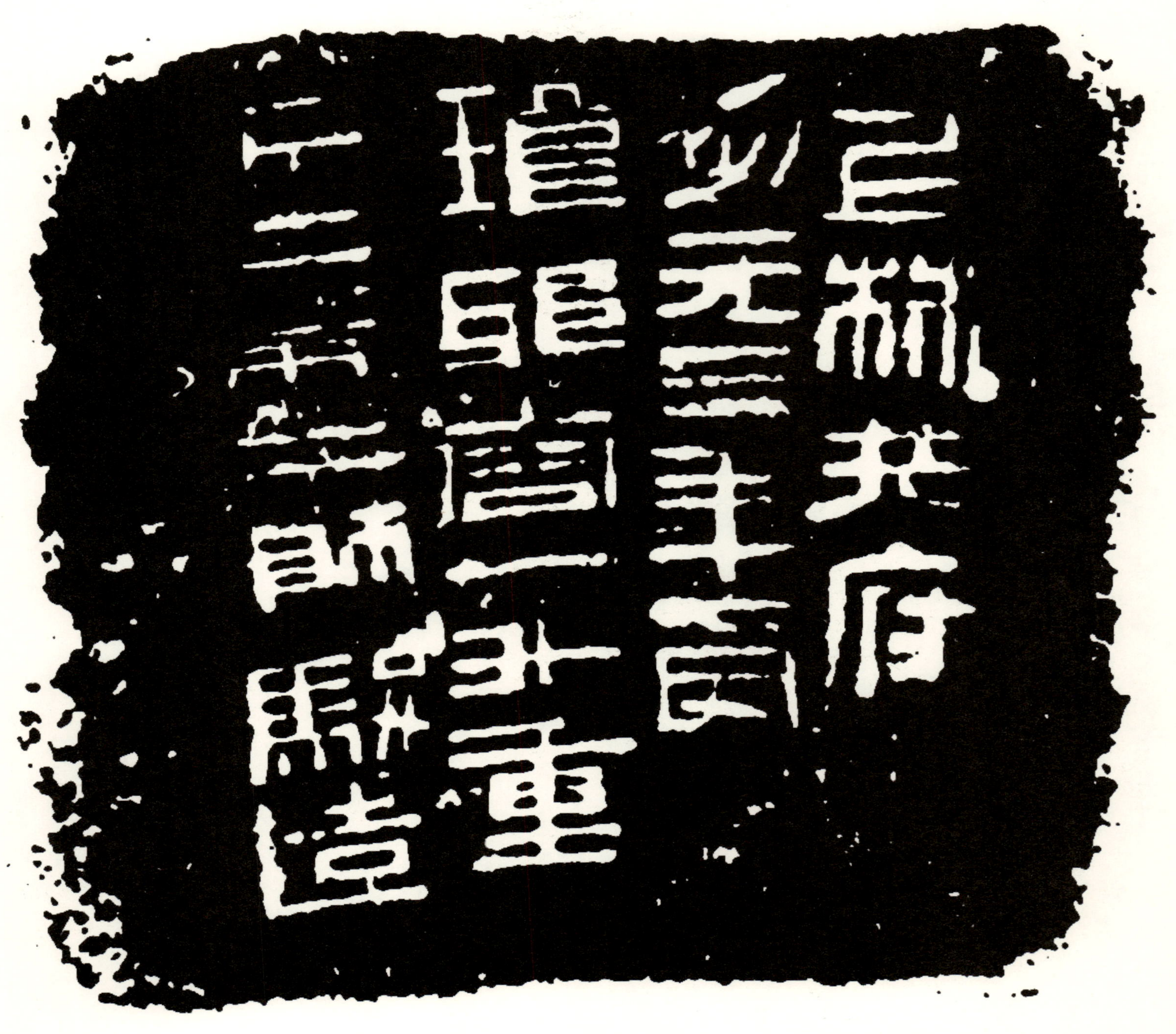

释文

上林共府，初元三年受琅琊。容一升，重斤二两，工师骏造。

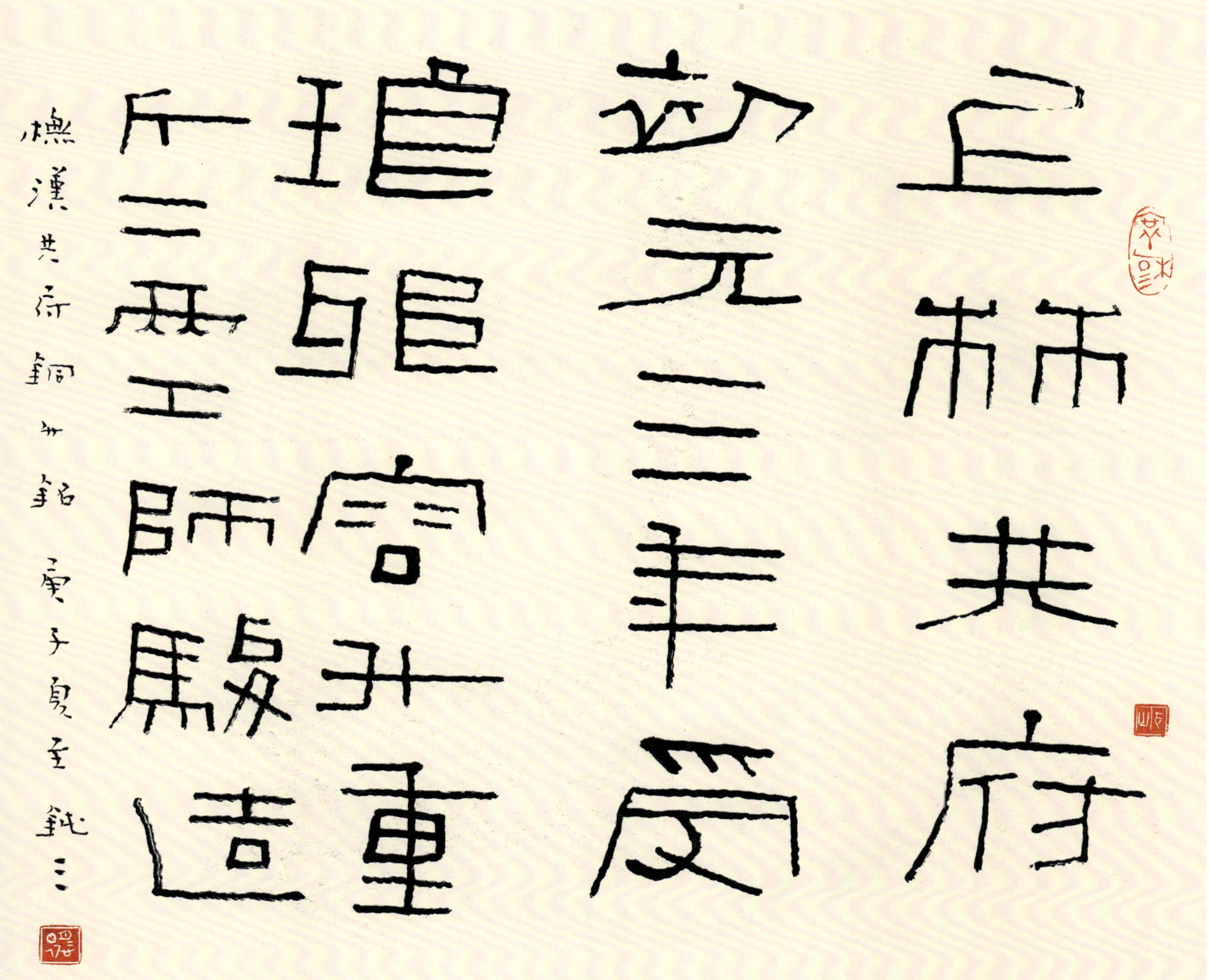

释文

恐浮云兮敝（蔽）白日，复请（清）美兮弃素质，行精白兮光运明，谤言众兮有何伤？

橅漢謗言衆兮有何傷鏡銘 庚子

附录：

必备典籍（包括本书参考图籍来源）

（一）文字学类

1.《古文字通论》
唐兰著 / 齐鲁书社

2.《古文字学导论》
唐兰著 / 齐鲁书社

3.《失落的文明》
李学勤著 / 上海文艺出版社

4.《西周金文选注》
秦永尤编著 / 北京师范大学出版社

5.《殷虚卜辞综述》
陈梦家著 / 中华书局

6.《披沙拣金》
曹锦炎著 / 浙江人民美术出版社

7.《积微居金文说》
杨树达著 / 中华书局

8.《文字学概说》
裘锡圭著 / 商务印书馆

9.《中国古文字学通论》
高明著 / 文物出版社

10.《商周古文字读本》
刘翔等编纂 / 语文出版社

11.《近出西周金文集释》
周宝宏著 / 天津古籍出版社

12.《说文五百目四十部首正解》
徐复、宋文明著 / 江苏古籍出版社

13.《古籀余论》
孙诒让著、戴家祥校点 / 华东师范大学出版社

14.《东周与秦代文明》
李学勤著 / 上海人民出版社

15.《古文字初阶》
李学勤著 / 中华书局

16.《商周金文》
王辉著 / 文物出版社

17.《古文字研究》
中华书局

18.《金文读本》
凡国栋编著 / 凤凰出版社

19.《新出金文与西周历史》
朱凤瀚主编 / 上海古籍出版社

20.《青铜器和金文书体研究》
李峰著 / 上海古籍出版社

21.《殷周金文族徽研究》
王长丰著 / 上海古籍出版社

22.《中国古文字的起源》
牟作武著 / 上海人民出版社

23.《图说中国图腾》
王大有、王双有著 / 人民美术出版社

24.《殷周青铜器通论》
容庚、张维持著 / 文物出版社

25.《吴越徐舒文集释》
董楚平著 / 浙江古籍出版社

26.《石鼓文研究》
郭沫若著 / 科学出版社

27.《诅楚文考释》
郭沫若著 / 科学出版社

28.《汉代文字考释与欣赏》
宗鸣安著 / 陕西人民美术出版社

（二）字书类

29.《金文诂林》
周法高等编纂 / 香港中文大学

30.《古文字诂林》
古文字诂林编委会编纂 / 上海教育出版社

31.《说文解字注》
许慎撰、段玉裁注 / 上海古籍出版社

32.《古文字通假字典》
王辉编著 / 中华书局

33.《战国古文字字典》
何仪琳著 / 上海古籍出版社

34.《古文字类编》
高明、涂白奎编著 / 上海古籍出版社

35.《古玺文编》
罗福颐主编 / 文物出版社

36.《秦汉魏晋篆隶字形表》
汉语大辞典字形组编 / 四川辞书出版社

37.《古陶文汇编》
高明编著 / 中华书局
38.《金文编》
唐兰编著 / 中华书局
39.《金文大字典》
戴家祥主编 / 学林出版社
40.《汉语古文字字形表》
徐中舒主编 / 四川辞书出版社
41.《说文古籀补》
［清］吴大澂辑 / 中华书局
42.《说文古籀补补》
丁佛言辑 / 中华书局
43.《说文解字义征》
［清］桂馥撰 / 中华书局
44.《商代青铜器铭文研究》
严志斌著 / 上海古籍出版社
45.《说文解字句读》
［清］王筠著 / 中华书局
46.《商代文字字形表》
夏大兆编著 / 上海古籍出版社
47.《西周文字字形表》
江学日编著 / 上海古籍出版社
48.《春秋文字字形表》
吴国昇编著 / 上海古籍出版社
49.《齐文字编》
孙刚编著 / 福建人民出版社
50.《秦文字编》
王辉主编 / 中华书局
51.《说文通训定声》
［清］朱骏声 / 中华书局
52.《包山楚简文字编》
张守中编 / 文物出版社
53.《楚系简帛文字编》
滕壬生著 / 湖北教育出版社
54.《楚文字编》
李守奎编著 / 华东师范大学出版社
55.《古陶字汇》
徐谷甫、王延林著 / 上海书店出版社
56.《甲骨文集释》
李孝定著 / “中央研究院历史语言研究专刊”
57.《甲骨文诂林》
于省吾编 / 中华书局
58.《甲骨文释林》
于省吾编 / 中华书局
59.《甲骨文字典》
徐中舒编 / 四川辞书出版社
60.《甲骨文编》
孙海波编 / 哈佛燕京学社

（三）书法史论类

61.《殷周青铜器通论》
容庚、张继持著 / 文物出版社
62.《西周青铜器铭文分代史征》
唐兰著 / 中华书局
63.《中国书法史（先秦、秦代卷）》
丛文俊著 / 江苏教育出版社
64.《丛文俊书法研究文集》
丛文俊著 / 中国文联出版社
65.《中国书法简史》
王镛主编 / 高等教育出版社
66.《金文书法》
沃兴华著 / 上海人民出版社
67.《中国书法全集——商周金文》
丛文俊主编 / 荣宝斋出版社
68.《中国书法全集——春秋战国金文》
丛文俊主编 / 荣宝斋出版社
69.《乾嘉学者书法研究》
朱乐明著 / 荣宝斋出版社
70.《阮元书学研究》
金丹著 / 荣宝斋出版社
71.《西周史》
许倬云著 / 生活·读书·新知三联书店
72.《战国史》
杨宽著 / 上海人民出版社
73.《甲骨文金文》
陈滞冬著 / 北京图书馆出版社

74.《朱筠、毕沅、阮元三家幕府与乾嘉碑学》
张俊岭著 / 浙江大学出版社
75.《话说金文》
刘佳著 / 山东友谊出版社
76.《中国书法》有关期刊
中国书法家协会 /《中国书法》杂志社
77.《中国书法史（清代卷）》
刘恒著 / 江苏凤凰教育出版社
78.《民国书法史论》
陈振濂著 / 上海书画出版社
79.《篆书艺术十讲》
仇高驰著 / 上海书画出版社
80.《中国篆书学》
吴清辉著 / 中国美术学院出版社
81.《中国古代书法史》
朱仁夫著 / 贵州教育出版社
82.《篆书研究》
张永明、于伟编著 / 华文出版社
83.《籀篆字形沿革》
王美盛著 / 故宫出版社
84.《古今大篆书法集汇》
田其湜编 / 湖南人民出版社
85.《黄宾虹》
张桐瑀著 / 河北美术出版社
86.《金文书法概论》
许思豪著 / 上海古籍出版社
87.《现代书法家批评》
姜寿田著 / 河南美术出版社
88.《上古书法图说》
沃兴华著 / 浙江美术学院出版社
89.《中国书法家全集 · 黄宾虹》
张桐瑀著 / 河北教育出版社
90.《中国金文学史》
白冰著 / 学林出版社
91.《甲骨文与殷商史》
胡宣厚主编 / 上海古籍出版社
92.《青铜器论文索引》
孙稚雏编著 / 中华书局
93.《民国书法篆刻史》
孙洵著 / 上海交通大学出版社
94.《书林藻鉴 · 书林记事》
马宗霍辑 / 文物出版社
95.《篆书基础知识》
程质清著 / 上海书画出版社
96.《近代书林品藻录》
王家葵著 / 山东画报出版社

（四）金文法帖类

97.《三代吉金文存》
罗振玉编 / 中华书局
98.《殷周金文集成》
中国社会科学院考古所编 / 中华书局
99.《商周金文选》
曹锦炎著 / 西泠印社出版社
100.《中国古代度量衡图集》
国家计量总局、中国历史博物馆、故宫博物院合编 / 文物出版社
101.《金文书法集萃》
张志鸿主编 / 河南美术出版社
102.《新收殷周青铜器铭文器形汇编》
钟柏生等编 / 艺文印书馆
103.《流散欧美殷周有铭青铜器集录》
刘雨、汪涛撰 / 上海辞书出版社
104.《殷周金文集录》
徐中舒主编 / 四川辞书出版社
105.《秦汉金文录》
容庚编著 / 中华书局
106.《商周青铜器铭文选》
上海博物馆商周青铜器铭文编写组 / 文物出版社
107.《陕西金文集成》
张天恩主编 / 三秦出版社
108.《匋斋藏秦汉权度拓册》
冯文青、董修斌编 / 香港东方书局
109.《金文 · 秦风十帖》
尚晓周等编 / 河南美术出版社

110.《金文名品》
冯磊编 / 上海书画出版社
111.《毛公鼎》
孙宗文编 / 上海辞书出版社
112.《大盂鼎》
孙宗文编 / 上海辞书出版社
113.《大克鼎 · 小克鼎》
孙宗文编 / 上海辞书出版社
114.《散氏盘》
孙宗文编 / 上海辞书出版社
115.《黄宾虹临大盂鼎》
黄宾虹临 / 安徽美术出版社
116.《甲骨文 · 金文精选》
梁小钧主编 / 广西美术出版社
117.《周原金文书法艺术》
杨锁强等著 / 西泠印社出版社
118.《蒋维崧临商周金文》
蒋维崧著 / 山东画报出版社
119.《放大本毛公鼎铭文》
上海书画出版社
120.《故宫两周金文录》
台北故宫博物院
121.《二十件非看不可的故宫金文》
台北故宫博物院
122.《商周金文书法》
王长丰著 / 安徽教育出版社
123.《汉镜铭文图集》
王纲怀编著 / 中西书局

（五）美学类

124.《西方美学史讲演录》
邓晓芒著 / 湖南教育出版社
125.《美学讲稿》
易中天著 / 上海文艺出版社
126.《美的历程》
李泽厚著 / 安徽文艺出版社
127.《美学散步》
宗白华著 / 上海人民出版社
128.《叔本华美学随笔》
韦启昌译 / 上海人民出版社
129.《艺境》
宗白华著 / 北京大学出版社
130.《把心磨成一面镜》
朱光潜著 / 中国轻工业出版社
131.《谈美》
朱光潜著 / 中华书局
132.《春秋前审美观念的发展》
于民著 / 中华书局
133.《书法的形态与阐释》
邱振中著 / 中国人民大学出版社
134.《远古彩陶花纹揭秘》
蒋书庆著 / 上海文化出版社
135.《中国原始艺术精神》
张晓凌著 / 重庆出版社
136.《中国美学史》
李泽厚、刘纲纪著 / 上海社会科学出版社
137.《美学五讲》
徐岱著 / 浙江大学出版社

图书在版编目（CIP）数据

殷周金文选临集 / 吴明哲书. -- 北京 : 文物出版社，2023.4
ISBN 978-7-5010-7887-5

Ⅰ. ①殷… Ⅱ. ①吴… Ⅲ. ①金文－汇编－中国－商周时代 Ⅳ. ①K877.33

中国版本图书馆CIP数据核字(2022)第224126号

殷周金文选临集

吴明哲　书

封面题签：吴明哲
封底篆刻：吴明哲
责任编辑：王　戈
装帧设计：黄云磊
责任印制：王　芳

出版发行：文物出版社
社　　址：北京市东城区东直门内北小街 2 号楼
邮　　编：100007
网　　址：http://www.wenwu.com
经　　销：新华书店
印　　装：温州市北大方印务有限公司
开　　本：787mm×1092mm　1/8
印　　张：46
版　　次：2023 年 4 月第 1 版
印　　次：2023 年 4 月第 1 次印刷
书　　号：ISBN 978-7-5010-7887-5
定　　价：820.00 元